民国国会与近代中国法制建设

(1912—1924)

严泉 著

商务印书馆

本书出版得到上海市教委重点学科（第五期）"近现代中国社会文化史"（J50106）项目的资助，并为上海市教委2013年度科研创新重点项目"民国国会与近代中国法制建设"（13ZS074）的研究成果，谨致谢意。

目 录

绪论 / 001
    一、民初法制研究综述 / 002
    二、研究问题与不足 / 014
    三、研究方法与内容设计 / 015

第一章 民国国会的立法历程 / 018
    一、临时参议院时期 / 018
    二、第一届国会时期 / 023
    三、第二届国会时期 / 031

第二章 国会的立法制度与技术 / 033
    一、国会的立法制度 / 033
    二、国会的立法技术 / 051
    三、中日立法制度的比较 / 056

第三章 国会选举法规的制定 / 060
    一、国会选举法规的制定与修改 / 060
    二、国会选举制度的基本法律 / 065
    三、国会选举施行的法令规则 / 076
    四、国会选举法律的制定过程 / 085
    五、国会选举法规的比较审视 / 090

第四章 国会组织法规的制定 / 105
    一、临时参议院的组织法规 / 105
    二、国会组织的基本法律 / 114

三、国会参议院的组织法规 / 124

　　四、国会众议院的组织法规 / 133

　　五、国会宪法会议的组织法规 / 143

　　六、国会组织法规的制定过程 / 148

　　七、《众议院规则》的中日比较 / 161

第五章　国会与行政法规的制定 / 174

　　一、行政组织法规的制定 / 174

　　二、文官制度法规的制定 / 198

　　三、行政行为法规的制定 / 206

第六章　国会与财经法规的制定 / 214

　　一、南京临时参议院时期的财经法规 / 214

　　二、北京临时参议院时期的财经法规 / 217

　　三、第一届国会时期的财经法规 / 228

第七章　国会与地方自治法规的制定 / 231

　　一、省自治法规的制定 / 231

　　二、县自治法规的制定 / 249

　　三、中日地方自治法规的比较 / 254

结论 / 261

　　一、国会与民国早期的法制建设 / 261

　　二、比较法视野中的立法制度与技术 / 265

　　三、国会立法与近代中国法制现代化 / 267

参考文献 / 273

致谢 / 281

绪 论

在20世纪中国法制史上，民国北京政府时期（1912—1928）是一个重要的历史阶段，被认为是中国法律由传统向现代转变的一个关键时期。"清末修律的重要成果被保留了下来，北洋政府援用了清末制定、颁布的一系列法律、法规，同时对清末的一些法律草案进行了简单的修改后，依立法程序予以颁布生效。这一时期，北洋政府也引用了西方法律原则，继续在清末法制改革未及之领域进行新的立法活动。北洋政府的各种立法活动，一定程度上为后来的南京国民政府六法体系的建立打下了基础，也提供了一些可贵的经验和教训。"[1] 有论者进一步认为，这一时期的法律近代化改革主要侧重于"宪法体制的探索和变革"，并进入一个"新制度主义"时代。在宪法不断发展的同时，部门法也得到了蓬勃发展。"无论从数量还是从质量上，从形式或是本质上看，这一时期的立法成果都是极为重要的。"[2]

关于民国北京政府时期的法制史研究，从二十世纪二三十年代至今，主要集中于北京政府时期法制通史、宪法文本与宪政史、部门法研究等三个方面。

---

[1] 王立民主编《中国法制史》，上海人民出版社，2003年，第426页。
[2] 曹全来：《国际化与本土化——中国近代法律体系的形成》，北京大学出版社，2005年，第117页。

一、民初法制研究综述

在民初法制通史研究方面，民国时期代表性著作有杨幼炯著《近代中国立法史》（商务印书馆，1936年）、杨鸿烈著《中国法律发达史》（商务印书馆，1930年）、谢振民著《中华民国立法史》（正中书局，1948年）、王世杰、钱端升著《比较宪法》（商务印书馆，1935年）等。在《近代中国立法史》一书中，虽然有关民国初期立法内容共有23章（第5—28章），但是仅有两章叙述这一时期法典编纂（第7、28章），其他均是有关制宪与议会政治斗争。[1]《中国法律发达史》的作者在导论中，强调要运用历史的方法、比较的方法研究中国法制史。在介绍民国时期法制概况时，单行刑法法令中有国会制定的戒严法，单行民法法令中有国会制定的国籍法、商标法等。不过，由于其分析重点是"修订法律馆"起草的民律总则第二次草案、第一次刑法修正案与票据法草案，单行法令仅是罗列颁布时间与条文数目，基本内容要点均未提及。[2]《中华民国立法史》一书在总论部分叙述以国会为主体的立法活动时，主要是介绍制宪活动与国会政争。虽然书中列有专节谈到民初临时参议院的立法成绩，但是除宪法草案、国会组织法、议院法外，其他门类的法律案均未提到。第一届国会三期常会、第二届国会三期常会期间除制宪以外的立法活动，也均是空白。在分论部分介绍部门法时，则是以国民政府时期的法律为重点，民国初期的行政机关组织法、自治法、商法等均是一笔带过。《比较宪法》在介绍选举制度、国家机关及其职权时，也对民国初期国会制定的有关选举法规、行政法规内容要点作了简要介绍。值得一提的是，在论及行政机关结构与组织时，还与当时欧美各国的政府体制作了比较分析。

---

[1] 该书第7章标题为"民国初期之法典编纂与各省立法机关"，第28章标题为"民国十余年中法典编纂事业"。
[2] 该书第27章标题为"民国时代"，分别叙述了法典，法院编制法，诉讼法，刑法总则、分则，民法总则、分则的制定情况。

中国大陆学界在上世纪90年代以后，开始重视编写北京政府时期的法制史。朱勇著《中国法制通史》第9卷，即为专门论述清末中华民国时期的法制史，内容涵盖南京临时政府与北京政府时期的宪法、国会、刑法、司法制度等。[1]王立民主编《中国法制史》的第14、15章则分别介绍南京临时政府的法制建设与北洋政府的法律制度。作者还总结了这一时期大量援用清末法律、制定颁布众多单行法规、编定大量判例和解释例等立法特点。[2]曹全来著《国际化与本土化——中国近代法律体系的形成》辟有专章介绍北京政府时期的法制建设。在论述北京政府时期近代部门法律体系的发展时，主要介绍民法、商法、刑法、诉讼法与行政法的制定情况，并且概括了这一时期的法律近代化的特点：法制发展受政局变化影响极大，连续性较差；宪法的发展是主线，统一与民主是主题；法律体系的国际化与本土化的协调发展，是这一时期法律近代化的基本目标。[3]关于北京政府时期的立法制度研究，较为集中的分析仅见吴大英的论文，作者总结了整个民国时期的立法制度特点：1.立法大权归属不定，立法机关变动频繁；2.立法程序混乱，后来完全为国民党所操纵；3.重要法律迟迟没有公布，长期沿用旧法；4.法规名称繁多，法外有法；5.维护地方与买办官僚资产阶级的反动统治，镇压广大人民群众。[4]

值得一提的是，近年来在民国初年（1912—1913）法制建设研究方面，已经有相当出色的研究成果出版。邱远猷、张希坡合著《中华民国开国法制史》（首都师范大学出版社，1997年），主要介绍南京临时政府时期的法制建设，内容包括《参议院法》、《临时约法》、政

---

[1] 其中第11章叙述《中华民国临时政府组织大纲》与南京临时政府的成立，第12章至第16章，分别介绍《中华民国临时约法》、《中华民国参议院法》、南京临时政府行政法规、南京临时政府司法制度、南京临时政府修订法律情况概述。第17章至第21章，分别介绍北洋政府宪法、国会、刑法、民法、司法制度。
[2] 王立民：《中国法制史》，第438—439页。
[3] 曹全来：《国际化与本土化——中国近代法律体系的形成》，第124—127页。
[4] 吴大英：《我国的立法制度》，载《吴大英集》，中国社会科学出版社，2002年，第167—178页。

府各部官制及部门法规的制定过程与要点分析。全书资料翔实，考证严谨，特别是对《临时约法》的考证相当翔实。关于南京临时政府时期法制建设的成就与历史地位，公丕祥给予了高度评价，他认为在20世纪中国法律现代化的进程中，1911年辛亥革命所引发的第一次法律革命，旨在实现从封建专制主义法律秩序向近代民主主义法律秩序的历史转变。而民国南京临时政府的法治实践，与它具有近代民主性质和特点的法律制度，在中国法制现代化的进程中占有十分重要的地位，并对后来中国法律发展产生了相当的影响。[1] 李学智著《民国初年的法治思潮与法制建设》是目前仅见的以国会立法活动为研究中心的专著，其研究时段延伸到北京临时政府时期。该书法制建设部分主要介绍了南京临时参议院维持法制的种种努力；北京临时参议院有关官制、官规和经济社会问题立法的情况；第一届国会（第一期常会）关于《中华民国宪法草案》的制定等。作者在对民初国会法制建设成就进行评价时指出：“民初国会制定了几部具有临时宪法性质的法律文件和《天坛宪草》，以及涉及政治、经济和社会生活诸方面的众多法律法规，在近代中国立法史上具有重要的意义。”[2] 不过，李著研究方法较为单一，缺少立法学、部门法学、比较法学方面的理论知识，研究深度不够，视野不够宽广。在研究内容方面，除宪法性文件与国会法规外，其他行政法规的立法过程与内容分析较少。

台湾学界专题研究不多，目前仅见通史性质的论著。如展恒举的《中国近代法制史》（台湾商务印书馆，1973年）在概述民国法典时，主要介绍宪法、民法及商事法规、刑法、民事诉讼法、强制执行法、破产法、非诉事件法、刑事诉讼法、法院组织法等内容，研究时段以国民政府时期为主。[3] 罗志渊著《近代中国法制演变研究》内容与展

---

[1] 公丕祥：《共和革命与法律进步》，《江苏社会科学》2004年第4期。
[2] 李学智：《民国初年的法治思潮与法制建设——国会立法活动为中心的研究》，中国社会科学出版社，2004年，第223页。
[3] 展恒举：《中国近代法制史》，（台湾）商务印书馆，1973年，该书第七章标题为"民国法典"。

著基本相似,作者特别强调近代中国法制变迁的意义,认为:"近代中国的变法是意义重大而影响深远的事:举凡法律、政治、经济、社会、教育文化,乃至于其他典章制度,莫不受到严重影响。"[1]

对民国早期宪政史研究最初开始于民国时期,一批优秀的宪法史、政治史著作均有涉及。根据这些著作的内容特点,可大致分为两类。

第一类是以宪政资料搜集为重点。代表著作有吴宗慈编《中华民国宪法史(前编)》(大东书局,1924年)、岑德彰编《中华民国宪法史料》(新中国建设学会,1933年)、王景濂、唐乃霈《中华民国法统递嬗史》(民视社,1922年)等。[2] 台湾学者胡春惠在20世纪70年代精选了民国初期有关宪政问题的史料,编辑出版了《民国宪政运动》(台北正中书局,1978年)。近年来中国大陆出版夏新华等整理的《近代中国宪政历程:史料荟萃》(中国政法大学出版社,2004年)等。民国早期各种官方约法、宪法草案,历届国会组织、选举等法案,以及一些公告、函电,在这些著作中都可以找寻到。

第二类著作是以宪政制度分析为重点。主要著作有张东荪《宪法草案修正案商榷书》(泰东书局,1916年)、陈茹玄《中国宪法史》(世界书局,1933年)、潘大逵《中国宪法史纲要》(上海法学编译社,1933年)、杨幼炯《近代中国立法史》(商务印书馆,1936年)。[3] 这类著作因为出版时间不同,内容安排上也有差异。民国初年至30年代早期出版的著作,因为成书时间较早,一般比较重视民国早期的宪政制度,叙述重点也包括各类实行或未曾实行的宪法及宪法草案。同时还能注意到民初宪政制度的缺陷与不足,认真地进行了一些反思。最早的研究开始于制宪期间,当时多是一些针对宪法草案

---

[1] 罗志渊:《近代中国法制演变研究》,(台北)正中书局,1986年,自序。
[2] 此类著作还有郭卫、林纪东编《中华民国宪法史料》(大东书局,1947年)、阮湘等编《中国年鉴》(商务印书馆,1924年)等。一些宪法史、宪法学著作附录部分一般也收集了重要的约法、宪法草案。
[3] 此类著作还有汪煊辉《中国宪法史》(世界书局,1931年),潘树藩《中华民国宪法史》(商务印书馆,1935年),储玉坤《中国宪法大纲》(中华书局,1948年),王世杰、钱端升《比较宪法》(商务印书馆,1935年)等。

的个案研究。[1]

系统性制度研究开始于早期宪政运动失败以后的20年代后期。关于《临时约法》的所谓内阁制特点，陈茹玄毫不客气地批评："约法虽有责任内阁制之精神，而实未备责任内阁制之体用"，并一一列举制度设计的不足之处。[2]《天坛宪法草案》也得到了这位学者的重视，全书列有专章分析，这是以后著作所少见的。陈从人权、孔教、两院制与一院制、不信任权与解散国会权、大总统产生、宪法解释权等方面入手，逐一分析《天坛宪法草案》设计的制度特点，提出了建设性的批评意见。[3]持类似观点的还有潘大逵，他也认为《天坛宪法草案》的重要目的"在束缚行政使为国会之役使，将一切威权给诸国会，使其为立法独尊"。[4]这一时期著作特点是意识形态色彩较淡，不是出于特别政治需要，持论较公允。如汪煌辉在分析1913年袁世凯的干宪动机时，一方面强调袁确实是抱有政治野心，另一方面也认为："殊苦于约法的约束，故提出增修案，以便遂其所欲为。"[5]杨幼炯也指出："宪法上重要之原则，原有公平考究之必要。然因当时立法者多偏于私利私见，致使内阁制与总统制之争论，一变而为国会多数党对少数党及袁世凯个人之争斗。"[6]

30年代中期至40年代后期的著作，内容重点都是放在国民党时期的制宪活动。关于民国早期宪政问题研究的原创性不多，基本上沿用早期著作观点，制度分析也只限于《临时约法》、1923年宪法等已颁行的法典，其他未曾实施的各类宪法草案已不在研究的视野之中。仅有的一些关于《临时约法》的制度分析，也只是简单介绍内容要点，

---

[1] 例如张东荪对《天坛宪法草案》的分析，参见张东荪《中华民国宪法草案略评》，转引自胡春惠编《民国宪政运动》（台北正中书局，1978年），第199—200、202页。1916年张东荪发表《宪法草案商榷书》，更加完善了自己的看法。

[2] 陈茹玄：《中国宪法史》，世界书局，1933年，第32页。

[3] 同上书，第43—63页。

[4] 潘大逵：《中国宪法史纲要》，上海法学编译社，1933年，第35页。

[5] 汪煌辉：《中国宪法史》，世界书局，1931年，第33页。

[6] 杨幼炯：《近代中国立法史》，商务印书馆，1936年，第4页。

没有比较分析，主要见解基本上是引用陈茹玄等前人观点。[1] 而且此类著作的意识形态色彩浓厚，一般都是以国民党为正统，客观公正的研究立场非常少见。一些学者迫于政治压力，也有意回避对早期宪政制度的比较研究。《议会制度》的作者邱昌渭就强调："对于中国民十三以前与民十三以后的情形，尤无所取材。中国是否宜行使议会政治，更非本书讨论的范围。"[2]

与民国时期的研究相比较，当代中国大陆、海外学界对宪政史集中论述则不多见。中国大陆的一些研究主要是在 90 年代以后，对民国早期宪政研究的重点一般都集中在民国初年《临时约法》的内容、政党政治等方面。

《临时约法》的起草与制定过程的考证工作主要是在 80 年代。[3] 90 年代对《临时约法》的系统研究是邱远猷、张希坡合著的《中华民国开国法制史》。此外，有关中国近代政治制度史著作与法制史著作都会提及《临时约法》。[4] 与民国时期著作不同的是，这些著作的研究重心一般不是放在制度分析上，主要兴趣还是从阶级斗争的角度出发，评价约法历史作用的两面性。普遍的看法是在承认约法进步性的同时，仍然强调："由于中国民族资产阶级先天具有的软弱性和妥协性，《临时约法》不能不带有一些根本性的局限和缺陷。由于对帝国主义侵略本质认识不清，存在着幻想与畏惧，因而没有正面反帝的明确规定。由于与中国封建主义存在着千丝万缕的联系，因而没有彻底反封建的明确规定，以满足广大农民对土地的迫切要求。"[5] 仅有的制度分析，

---

[1] 储玉坤在分析民初年的宪政制度特点时，仅就总统解散权的规定与法国有关制度进行了比较。参见储玉坤《中国宪法大纲》，第 38 页。

[2] 邱昌渭：《议会制度》，世界书局，1933 年，第 1 页。

[3] 张国福：《关于〈中华民国临时约法〉——兼论〈中华民国临时约法〉制定过程》，《北京大学学报（哲学社会科学版）》1984 年第 1 期。

[4] 徐矛：《中华民国政治制度史》，上海人民出版社，1992 年，第 45 页；林代昭等：《中国近代政治制度史》，重庆出版社，1988 年，第 266 页。

[5] 曾宪义：《中国法制史》，高等教育出版社，2001 年，第 283 页。

也只是认为《临时约法》设计的政治制度是责任内阁制度。[1]在新中国成立后第一本系统研究民国宪法的著作《民国宪法史》中,作者摒弃宪政制度原理,肯定《临时约法》中参议院任意扩权,因人设法的行为。[2]

近年来这一研究方法已经有所改观,已经有学者重视宪政制度研究。除了少数学者称赞《临时约法》的制度设计以外,[3]多数学者对其制度特点持批评态度。徐矛认为《临时约法》中关于责任内阁制度的规定是不完全的,有缺陷的。[4]徐宗勉、张亦工指出:"《临时约法》没有规定行政机关抗衡立法机关的权力和程序(如解散议会的权力和程序),这种偏向于扩大立法机关的做法不合乎西方民主政治中三权分立制度所蕴含的制衡原则,不利于政治对抗的合法化"。[5]至今对《临时约法》制度性缺陷最精彩的分析是杨天宏的研究,杨认为约法"在赋予内阁行政权力的同时,保留了总统体制下国家元首享有的若干权力致使总统府与国务院权限不明,混淆了总统制与责任内阁制的界限,将临时政府规划成了一种二元甚至多元的畸形政治体制"。[6]此外,也有学者从法文化角度透视《临时约法》,认为《临时约法》具有传统政治文化中权力归诸一元的价值追求,这种立法追求,既不是总统制,也不是责任内阁制,从结构上丧失了权力制衡的宪政意义。[7]

有关《天坛宪法草案》制定情况的研究,也从无到有,出现了一些积极的变化。在一些法制史著作中,已经有一些学者提到《天坛

---

[1] 这是迄今为止几乎所有的法制史、政治制度史、民国史著作的共识。最新的法制史著作见张晋藩总主编,朱勇主编《中国法制通史》第9卷《清末·中华民国》(北京法律出版社,1999年),第438页。

[2] 张国福:《民国宪法史》,华文出版社,1991年,第65页。

[3] 石柏林:《论南京临时政府时期关于内阁制与总统制的探索及其意义》,《政治学研究》,1997年第3期。

[4] 徐矛:《中华民国政治制度史》,第45页。

[5] 徐宗勉、张亦工:《近代中国对民主的追求》,安徽人民出版社,1996年,第102页。

[6] 杨天宏:《论〈临时约法〉对民国政体的设计规划》,《近代史研究》1998年第1期。

[7] 陈晓枫:《〈中华民国临时约法〉的文化透视》,《武汉大学学报(哲学社会科学版)》,1999年第6期。

宪法草案》，并且与《临时约法》相提并论，认为都是责任内阁制度的体现。[1] 集中论述的论文仅见张学继《民国初年的制宪之争》、李学智《关于〈天坛宪草〉制定中的几个问题》、谢伟《略论〈天坛宪法草案〉》。[2] 这些论著对制宪过程研究不多，对宪法草案都是从阶级斗争——而不是制度分析——的角度进行评价，强调国会制宪失败的原因是袁世凯的实行独裁统治的野心。殷啸虎在著作中主要是引用民国时期一些学者的观点，对《天坛宪法草案》设计制度特点进行了归纳。虽然他承认关于解散权的附加规定，不符合制衡原则，但是作者最后还是肯定这种做法，认为是体现了起草者的良苦用心。[3] 与以往论断不同的是，近年来严泉认为《天坛宪法草案》设计的政体制度，在权力的分立与制衡关系上明显违反宪政原则，是一种"超议会制"，其核心是立法（国会）至上，而不是三权分立与制衡。[4]

海外对民国早期政治研究较多的是美国与日本学者。早在民国初年，袁世凯政府的顾问美国人古德诺、日本人有贺长雄就曾经撰文评价《临时约法》与《天坛宪法草案》。撇开其中的政治动机不论，仅就法理而言，一些过去我们所忽视的看法其实是非常有价值的。曾任北京政府宪法顾问的美国学者韦罗贝与韦罗壁，在1919年出版了以天坛宪法草案与制宪原理研究为主要内容的《中华宪法平议》，这是一本学术水准非常高的法学著作，作者熟悉欧美宪政制度与历史，比较分析鞭辟入里，提出了不少真知灼见。当然也有一些明显的不足，如对当时中国政治现实与背景了解不多，学理性太强，在谈到当时中

---

[1] 曾宪义：《中国法制史》，第298页。
[2] 近年来还有一些著作中提及《天坛宪法草案》的制定，如殷啸虎《近代中国宪政史》（上海人民出版社，1997年）、徐矛《中华民国政治制度史》、曾宪义《中国法制史》等。钱实甫的遗著《北洋政府时期的政治制度》（中华书局，1984年）介绍了国会与制宪机构的组织情况。
[3] 殷啸虎：《近代中国宪政史》，第145—147页；承认民初宪政制度缺陷对政治现实的消极影响的观点，仅见朱勇的研究论文《论民国初期议会政治失败的原因》，载朱勇：《中国法律的艰辛历程》，黑龙江人民出版社，2002年。
[4] 严泉：《〈天坛宪法草案〉与民初宪政选择的失败》，《开放时代》2003年第5期。

国政府最大缺点时，竟认为是："行政部无行政报告以咨国会，而国会又将何自而监督行政部之行为也耶。"〔1〕

近代意义的部门法系开始出现于民国初年，"直到辛亥革命胜利，建立起中华民国南京临时政府，真正近代意义上的宪法才出现，独立的部门法系也随之确立"。〔2〕北京政府时期部门法研究主要集中在行政法、民法、经济法等。

行政法中有关国会组织、选举法律的研究，尚不多见。邱远猷对南京临时参议院制定的参议院法作了解析，指出与西方议会比较，临时参议院具有议员自律和权力较大两个特点。〔3〕关于民初选举法研究，仅见熊秋良、叶利军的论文。他们均对民初国会选举法与省议会法作了扼要介绍，认为民初选举法为同一时期选举制度的运作提供了法律保障，在近代民主宪政建设中扮演了举足轻重的角色。〔4〕此外，叶利军还对民初《大总统选举法》的立法过程作了考察。〔5〕在行政机构部门法研究方面，李兆祥在研究北洋时期外交立法过程中，介绍了这一时期外交部的法律构架。〔6〕武乾则以随笔的方式介绍了行政执行法的要点。在肯定《行政执行法》的积极意义的同时，也批评该法直接师承封建残余依然十分浓厚的日本《行政执行法》，因而有着明显的行政专横倾向。〔7〕

在民法研究方面，朱勇的《中国近代民法的发展》概述了从清末开始的中国民法的发展历程，对当年立法者的改革精神予以充分肯定。〔8〕张生从固有民法与继受民法整合这一角度，展现了民法近代化

---

〔1〕 ［美］韦罗贝、韦罗璧：《中华宪法平议》，中华书局，1919年，第78页。
〔2〕 侯淑雯：《立法制度与技术原理》，中国工商出版社，2003年，第37页。
〔3〕 邱远猷：《试论〈中华民国参议院法〉》，《历史教学》1997年第2期。
〔4〕 熊秋良：《论民国初年的选举法》，《社会科学辑刊》2005年第1期；叶利军：《民初〈省议会议员选举法〉探略》，《求索》2006年第5期。
〔5〕 叶利军：《民初〈大总统选举法〉立法之争》，《江汉论坛》2007年第4期。
〔6〕 李兆祥：《中华民国早期（1912—1928）的外交立法述论》，《民国档案》2007年第2期。
〔7〕 武乾：《论北洋政府的〈行政执行法〉》，《法学杂志》1999年第4期。
〔8〕 朱勇：《中国近代民法的发展》，载朱勇：《中国法律的艰辛历程》。

的主要过程及其取得的阶段性历史成果。[1] 关于1926年民国《民律草案》的研究，张生则指出与清末的《大清民律草案》相比，《民律草案》确立了统一的民法价值原则，立法技术和制度内容方面均有较大改进，该草案的立法成就对南京国民政府制定民法典产生了积极影响。[2] 李秀清的论文虽然研究的是30年代初南京国民政府时期的民法，但是在研究方法取向上值得重视。李文能够从法律移植的新视角，探讨瑞士、苏俄民法制度对《中华民国民法》的影响，并且进一步对法律移植的体例和具体制度进行分析。[3]

在经济法研究方面，蒋晓伟概括了北洋时期经济法的特点，"北洋政府经济法的形式，如同清末一样，也大都用单行法规的形式"，同时认为："北洋政府不得不抄袭资本主义国家的经济法制原则和法律条文，制定出一系列比较完整的、具有现代意义的资本主义的经济法规。"[4] 李秀清考察了民国时期公司法、票据法及破产法等领域商事立法对外国法的移植情况，其中包括北洋时期的《公司条例》、《票据法草案》、《破产法草案》，认为："在上述商事立法活动中，立法者所采取的移植外国法的开放立场，追求符合世界潮流的努力是值得肯定和赞赏的。"[5] 季立刚的《民国商事立法研究（1912—1937）》则是这一领域最新的研究成果。作者采用历史分析、比较等方法，探讨了民国（1912—1937）商事立法的进程、内容及其历史成就，认为民国的商事立法活动，既有对清末商事立法成果的继受，也有在新的历史条件下的创新和发展。民国商事立法是中国法律近代化过程中的重要一

---

[1] 张生：《民国初期民法的近代化——以固有法与继受法的整合为中心》，中国政法大学出版社，2002年。

[2] 张生：《民国〈民律草案〉评析》，《江西社会科学》2005年第8期。

[3] 李秀清：《20世纪前期民法新潮流与〈中华民国民法〉》，《政法论坛》第20卷第2期，2002年2月。

[4] 蒋晓伟：《中国经济法制史》，知识出版社，1994年，第323页。

[5] 李秀清：《民国时期移植外国商事立法论略》，载何勤华、李秀清：《外国法与中国法——20世纪中国移植外国法反思》，中国政法大学出版社，2003年，第274页。

环,它逐渐完成了商事法制的体系化。[1] 此外,饶东辉专文研究了民国北京政府时期的劳动立法的背景、阶段与成果。在论及国会立法时,特别提到了第一届国会在第二次复会后制宪时关于劳工保护立法争论的情况。[2] 能秋良详尽地剖析了民国初年公司法的产生、作用和局限,指出民初的公司法规虽然在实用性上还有许多欠缺,但它是近代中国首次出现的经济方面比较完备的资产阶级法令体系,基本上奠定了中国公司法的模式,在中国公司法制史上明显起了承前启后的作用。[3]

在民初司法制度研究总论部分,何勤华指出:"民国时期,是中国司法制度实现现代化的时期。该时期,中国在清末修律,移植西方先进司法观念和制度的基础上,进一步扩大选择模式的范围,通过移植日本、德国、奥地利、法国、瑞士、意大利等国的法院体制和诉讼法,结合中国国情,建立起了现代化的司法体制体系。"[4] 郭志祥也认为在民国初期,"大动荡的年代也是大发展的年代,是有所作为的年代"。[5] 韩秀桃从理论与制度两个角度着眼,在宏观方面探讨了民国司法独立的理论架构及其相关的宪法性依据,在微观方面重点分析了民国初年的司法审判个案以探究其中的冲突。书中第六章专门研究了北洋时期的司法发展。[6] 吴永明在学术史综述中回顾了关于民初司法现代化的状况,其中包括民国时期的研究、大陆和台湾的研究现状、国外研究简介,以及结论与分析等。[7] 从 20 世纪 90 年代开始,台湾学界研究主要集中于民初司法档案的典藏整理、大理院的司法实践、地方司法

---

[1] 季立刚:《民国商事立法(1912—1937)》,复旦大学出版社,2006 年。
[2] 饶东辉:《民国北京政府劳动立法初探》,《近代史研究》1998 年第 1 期。
[3] 能秋良:《论民国初年的公司法规》,《四川师范大学学报(社会科学版)》1998 年第 1 期。
[4] 何勤华:《西方模式的选择与中国司法的现代化》,载何勤华、李秀清:《外国法与中国法——20 世纪中国移植外国法反思》,第 489 页。
[5] 郭志祥:《清末和民国时期的司法独立研究(下)》,《环球法律评论》2002 年夏季号,第 205 页。
[6] 韩秀桃:《司法独立与近代中国》,清华大学出版社,2003 年。
[7] 吴永明:《民初(1912—1928)司法现代化变革研究述评》,载韩延龙主编:《法律史论集》第 5 集,法律出版社,2004 年。

制度建设个案、刑事诉讼法变革等。[1]

　　司法制度体制研究方面，张希坡考察了南京临时政府时期的司法组织法规、审判体制方案、禁止刑讯和体罚的法规、律师法规、教育法规等内容，张认为南京临时政府在存续的3个月内制定了如此多的法律法规，实属罕见，足见其对法制建设的重视。该文还对《暂行新刑律》的公布时间进行了考证。[2] 李秀清专门研究了民国时期的行政审判制度，内容涉及到北京政府时期的平政院制度；并且还从比较法的视角，在内部组织、人员任职资格、人员职位保障、权限、诉讼手续等方面，与日本行政裁判所进行比较。[3]

　　关于律师制度的研究，代表性论文主要有徐家力的《论民国初期律师制度的建立及特点》与吴永明的《民国前期律师制度建构述论》。前者指出民国初期律师制度的特点是以日本、德国等大陆法系国家的律师制度为基本依据，具有大陆法系风格。[4] 后者认为律师制度的确立，为共和民国新式司法制度及其运行，提供了一定的保障，客观上促进了中国现代法制意识的觉醒，推动了社会进步。[5] 此外，郭兴莲还专门研究了民国初年的选举诉讼。介绍了民初选举诉讼法律的主要内容，要点包括选举诉讼的主要程序、选举案件的法律适用、选举诉讼的主要特点等。作者一方面肯定选举诉讼是诉讼制度近代化的重要内容，另一方面指出引进的法律于中国的国情不甚相合，实体法律的遗漏与欠缺使其运转乏力，选举之公权难以得到实际保障。[6]

---

[1] 代表性论著有黄源盛《民初法律变迁与裁判（1912—1928）》（台湾政治大学法学丛书47，2000年）、黄源盛：《民初大理院（1912—1928）》（《政大法学评论》第60期，1998年）、朱浤源《我国司法现代化的个案研究：广西司法的初期现代化（1907—1937）》（《科际整合学报》1991年第1期）、陈光宇《清末民初刑事诉讼法制概说》（《中华法学》1992年第2期）等。

[2] 张希坡：《南京临时政府司法行政法规考察研究》，《法学家》2000年第5期。

[3] 李秀清：《从平政院到行政法院——民国时期大陆型行政审判制度探究》，载何勤华、李秀清：《外国法与中国法—20世纪中国移植外国法反思》。

[4] 徐家力：《论民国初期律师制度的建立及特点》，《中外法学》1997年第2期。

[5] 吴永明：《民国前期律师制度建构述论》，《江西社会科学》2004年第12期。

[6] 郭兴莲：《论民国初年的选举诉讼》，《法学评论》1997年第6期。

二、研究问题与不足

关于北京政府时期法制建设的研究，经过学界前辈多年来的辛勤努力，相关研究取得了很大的成就，目前已经成为中国法制史学界的一个研究热点，相关研究主要集中于这一时期的宪法、部门法与司法制度等。作为立法主体的民国国会，长期以来却并未受到太多的关注。事实上，民国国会虽然命运多舛，仅第一届国会就先后两次被非法解散。但是其实际存在时间将近六年，第一、二届国会均召开过三期常会，立法运作过程相当完整，"即以民国初年临时参议院所通过者，已有二百三十余案之多，其他历届议会之工作，亦可想而知矣"。[1] 近年美国学者林蔚（Arthur Waldron）在评价民国国会政治时也强调："虽然国会的成就有限，而且经常大权旁落。但是国会一直是整个北洋时期立法活动的焦点，这是不应该忽视的。"[2]

然而令人遗憾的是，除国会制宪活动以外，长期以来以国会为主体的立法运作与法制建设研究尚付阙如。[3] 例如，民国国会的立法制度与特色是什么？立法程序与技术有哪些？代表性的法制建设成就有多少？一些重要的部门法在其制定过程中的争论是什么？国会议员在法制建设方面的表现与作用如何？从法律移植的视角怎么评价国会的法制建设？在比较法视野中又如何评价国会的法制建设？民国国会在20世纪中国法制现代化进程中的历史地位与作用是什么？所有这些疑问，都表明检视民国国会留下的法制遗产，继而认真反思国会立法政治的经验教训是十分必要的。

具体而言，一是研究时段尚未延伸。以国会立法为核心的专题研究，多是集中于民国初年，即南京临时参议院、北京临时参议院、

---

[1] 顾敦鍒：《中国议会史》，苏州木渎心正堂，1931年，第419页。
[2] Arthur Waldron, *From War to Nationalism:China's turning point,1924-1925*.New York：Cambridge university press,1995，p.264.
[3] 关于北京政府时期制宪政治研究状况的综述，参见严泉：《失败的遗产：中华首届国会制宪，1912—1923》前言，广西师范大学出版社，2007年。

第一届国会第一期常会时期,至今尚未拓展到第一届国会第二期常会、第三期常会,第二届国会三期常会时期。二是研究对象较为局限。过去一直是以制宪政治、国会政争为主要内容。立法制度与技术、部门法专题研究并不多见。[1] 三是研究内容有待深入。研究者过分注重宏观评论,漠视与过程有关的个案研究,有关国会立法与法制建设的基本史实不清晰。即使是在法制史研究论著中,多是法规要点概述,缺少比较法学、部门法学的分析。特别是以民国国会为主体的法学专著尚未出现。四是研究方法较为单一。过去以国会政治为主题的研究论著,较为常见的还是历史学、政治学理论方法,法学研究视角较为少见。即使是在运用法学研究方法时,也是以宪法学、部门法学为主,较少使用立法学、比较法学等理论与方法。

三、研究方法与内容设计

综合国内外关于立法学研究的特点,民国国会立法研究重点在于立法制度(含立法程序)与立法技术。其中"立法制度是立法活动、立法过程所须遵循的各种实体性准则的总称,是国家法制的重要组成部分"。[2] 在立法制度视野里,民国国会的立法运作值得重新审视。例如,在立法职能上,两院各自承担哪些立法职能?两院各自能就哪些法案行使提案权?两院在法案问题上如何达成一致?在立法数量统计上,政府提交的法案在整个法案中所占的比例是多少?国会通过的法案占整个法案的比例是多少?未议决的法案占全部法案的比例

---

[1] 如有论者在对民国议会史研究进行综述时,也认为探讨的问题还应拓宽,如民国议会的制度设置、议事规则、活动方式、议会与政府的正常矛盾及其处理等"低端"政治内容也应进行研究。薛恒:《民国议会史研究述评》,《近代史研究》2004年第3期。

[2] 周旺生:《立法学教程》,北京大学出版社2006年版,第155页。关于立法程序的概念,朱力宇、张曙光认为:"立法程序是在立法过程中的立法确立阶段,立法活动所经历的先后次序和步骤,是一国立法制度的重要组成部分。"朱力宇、张曙光:《立法学》,中国人民大学出版社,2006年,第153页。

又是多少？此外，有关立法运作研究还包括立法准备、立法规划、立法建议、立法创议、立法动议、立法决策、法案起草、议事规则、立法程序、法案提出、法案注册、议事录登记、法案列入议程、法案审议程序、委员会审议、大会审议、大会报告、法案表决、法案通过等。

部门法学与比较法学的理论方法，是研究国会立法与法制建设的又一重要途径。其中部门法学主要是指行政法、民法等各个部门法的形式、内容与功能。部门法学是最基础的法学学科方法，可以有助于开展对国会法制建设中各类法案的专业分析。而且"部门法学的研究成果是比较法学研究的前提与基础。没有部门法学的研究成果，比较法学研究根本无从谈起"。[1] 所以在部门法学的基础上，比较法学则进一步开拓了研究视野，为深入研究提供了可能性。

考虑到民国国会作为立法机构的性质，比较立法学具有很强的应用性。比较立法学是指用比较方法研究立法，主要是指立法制度与立法行为及比较研究。以立法程序制度与立法行为及比较研究为例，应包括立法程序与立法程序制度、立法程序制度与立法行为的院制比较，提出法案、审议法案与立法程序制度、表决法案与立法程序制度、立法复决与立法制度、立法否决实践活动比较，公布法律与立法程序制度、法的修改与立法程序制度比较等。[2] 在分析民国国会立法制度的同时，应与同时期日本、欧美等主要民主国家的立法制度进行比较，评析前者在立法制度层面的利弊与特点。

此外，在历史评价方面，从法制现代化角度对北京政府时期法制建设作出的负面评价，是值得重新认识的。如有学者认为："这一时期的法制从形式上看较南京临时政府时期更为系统、更为完备，在法典编纂方面作了许多工作。但是，形式上的法典编纂并不能消弭军事独裁专制的本质，反而表明了法制的进一步半殖民地化。"[3] 但是正如有人在总结近代中国法制现代化研究现状时指出，部门法制现代化

---

〔1〕 倪正茂：《比较法学探析》，中国法制出版社，2006年，第46页。
〔2〕 研究方法综述参见倪正茂：《比较法学探析》，第467—538页。
〔3〕 公丕祥：《法制现代化的挑战》，武汉大学出版社，2006年，第317页。

研究、法制现代化专题史研究等，其研究成果相对较少。"史料挖掘与整理还有不足，缺乏深入系统的史证研究，尤其缺乏对法制现代化内部诸问题和关系的深入研究。如已有成果在史实的考证和资料的引用上虽有比较大的进展，但往往没有展示运用资料分析判断的过程，即便提出若干灼见，也疏于史实论证，给人空乏之感。"[1]

进一步而言，《临时约法》的颁行、竞争性选举的展开、言论出版的自由、国会政治的运作，特别是宪法草案在国会主导下制定成功，所有这些都无可置辩地成为政治民主化的重要标志。不仅于此，整个北京政府时期的政治自由化都是持续存在的，否则无法解释五四运动、新文化运动的巨大成功。虽然民主化伴随着国会的命运时断时续，但是国会议员等竞争性公职选举还是不断举行，所以民国北京政府时期的中国，也正处于民主转型的关键阶段。不言而喻，突破意识形态框架的束缚，利用珍贵的原始档案史料，借鉴法学研究方法，是深化民国北京政府时期法制史研究的正确途径。

---

[1] 侯强:《社会转型与近代中国法制现代化：1840—1928》，中国社会科学出版社，2005年，第14页。

第一章 民国国会的立法历程

民国国会的立法活动，除制宪外，其他主要的立法工作包括行政、财经、国会组织、国会选举、地方自治等法规制定。

一、临时参议院时期

民国临时参议院主要分为南京与北京临时参议院两个时期，前者存在时间为1912年1月28日到4月7日，后者存在时间是1912年4月29日至1913年4月8日。

（一）南京临时参议院时期

南京临时政府成立后不久，南京临时参议院就于1月28日在南京成立。临时参议院除制定《中华民国临时约法》外，还开展了行政、财经、国会组织等立法工作。

行政法规在行政组织方面，重要的有《中华民国接受北方各省统治权办法》、《袁总统受职与重新组织统一政府法》、《南京府官制》、《各部官制通则》、《外交部官制》、《交通部官制》、《内务部官制》、《教育部官制》、《法制局官制》、《铨叙局官制》、《印铸局官制》、《临时稽勋局官制》、《国务院官制》、《农林部官制》、《工商部官制》、《司法部官制》、《财政部官制》、《海军部官制》、《陆军部官制》等。在文官制度建设方面，主要有《外交官及领事官考试委员会官制》、《外交官及领事官考试令》。有关行政行为法规，主要是《优待清帝皇室与满蒙回藏各族待遇条件》。行政诉讼法规方面则是空白。

重要的财经法规主要有《暂行印花税法案》、《暂行印花税法施行章程》，其他多是关于经济事务的决议案，如《华俄道胜银行借款案》、《华俄道胜银行借款案复议案》、《四国银行借款案》、《华比银行借款案》、《华比银行借款复议案》、《华洋义赈会向四国银行借款案》等。

在国会组织法规方面，主要制定了《参议院法》、《参议院议事细则》、《参议院办事细则》、《参议院常费支给章程》、《参议院旁听规则》。至于选举法规与地方自治法规，因南京临时参议院存在时间较短，尚未着手立法工作。而关于刑法、诉讼法等，仅是通过《新法律未颁行以前暂适用旧有法律案》。

（二）北京临时参议院时期

1912年3月，临时政府决定北迁后，依据《临时约法》与《参议院法》的规定，各地重新举行了临时参议员的选举，1912年4月29日临时参议院在北京继续开会，至1913年4月8日第一届国会开幕，完成了近一年的卓有成效的立法工作。

行政法规在行政组织方面，主要有《国务院官制》、《法典编纂会官制》、《法制局官制》、《印铸局官制》、《国务院秘书厅官制》、《铨叙局官制》、《蒙藏事务局官制》、《临时稽勋局官制》、《各部官制通则》、《外交部官制》、《内务部官制》、《筹备国会事务局官制》、《财政部官制》、《陆军部官制》、《陆军官佐士兵等级表》、《陆军官佐礼服制》、《陆军常服制》、《海军部官制》、《中央观象台官制》、《农林部官制》、《工商部官制》、《司法部官制》、《教育部官制》、《交通部官制》、《参谋本部官制》、《陆军测量官官制》、《国史馆官制》、《海军官佐士兵等级表》、《陆军测量官官俸法》、《中央学会法》、《筹备国会事务局追加官制》、《中国铁路总公司条例》、《陆军团旗》等。文官制度法规包括《中央行政官官俸法》、《技术官官俸法》、《中央行政官官等法》。行政行为法规主要有《礼制》、《国庆纪念日》、《国旗及陆海军旗》、《行政执行法》、《国籍法》、《戒严法》等。行政诉讼法规还是空白。

财经法规主要有《兴华汇业银行则例》、《民国元年六厘公债条例》、《中国银行则例》、《印花税法》等。

国会组织法规主要是《中华民国国会组织法》、《参议院议事细则》、《参议院委员会规则》等。

在国会选举法规方面,有关国会选举制度的基本法律,主要有《参议院议员选举法》、《众议院议员选举法》、《参议院议员选举法华侨选举会施行法》、《众议院议员各省复选区表》,此后又陆续颁布《更正众议院议员各省复选区表》(1912年9月16日)、《更正众议院议员各省复选区表》(1912年9月29日)、《更正众议院议员各省复选区表》(1912年10月9日)、《更正众议院议员各省复选区表》(1912年10月13日)、《更正众议院议员各省复选区表》(1912年10月25日)、《更正众议院议员河南复选区表》(1912年10月30日)、《更正众议院议员甘肃复选区表》(1912年11月11日)、《更正众议院议员新疆复选区表》(1912年11月14日)、《西藏第一届国会议员选举法》等。此外,民国行政机构以大总统教令、内务部部令等形式还颁布了大量有关选举施行的法令规则,如《众议院议员选举法施行细则》、《参议院议员选举法施行细则》等。

地方自治法规方面也有所建树,相继通过了《省议会议员选举法》、《省议会暂行法》、《省议会议员各省复选区表》、《省议会议员各省复选区表施行法》、《蒙古待遇条例》等。

据个人统计,在整个民国临时参议院时期,制定各类法规99件,其中行政法规65件、财经法规6件、国会选举法规13件、国会组织法规8件、地方自治法规5件、宪法类法规1件、其他1件。在法律体系构建方面也颇有成效。如有关国会组织、选举法规比较完备,从中央国会组织法到地方省议会暂行法，从中央国会两院议员选举法到地方省议会议员选举法，门类齐全。参议院议长吴景濂在闭会仪式上也称："本院先后开会综二百二十次，经议决者凡二百三十余案，立国纲要，未始不于此稍稍植基础也。"[1]

（三）未审查及未议决案

这一时期众多的未议决、未审查和未提议案，虽然均未能成为正式法规，但从其内容中，可以反映民国初创时期国家法制建设的立法规划。

在南京临时参议院时期，行政法规在行政组织方面主要有《设立财政筹备处》、《设立国史院》、《中央巡警厅官职令》、《陆军人员补官任职令修正案》、《捕获战品裁判所章程》、《实业部官职令》、《陆军人员补官任职令》、《陆军官佐免官免职令》等。行政行为类主要有《检查战事违禁品简章》、《暂行传染病预防法》等。文官制度类主要有《文官考试委员官职令》、《文官考试令》。财经法规主要有《有奖公债章程》、《商业注册章程》、《金库则例》、《兴业银行则例》、《农业银行则例》、《殖边银行则例》、《商标章程及细则》、《海外汇业银行则例》、《储蓄银行则例》、《庶民银行则例》、《惠工银行则例》、《商业银行暂行则例》、《会计法》、《工厂新发明特许专业法》、《渔业法案》等。国会组织与选举法规主要有《国会之组织及选举法大纲案》。此外，还有新出现的司法制度法规，如《法官考试委员会官职令》、《法官考试令》等。

北京临时参议院时期主要是行政法规，共分为四类。一是中央各部局厅的官制。包括《顾问院官制草案》、《农林试验场官制草案》、《矿务监督处官制草案》、《商品陈列所官制草案》、《临时稽勋局各省调查官制草案》、《监狱官制草案》、《民国图书馆官制草案》、《盐务署及盐务司官制草案》、《税关监督官制草案》、《国税厅官制草案》、《国税分厅官制草案》、《税务处官制草案》、《中国红十字会条例草案》、《中央

---

[1] 孙曜编《中华民国史料》，文明书局，1919年，第114页。

模范工厂官制案》、《度量衡制造所官制案》、《造币厂官制案》、《招宾所官制案》、《印刷局官制附造纸厂官制案》、《修改官制通则案》、《实行禁烟法》、《国务院官制修正案》、《国史馆官制修正案》、《国务院承宣厅官制修正案》、《海军部官制修正案》、《交通部官制修正案》、《陆军军官学校条例》、《海军部参谋厅条例》、《陆军部官制修正案》、《顾问院官制修正案》、《参谋部官制》、《外交部官制修正案》、《蒙藏事务局官制修正案》、《参谋本部修正案》、《地质所官制》、《币制委员会章程》、《海军俸给法草案》、《陆军俸给法草案》等。二是有关地方行政的官制。如《地方行政编制法》、《地方行政编制法施行法》、《省总监官制》、《设立各省国税局官制》、《设立各省国税厅官制》。三是文官制度法规。涉及文官保障、作用、惩戒、甄别、惩戒委员会编制、任用法施行细则等内容。主要有《文官考试法》、《典试委员会编制法》、《文官任用法草案》、《秘书任用法草案》、《文官惩戒法》、《文官惩戒委员会编制法草案》、《文官任用法施行法草案》、《文官甄别法草案》、《外交官领事官官制草案》、《外交官领事官官俸法》、《更正中央行政官官等表》、《调验官吏法》、《外交官领事官任用暂行章程》。四是行政行为法规。主要有《暂行传染病预防法》、《警械使用法草案》、《治安警察法草案》、《国旗统一案》、《实行剪辫法》、《勋章令》、《颁给勋章条例》、《勋位令》、《明定道德教育主旨案》、《吗啡罪法草案》、《实行禁烟法》、《预戒严法》等。

经济法规主要有《厘定国家税地方税法》、《盐专卖法》、《盐斤加价案》、《契税暂行条例》、《印花税法修正案》、《验契法》、《商会法》、《度量衡新制及推行法》、《奖励工艺品暂行章程草案》等。国会选举与国会组织法类法规主要有《修改参议院法案》、《参议院法第三十三条修正案》、《中华民国国会法修正案》、《西蒙古增加议员案》等。地方自治法规包括《道官制》、《道自治法》、《县官制》、《省制》、《省官制》等。

在刑法司法法规方面，主要有《刑法草案》、《法院编制法草案》、《法院编制法施行法草案》、《律师法草案》、《司法官及书记官等官俸法草案》、《旧法官特别考试法草案》、《司法官考试法及施行法》、《律师考试法》等。其中较为重要的是《刑法草案》,该草案在提交临时参议院第一读会时,政府委员表示此次刑法草案在前清时就已经由宪政编查馆提交资政院逐条讨论,所以法制局才能从速提出,"而主目则在收回领事裁判权"。与过去不同之处在于国体已经改变,所以不适用前清的刑法均可适用于民国。草案编制采用的理由,一是减少刑名,共有主刑 5 种、从刑 2 种;二是废去援引比附。"使执法者援引比附以定罪犯,是司法而操立法之权";三是感化教育,以 15 岁为限,"以幼年无辨别之心,其犯罪刑法上不认为罪,使入感化场而教育之"。政府委员强调:"此草案系斟酌各国最新学说而使之合于中华民国现在程度。"[1] 临时参议员基本无异议,交付法律股审查,但以后就无下文。

另外还有否决案,如南京临时参议院时期的《中华民国临时组织法案》。北京临时参议院时期的《女子选举权案》、《大总统咨请官制通则内务部加次长一人案》、《建议收家屋税案》、《海军部参谋厅条例》等。

二、第一届国会时期

(一)第一期常会

1913 年 4 月 8 日,第一届国会第一期常会在北京开会。同年 11 月 4 日,由于袁世凯政府下令解散国民党,国会两院国民党籍议员共 438 人被取消议员资格,国会因不足法定人数无法开会,于是从 11 月 14 日起停发议事日程,第一期常会至此闭会。

在第一期常会期间,行政法规、财经法规均未有议决。国会组织法规主要有《参议院秘书厅组织规则》、《参议院警卫处组织规则》、《参议院警卫处办事规则》、《众议院规则》、《参议院互选宪法起草委

---

〔1〕《参议院第十六次会议速记录》(1912 年 6 月 7 日),《政府公报》6 月份,附录,第 361 页。

员规则》、《宪法起草委员众议院互选规则》、《宪法起草委员会规则》、《宪法会议秘书处办事细则》、《本院（参议院）秘书厅文牍科暂行办事规则》、《本院（参议院）秘书厅庶务科暂行办事规则》、《参议院旁听规则》、《宪法会议规则》、《议院法》等。此外国会选举、地方自治类法规也未有议决。而国会在10月4日议决通过的《大总统选举法》属于宪法类法律。在6月13日议决通过的《国会议员内乱外患罪逮捕法》属于刑法类。

《大总统选举法》全文共七条。1.选举资格。中华民国人民完全享有公权，年满四十岁以上并住居国内满十年以上者可被选举为大总统。2.选举方法。大总统由国会议员组织总统选举会选举之。前项选举以选举人总数三分之二以上列席，用无记名投票方法选举。得票满投票人数四分之三者为当选。但两次投票无人当选时，就第二次得票较多者二名决选之。以得票过投票人数之半者为当选。3.总统任期。大总统任期五年，如再被选得连任一次。大总统任满前三个月国会议员须自行集会，组织总统选举会，行次任大总统之选举。4.就职誓言。大总统就职时须为左列之宣誓，余誓以至诚遵守宪法，执行大总统之职务，谨誓。5.大总统职位继任与代理。大总统缺位时，由副总统继任至本任大总统任满之日止。大总统因故不能执行职务时，以副总统代理之。副总统同时缺位时，由国务院摄行其职务，同时国会议员于三个月内自行集会，组织总统选举会，行次任大总统之选举。大总统应于任满之日解职，如届期次任大总统尚未选出或选出后尚未就职，次任副总统亦不能代理时，由国务院摄行其职务。6.副总统选举。副总统选举，依照选举大总统之规定与大总统之选举同时行之，但副总统缺位时应补选之。[1]

《国会议员内乱外患罪逮捕法》全文共四条。1.审理。国会议员犯有内乱罪或三等以上有期徒刑之外患罪时，虽在戒严期内，除在接战地域内逮捕外，仍属大理院审判。2.起诉。戒严司令官查获国会

---

[1]《大总统选举法》，《政府公报》1913年10月6日。

议员有犯内乱罪外患罪之嫌疑实行逮捕时，须在逮捕后二十四小时内解交总检察厅起诉，在开会期中政府应同时以文书将罪据报告于国会。于总检察厅所在地以外逮捕时，前项解送期限可以根据道路远近酌量延长，但须在逮捕后二日内起解。3. 逮捕。关于以上之逮捕若有挟嫌诬陷情节须将告发人按律治罪。[1]

（二）第二期常会

1916年袁世凯死后，继任大总统黎元洪颁布国会召集令，第一届国会第二期常会在同年8月1日开会。第二期常会原本应该在12月初休会，但由于立法事务繁重，于是12月5日国会通过"延长会期至第三期常会开会之前一日为止"的决议。1917年5月段祺瑞内阁与国会发生"参战案"争议时，总统黎元洪在北洋派的压力下，于6月12日非法宣布解散国会，第二期常会被迫中断。1922年8月1日国会复会后，继续第二期常会，至同年9月18日闭会。

在第二期常会期间，行政法规中有关行政组织、文官制度与行政诉讼内容仍是空白。行政行为法规仅有《国葬法》。国会选举法规主要有《参议院华侨议员选举施行法》、《参议院议员第一班改选日期令》。国会组织法规有《修正参议院委员会规则》、《修正参议院秘书厅组织规则》、《参议院秘书厅办事通则》、《参议院经费支给规则》、《众议院秘书厅及警卫厅支给规则》、《众议院秘书厅办事规则》等。财经、地方自治法规未有议决。

（三）第三期常会

第三期常会于1922年10月11日开会，原定闭会时间应为1923年10月10日。但是在1923年9月7日与26日，众、参两院分别通过"延长国会任期案"，"修正国会组织法案（第7条后增加1条）"。[2]

---

[1]《国会议员内乱外患罪逮捕法》，《参议院公报第11册》，1913年9月，"议决案"，第3页。
[2]《修正国会组织法》（第7条后加1条），《政府公报》，1923年10月5日。

这样从1923年10月26日又开始第一届国会临时会，一直到1924年10月北京政变后，段祺瑞执政府在11月24日颁布《中华民国临时政府制》，废除国会制度，国会才正式结束。

第三期常会期间最重要的立法成果是《中华民国宪法》。正式宪法历经十年，终于在1923年10月制定成功，宪法全文141条，"但就该宪法本身而言，它综合体现了西方近代宪法理论和宪政原则以及中华民国十年共和历史的政治实践和立法经验"。[1] 行政组织法规主要有《蒙疆善后委员会条例》、《修正蒙疆善后委员会条例》。文官制度法规、行政行为法规、行政诉讼法规、财经法规全是空白。国会选举法规包括《第一届众议院议员改选令》、《众议院议员选举筹备日期令》等。国会组织法规包括《修正国会组织法第21条第2项》、《国会组织法》（第7条后加1条）等。地方自治法规仅有一件，即《第四届省议会议员选举法》。

（四）未审查及未议决案

据不完全统计，此类议案在第一届国会期间行政法规主要有《国务院官制》、《各部官制通则》、《裁撤将军府案》、《鸿博院总章案》、《审计院组织法》、《审计院编制法案》、《缉私条例修正案》、《修正商会法草案》、《修正农会规程》、《农会规程施行细则暨各种附表程式》、《废止治安警察法》、《治安警察法》、《陆海军理事考试任用法》、《陆军测量标准法》、《国会议员保障法》。此外，《预戒严法》在众议院通过，参议院未经议决，《戒严法施行法》在参议院通过，众议院未经议决。

经济法规主要是财经法规，《契税法》（众议院第一期常会通过，参议院未经议决）。《交通内国公债条例》、《钞票制限法》（参议院第二期常会通过，众议院未议决）、《会计法》、《公司法草案》、《森林法》（参议院第二期常会通过，众议院未议决）、《六厘善后公债条例》、《普

---

[1] 朱勇：《中华民国立法史序言》，载谢振民编著《中华民国立法史》（上册），中国政法大学出版社，2000年重印本。

通营业税法》、《遗产税法》、《所得税法》、《土地增值税法》、《中华国立保险局法》、《渔业法》、《修正商会法》、《工商会组织法》等。

国会组织法规主要有《国会议员经费支给规则》（参议院第二期常会通过，众议院未议决）、《众议院经费支给规则》、《提议修正参议院议长副议长互选规则第一、第二两条案》、《修正参议院议长副议长互选规则第二条案》、《修正参议院议长副议长互选规则第一条案》、《修改议长选举规则案》、《议院法第七章第三十四条三十五条三十六条修正案》、《参议院审判委员会组织规则》、《参议院审判法》、《参议院审判规则》、《众议院秘书厅办理细则》等。

国会选举法规主要有《修正众议院议员选举法草案》、《修正众议院议员选举法第七条第二项案》、《修正参议院议员选举第十五条案》等。

地方自治法规主要有《特别区域分设区议会案》、《省议会议员选举法》等。

刑法司法法规为数也不少，有《刑法草案》、《科刑特别条例法律》、《鸦片及吗啡治罪法》（参议院第二期常会通过）、《私盐治罪法修正案》、《律师法》、《司法官考试法》、《各县地方分庭组织法》（参议院第二期常会通过）、《暂行各地方分庭组织法》等。其中《律师法案》共提出过三次，第一次提出在1913年，经众议院通过后移交参议院审议，后来"值袁世凯以暴力解散国会，致无结果"。在1916年又提出一次，同样经众议院通过后移交参议院审议，"又经黎元洪暴力解散国会，又无结果"。[1] 第三次提出是在1923年9月。在送交参议院审议的提案说明中，特别提到立法理由，"本案于促进撤销各国领事裁判权有密切之关系"。目前各国不同意撤销领事裁判权，重要理由是中国裁判制度不健全，如只有律师条例，没有律师法，而条例是政府颁布，经常修改变动，所以律师法的制定事关审判制度的完备。而且强调原案严格限制律师资格，对律师酬金采取列举式，认为这样

---

[1]《众议院第三期常会第六十五次会议速记录》（1923年9月28日），《众议院公报速记录》，第19页。

做"悉为各国律师法普通规定之通则,非原案有特异之点也"。[1]

另外颇有新意的法规还有的《宪法生计、教育章草案》。两章草案是经宪法起草委员会议决后,在1923年4月向宪法会议提出,但是由于宪法会议围绕地方制度争论不休,6月又发生直系政变,国会分裂,宪法会议因人数不足一直不能召开。一直到1923年10月宪法会议才匆忙完成地方制度与国权两章审议,而教育与生计两章未能审议入宪。

生计章草案主要内容如下。1. 通则。国民生计以适合正义,使各得相当之生活为原则,个人之生计自由在此范围内应受保障。2. 财产权。国家关于财产营业及私人契约之立法应依左列各规定。(1)国家为保护农民恒产及防止土地之滥用或兼并,对于土地之享有权得设限制,其不因自力经营而增高价格之土地,得以累进法定其税率;(2)利用天然富源之营业,以国有或地方公有为原则,其特许及其他营业属于独占者,国家或地方得限制或征收之;(3)财产之承继,国家得依其价额及承继者之亲等或关系加以限制,其税率以累进法定之;(4)重利借贷及不动产使用之重租禁止之。3. 劳动权。国民有不背善良风俗为精神上或体力上劳动之义务。老弱残废不能劳动者,国家或地方应救恤之。有劳动能力非因怠惰过失而失业者,国家或地方应予以劳动之机会或协助之。4. 劳工保护。劳工受国家保护,凡关系劳工之立法,应尊重国际正式劳工会议议决之原则。5. 生计表达权。精神劳动之出版权、发明权、美术权受国家保护。为防护及发展生计之结社或集会,无论何人与何职业,除与公共安宁有直接危害之行为外,法律不得禁止之。6. 全国生计会议。全国生计会议依法律由全国各职业团体选出代表组织之。凡关系生计之行政立法之事项,有左列之职权。1)建议政府;2)受政府之咨询;3)提出法案于政府时,政府须咨交国会,但生计会议得派代表出席说明。各地方生计会议之组织,依各地方法律之所定。[2]

---

[1] 《法制委员会报告》(1922年8月28日),《参议院公报》第2期第55册,第2—4页。
[2] 吴宗慈:《中华民国宪法史》(后编),大东书局,1924年,第451—452页。

在立法讨论中,支持方如参议员王鑫润认为,中国从华盛顿会议以来,劳工问题日趋严重。"中国国民为求根本救济起见,在宪法上对于劳工问题当然应立有根据,以免将来之纷乱。"为此应在宪法上列有劳工专章。[1]众议员江浩称希望劳工问题在宪法上得以解决,"因此种问题在中国国家向来不甚视为重要"。"吾人今日制定宪法眼光似宜稍从远处着想,盖劳工问题在世界各国固属视为极重,即以中国目前而论,亦渐次有劳工团体之发动。"江特别提到近年来中国罢工事件已经屡见不鲜。[2]众议员林长民表示赞成在宪法中规定劳工专章。林称19世纪的宪法只是保护一部分人民的宪法,即是保护有产阶级的资本家的,所以19世纪的宪法不公平,现在世界各国的宪法难免不动摇。"要知二十世纪制定之宪法,系面包宪法,即是制定生活程度之宪法,宪法之中必要容纳种种主张,如民生制度、经济制度之类,方足以保持长久。况现在世界各国皆已发现过激社会主义。时势所趋,万众所向,诸君能保持将来中国永不发生过激社会主义乎?如果宪法上含有一种弹性预为适当之规定,必可以免将来之纷争。"[3]众议员王葆真表示:"因当初劳工之地位乃是一种被加害的地位,而在宪法上与以一种保障实为当然办法。"建议将劳工保护规定在宪法之中,将来再根据宪法中劳工条款再制定劳动法。不赞成反对方的看法,因为在事实上目前有产者完全受法律保护,而无产阶级并不能受法律上的恩惠,"故必须在宪法中定出一种根据,以免劳动界受资本家之压迫。"[4]

反对方如众议员易宗夔强调:"盖劳工亦国家人民之一部分,宪法上规定之人民二字,即是包含一切规定各种人民之权利义务,劳工者本应同一享受,岂有复将劳工除外之理。""况对于劳工加以保护字

---

[1]《宪法会议审议会第七十次会议录》(1922年11月16日),《宪法会议公报》第57册,第2—3页。
[2] 同上书,第4页。
[3] 同上书,第9页。
[4] 同上书,第10页。

样,尤属不宜。本来保护云者,是强者对于弱者所用之名词,试问究竟谁为强者,谁为弱者,宪法上视劳工本来与普通人民一律看待,并无强弱之分。"[1]众议员汪彭年反对仅就劳工问题规定专章。"因劳工不过生计生活之一部分,立法要及于全部,不能只对于一部分规定也。"[2]众议员褚辅成认为劳工保护与民生一章有关系,应该规定在民生章内。"立宪之责任,应使国家基础不致动摇范围,一切政治上社会上将来处分问题应在宪法上解决。"从欧洲的历史来看,"英国对于新发生之潮流以及思想均顺其性而利导之,并不用压制之方法,故英国数百年来政治上并无极大变动发生。俄国则纯用压制政策,故一旦皇室失败,即一变而为极端之社会主义"。所以对于社会主义新潮流,应该在宪法上容纳,而不应该压制。[3]众议员邱珍也反对加入劳工一章。认为中国现在并没有大地主压制劳农,也没有大资本家压制劳工的现象。"现我国实业不能发达,对于资本家尚须加以提倡,万不可先为压制。"建议以后可制定相关法律,此种法律必须有弹性,以便应该保护资本家之时保护资本家,应该保护劳工时保护劳工。[4]

教育章草案主要内容如下。1. 通则。全国教育应以致力于人格完成,发展民主国之国民精神为主旨。2. 义务教育。义务教育之学年至少以六年为限。在义务教育学年内免纳学费,其教科书及学校用品均由学校设备之。小学教员之年功加薪及养老金以法律定之。3. 成人教育。国家及地方对于未受教育之成年者应予以补习之机会。4. 教育经费。国家及地方之教育经费占岁出全额之成数,应依教育需要及财政状况明确规定之。关于教育基金及学术奖励金之筹定,得就国有及地方公有财产拨充之。5. 特别教育基金。国家及地方应筹设特别基金,对于成绩优异无力升学之学生予以相当资助,使得受中等以上之教育。

---

[1]《宪法会议审议会第七十次会议录》(1922年11月16日),《宪法会议公报》第57册,第7页。
[2] 同上书,第9页。
[3] 同上书,第11—12页。
[4] 同上书,第12页。

6. 全国教育会议。全国教育会议之组织以法律定之。凡关系教育之行政、立法事项有左列之权限：（1）建议政府；（2）受政府之咨询；（3）提出法案于政府时，政府须咨交国会，但教育会议得派代表出席说明；（4）审定教科书。各地方教育会议之组织，依各地方法律之规定。7. 学术自由。学术上之研究，国家应予保护不得限制。[1]

关于在宪法中增设教育专章的必要性，参议员王用宾在《增加教育章之理由》提案中指出：1. 增加教育专章的立法趋势。"近世各国宪法的立法精神，由形式的而日趋于实际的已属不可掩之事迹。""故国民教育，各国宪法多列专条，而德意志新宪法且将教育事项胪列九条，著定专章，其立法精神昭然若揭。" 2. 教育专章的目的与方法。人类平等，其实最重要的是"知识的机会均等"。所以教育章立法的目的"专在为全国民创造知识的机会均等"。其方法一是规定四年制的义务教育年限，二是立法规定义务教育期限内费用由国家承担，三是改善小学教员的收入与养老保险，四是推广成人中文盲人群的补习教育，五是中等以上教育设立教育基金，资助成绩优异而无力上学的学生。3. 教育经费问题。教育经费占财政支出的比重必须明确规定，不得减少或挪用。4. 教育立法提案权。考虑到教育的职业性与专门性，在代议制下应该兼行"职业立法"与"学术立法"，所以全国教育会议应该拥有教育立法提案权。5. 学术研究的自由。"关于纯然学术上之研究者，则绝对的自由研究乃人类之光，一切黑暗仗此打退。只可保护不可限制。"[2]

三、第二届国会时期

第二届国会存在时间不长，仅有两年，通过各类法案共有 16 件，

---

[1] 吴宗慈：《中华民国宪法史》（后编），第 451—453 页。
[2] 同上书，第 467—469 页。

少于第一届国会的 30 件。

在第二届国会召开前的皖系临时参议院时期，是为配合新国会的选举，修改了国会组织与选举法规。其中包括《蒙古四部西藏第二届众议院议员选举施行法》、《修正中华民国国会组织法》、《修正参议院议员选举法》、《修正众议院议员选举法》、《参议院议员第二届选举日期令》、《众议院议员第二届总选举日期令》、《国会省议会第二届选举费用补助令》等。

第一期常会时期，国会组织与选举法规主要有《修正国会组织法第六条》、《修正议院法第二十条》、《修正参议院议员选举法第十七条案》、《参议院议事细则》、《宪法起草委员会规则》、《修正众议院规则》、《国会议员经费支给规则》等。其他方面的法规则是空白。第二期常会时期，通过的行政组织法规有《西北筹边使官制》、《监所职员官等法》、《监所职员官俸法》等。文官制度法规包括《文官高等考试法》、《文官普通考试法》、《外交官领事官考试法》等。行政行为与行政诉讼法规未见议决。国会组织与选举法规分别是《修正国会组织法第五条》与《修正众议院议员选举法第九十八条案》。地方自治法规是《县自治法》。第三期常会则未有立法建树。这一时期的未议决、未审查和未提议案，财经类有《广告法案》，刑法司法法规有《律师法案》、《当业法案》等。

第二章 国会的立法制度与技术

本章主要是结合立法制度与技术原理,重点研究民国国会的立法提案与审议、立法发言与表决、立法协调、立法会议等立法制度,以及立法起草、立法语言、立法修正与解释等立法技术。关于立法制度与技术的重要性,有论者认为:"从民主的角度看,立法权是否属于人民、立法机关是否由民意产生,立法程序或立法过程是否民主、是否有透明度,都直接和明显地反映出一国法制的民主化程度。"[1]

一、国会的立法制度

(一)立法提案制度

在南京临时参议院时期,《临时约法》第38条规定:"临时大总统,得提出法律案于参议院。"《参议院议事细则》规定,议员提议事件应准备草案说明理由,同时必须有3人以上的赞成者,会同署名先期交议长通告各议员。议员在议场上临时提出意见者为动议,必须有1人

---

[1] 周旺生:《立法学教程》,北京大学出版社,2006年,第155页。

附议方成议题，提请议长交付讨论。[1] 在北京临时参议院时期，根据《参议院法》的规定，议员提出法律案，必须有 10 人以上的赞成者。政府提出的议案，非经委员审查不得议决。但紧急时候，应政府要求，经多数表决不在此限。政府提出的议案未经参议院议决以前，无论何时得修正或撤回。参议员在议场上临时动议，附议在 1 人以上者，方可成为议题，提请议长交付讨论。[2]

两届国会时期，除沿用《临时约法》第 38 条规定外，《参议院议事细则》进一步规定参议员所提各项事件应附加理由书，依法由赞成者连署后送交议长，议长印发各议员。会议时议员提出动议必须有 3 人以上赞成，才能成为议题。议员对于议案提起修正动议必须要有 10 人以上赞成，否则不得成为议题。[3]《众议院规则》规定凡提出议案者应具案附以理由送交议长，付印分送各议员。除议院法及本规则另有规定外，凡发动议有 1 人以上的赞成即为议题，议长得令动议者将议题写出。动议成为议题后，议长咨询全院应否变更议事日程。动议成为议题后未经议决不得提出别种动议，但左列各项不在此限：一、延会；二、唤起注意议事日程；三、唤起注意违背法规；四、收回动议；五、讨论终局；六、付审查；七、修正；八、关于本规则第 59 条之变更议事日程。议题已经讨论，动议者非经众议院许可不得收回。[4]

据统计，南京临时参议院议决的法律案共计 32 件，其中政府（临时大总统）提出者 26 件，参议院提出者 6 件。《中华民国临时约法案》以及国会组织法规《参议院法》、《参议院议事细则案》、《参议院办事细则案》、《参议院常费支给章程案》、《参议院旁听规则》等均由临时参议院提出。

---

[1]《参议院议事细则》（1912 年 2 月 2 日议决）第 7—8 条，载张国福选编《参议院议事录、参议院议决案汇编》，北京大学出版社，1989 年。
[2]《参议院法》第 39—42 条，《临时政府公报》第 55 号。
[3]《参议院议事细则》（1913 年 10 月 13 日议决，1918 年 8 月 27 日修正）第 17—18 条，《参议院公报》第 1 期第 1 册。
[4]《众议院规则》（1913 年 9 月 10 日议决）第 62、63、64、65、66 条，《国会应用法规辑要》，上海图书馆馆藏 [出版地不详]，1913 年。

北京临时参议院通过的 67 件法规中，国会组织与选举法规由临时参议院提出，共计 16 件，包括《中华民国国会组织法》、《参议院议事细则》[1]、《参议院委员会规则》、《参议院议员选举法》、《众议院议员选举法》、《参议院议员选举法华侨选举会施行法》等。行政法规、经济法规、地方自治法规等均由政府提出，共有 51 件。

（二）立法审议制度

《参议院法》第 38 条规定："关于法律、财政及重大议案，须经三读会始得议决。"[2] 三读会是常见的立法审议制度。

1. 第一读会。三读审议过程中，第一个程序就是第一读会与交付审查。

在南京临时参议院时期，议事细则规定，关于法律财政及重大议案必须经过三读会才能议决。第一读会应在议长将议案通告各议员后隔两日举行。第一读会召开时，应由提议人或其委任代表说明议案之旨趣，并解释议员的疑问。凡政府提出的议案，既经第一读会者，应交审查会审查。待其报告后以该案大纲交付讨论并议决应否开第二读会。凡议员提出的议案，即由到会议员在第一读会讨论大纲，并议决应否开第二读会。其他议案若多数议员认为应行合并读会次数时，得合并或省略之。[3] 在北京临时参议院时期,根据《参议院议事细则》的规定,在某议案的第一读会上,首先由此议案的提出者对议案的"旨趣"进行说明,其中政府交议的议案由国务员或政府特派员出席说明,参议院或参议员提出的议案由参议员进行说明。然后,参议员就议案内容提出质问,请提出者解释、说明,"如认为可成议案者,得付委员会审查之"。[4]

---

[1] 1912 年 6 月 28 日临时参议院议决通过的《参议院议事细则》，作者未能检索到原文。本章中有关条款内容转引自李学智著《民国初年的法治思潮与法制建设——以国会立法活动为中心的研究》（中国社会科学出版社，2004 年）第四章相关内容。

[2] 《参议院法》第 38 条，《临时政府公报》第 55 号。

[3] 《参议院议事细则》（1912 年 2 月 2 日议决）第 18—22 条，第 28 条。

[4] 《参议院议事细则》（1913 年 6 月 28 日议决）第 19—20 条。

在第一、二届国会时期,除紧急事项外,第一读会在议案发给议员后,必须在两天后才能举行。在第一读会上朗读议案(参议院只朗读标题)后,提案人必须说明旨趣。议员如有疑义可以请提案人说明。政府在第一读会上提出的议案,或是他院移交的议案,应立即交付常任委员会审查,等到审查报告完成后再决定是否召开第二读会。议员提出的议案在大体讨论后即决定是否召开第二读会。如果有请求交付审查的动议并获得通过,应交付专门委员会审查。等到审查报告完成后再决定是否召开第二读会。凡是议决不需召开第二读会的议案即行作废。[1]

关于第一读会的运作成效,有学者研究表明,在北京临时参议院时期,在多数情况下,第一读会程序运作比较顺利。因为第一读会只是审查议题是否成立,一般不涉及议案的具体内容。参议院与提案方之间、参议院各议员之间可能出现的分歧一般还不会显露出来。但是也有一些法律、法规案,在第一读会上一经提出,即引起议员的激烈质问。例如1912年5月28日在审议国务院各直属局、委员会官制修正案时,当政府特派员作说明之后,议员中共有14人次提出质问,问题包括:为何又将科长、科员改称佥事、主事?法制、铨叙局有无必要设专管机要的秘书?"各国编法典必举精通法律有名者,"而法典编纂会为何仅由少数专人起草法律?国务院官制修正案列有"预算外支出","于监督财政有无妨害,于预算是否破坏?"等等。要求政府特派员回答、解释。[2]还有些法律经讨论被认为议题不能成立而未能交付审查,如北京临时参议院时期的《征家屋税案》、《(参议院法)第三十三条修正案》、《编拟宪法草案委员会大纲案》。特别是《编拟宪法草案委员会大纲案》涉及宪法起草权问题,当此案在1913年3月3日参议院第一百二十四次会议上提出后,议员覃振指出:"宪法

---

[1]《参议院议事细则》(1913年10月13日议决,1918年8月27日修正)第19—22条。《众议院规则》第67—72条,《国会应用法规辑要》,上海图书馆馆藏[出版者不详],1913年。

[2] 李学智:《民国初年的法治思潮与法制建设——以国会立法活动为中心的研究》,第110—111页。

起草之权属于国会,已载在约法,"现在政府拟自行起草,"殊属骇人听闻,此案自应取消,又何必付审查。"最后表决的结果是,赞成交付审查者少数,此案最后未能交付委员会审查。[1]

2. 委员会及委员会审查制度。一读会决定交付审查的议案,即交付有关委员会审查。

在南京临时参议院时期,根据《参议院议事细则案》的规定,审查会职责是审查议案,由审查员组成。凡政府提出议案必交审查会审查。审查员分常任、特别两种。常任审查员于会期之始,由议员以无记名连记投票法互选之。其中财政7人、法律9人、外交5人、请愿5人。审查会开会时间由审查长决定。审查会不可以在参议院开会时间内开会,"但得本院之许可者不在此例"。审查会有超过半数的审查员到会,就可以开议,"其表决以到会审查员之过半数为准,可否同数则取决于审查长"。审查会开会时,议长、副议长、议员和政府委员可以到会陈述意见或提出意见书。审查会可以请求议长向各公署调取关于审查事件的文件。审查会审查结束后应该准备报告书,交议长通知各议员。参议院得指定审查会报告日期,审查会不得无故延迟。[2]

根据《参议院法》的规定,北京临时参议院设有法制、财政、庶政、请愿、惩罚等五个委员会,分别审查有关方面的议案。《参议院议事细则》又详细规定了委员会审查制度的种类,分为一般审查、联合审查、特别审查、全院审查四种。一般审查是指议案直接交付委员会审查。联合审查是指有些法律、法规案内容涉及两方面的问题,由两个有关委员会联合审查。特别审查是指遇到某些内容特殊法律、法规案,需要临时组织特别委员会进行审查。《参议院法》规定:"担任审查特别事件"的委员,"由议长指定或本院选出之"。[3]《参议院议事细则》进一步规定:"特别委员会以议长首指定之一人,或公选得票最多之一人为委员长",特别委员会"员数随事定之"。全院

---

[1] 李学智:《民国初年的法治思潮与法制建设——以国会立法活动为中心的研究》,第111页。
[2] 《参议院议事细则》(1912年2月2日议决)第39—54条。
[3] 《参议院法》第26、27条。

审查是指将法律、法规交付全院委员会审查的情况。所谓全院委员会，是以全体议员为其成员的委员会。[1]《参议院法》第48条还规定："遇有重要问题，由议长或参议员十人以上之提议，经多数议决者，得开全院委员会审议之。"[2]

有学者统计在北京临时参议院开议的129件法律、法规案中，除3件未交付审查，4件有关财政、金融等方面的法律案交付财政委员会、2件有关社会生活的法律案交付庶政委员会、5件内容特殊或事关重大的法律案交付特别审查会，2件交付全院委员会审查，其余113件法律、法规案均交付法制委员会审查（包括与其他委员会的联合审查）。如1912年5月27日参议院第十一次会议上提出审议《实行戒严法案》，会议根据议案涉及的内容，决定将此案"交法制、庶务(政)两股会同审查"[3]。《修改约法青海为西蒙古并增加议员案》、《国旗统一案》等均交付特别审查。《国会组织法大纲案》、《国会选举法大纲案》交付全院委员会审查。有关委员会完成对议案审查后，均须向参议院提出审查报告。此外，还有相当部分的法律、法规案，或因尚未审查完毕，或虽审查完毕但还未及排入议事日程，至参议院解散之日，也没有进入第二读会。经委员会审查后，被参议院会议否决而没有进行二读会的共有3件，分别是《众议院议员选举法施行法草案》、《海军部参谋厅条例案》、《省议会暂行条例案》。[4]

第一、二届国会参众两院各设全院、常任与特任（众议院称特别委员会）三种委员会。《参议院委员会规则》与《众议院规则》分别规定了两院委员会的运作程序。[5]

参议院全院委员会出席人数超过总数三分之一才能开会。如果

---

[1]《参议院议事细则》（1912年6月28日议决）第94、97条。
[2]《参议院法》第48条。
[3] 李学智：《民国初年的法治思潮与法制建设——以国会立法活动为中心的研究》，第112页。
[4] 同上书，第113页。
[5] 参见《参议院委员会规则》（1913年10月13日议决，1916年12月5日修正，1918年8月27日修正），《参议院公报》第1期第1册。

有重要问题，由议长或议员10人以上提议，经院议通过后可以召开全院委员会审查。[1] 参议院常任委员会分为法制、财政、内务、外交、军事、交通、教育、实业、预算、决算、请愿、惩戒、院内审计等13股。常任委员会开会时间由委员长决定。常任委员会一般不得与参议院同时开会。参议院特任委员会是为审查特别案件设立的，其运作程序与常任委员会相同，特任委员可以由常任委员兼任。[2]

众议院全院委员会由议长或议员10人以上动议，不用讨论即可以院议形式决定召开。众议院常任委员会也是13个，除法典委员会外，其他名称均与参议院常任委员会相同。与参议院不同的是，各常任委员会还在会内分设数科，各科互选审查主任1人，负责整理该科事务。众议院特别委员会运作程序与常任委员会相同，但是常任委员不得兼任特别委员。[3]

在两院常任委员会中，预算与决算委员会最为重要。预算委员会分为数科，各科设置主任，负责审查预算案各部分。预算委员会各科审查完毕后，由主任将结果报告委员长，召开委员会讨论。各科主任在预算委员会上应作该科审查报告与说明。[4] 此外，根据《议院法》第32条规定，预算委员会必须在30日内提出预算案报告。决算委员会组织与运转规定与预算委员会相同。

委员会审查制度的运作情况，以第一届国会第一期常会时期的《戒严法施行法》为例。该法案背景是1913年8月发生北京军政执行处逮捕八议员事件。[5] 在1913年9月11日戒严法施行法审查委员会第一次会议上，蒋义明提出两条修改意见，"第一条凡宣告戒严时于布告文中须依法划定明确之区域。第二条接战地区接战行动休止时，

---

〔1〕《参议院委员会规则》第10—11条。
〔2〕同上书，第17、24、25、31、34、20条。
〔3〕《众议院规则》第21、30、42、32、46条。
〔4〕《参议院委员会规则》第42—45条。
〔5〕褚辅成、刘恩格、赵世钰、张我华等八位国会议员被捕事件发生在1913年8月27日，北京政府称这些国会议员与南方革命党人互相勾结，秘密从事暗杀活动。

除解严外,如变更为警备地域须即时宣告"。多数赞成修正意见。[1]在《戒严法施行法》审查委员会第二次会议上,委员长龚焕辰提出关于第9条第1项与第10条第1项中关于警备区与接战地域司令官的管辖权问题。王湘提出第11条中关于接战地域司令官的管理权与处理权问题。陆宗舆解释说,第10条第1项是规定接战地域内的司法官仍然办事,"而管辖权则全行移属于该地之司令官"。第9条第1项则是规定警备地域内的司令官的管辖权仅仅限于与军事有关系者,而与军事无关的事务管辖权属于原司法行政机关。郑际平总结说:"如此则戒严法第九条第一项为与军事有关系者属司令官之管辖,无关系者不属之。"陆宗舆补充说:"尚有根本之解释管辖者,乃管辖其职务,而非管辖其审判也。"[2]关于军政执法处的设置问题,陆认为将来应该用官制来规定其组织。[3]

据有学者统计,第一届国会第二期常会议会表决的104件议案中,经过各委员会审查后提交大会议决的共有97件,其中被大会否决的只有8件,议决通过率为91.8%。在否决的议案中,提议案3件,占提议案总数的91%;建议案2件,占建议案总数是89%;请愿案3件,占请愿案总数的93.2%。法制案议决通过率为100%。[4]

3. 第二读会。法律、法规经过委员会审查后,即提交第二读会。

在南京临时参议院时期,议事细则规定第二、第三读会日期,或隔两日或是一日,得由议员公决之。第二读会由议员将议案逐条讨论公决可否。第二读会结束,议长得以议案交审查会修正其条款及字句。[5]

北京临时参议院时期,议事细则规定:"第二读会将议案逐条提

---

[1] 《戒严法施行法审查委员会会议速记录第一次》(1913年9月11日),《参议院公报》,"第一次国会",第13册,第80页。

[2] 《戒严法施行法审查委员会会议速记录第二次》(1913年9月12日),《参议院公报》,"第一次国会",第13册,第82—83页。

[3] 同上书,第85页。

[4] 薛恒:《民国议会制度研究(1911—1924)》,中国社会科学出版社,2008年,第302—303页。

[5] 《参议院议事细则》(1912年2月2日议决),第23—25条。

出议决之","对于议案得提出修正。"⁽¹⁾第二读会是对议案进行实质性审查的阶段,对议案内容的修改、增删都在第二读会上进行,因而争辩最多,费时最长,是整个审议过程中最为重要的一个程序。第二读会首先要进行的是听取有关委员会关于这个议案的审查报告,并对议案的大体进行讨论,决定应否进行第二读会的程序。

关于第二读会的实际运作情况,"南京临时参议院法律案的审议,较好地遵行了这一规定"。除否决案外,均在第二读会上经过逐条讨论、修改。⁽²⁾北京临时参议院期间,进入第二读会的法律、法规案有62件,约占全部已经开议的法律、法规案129件的48%。研究表明,"在多数情况下,第二读会都对议案逐条进行了辩论、修正、表决,议员们的态度是审慎、负责任的。"⁽³⁾特别是有些议案由于议员之间分歧意见较大,更是在第二读会上发生激烈的争辩,经过长时间的反复辩论,意见才趋于一致,如《国会组织法大纲案》的第二读会。⁽⁴⁾

在第一、二届国会时期,根据《参议院议事细则》与《众议院规则》规定,第二读会应在第一读会两天后举行。但是议长可以根据院议缩短时间,或与第一读会同日进行。第二读会应将议案逐条朗读。议员在第二读会时可以对议案提出修正动议,或在读会前准备修正案向议长提出。委员会审查报告不必有人赞成即自动成为议题。议长有权变更条文顺序,或合并条文内容交付讨论。第二读会完成后,将修正议决的条文和文句交付原审查委员会整理。⁽⁵⁾

4. 第三读会。在南京临时参议院时期,议事细则第26条规定,第三读会议决全案之可否,但除更正文字或发现其中前后矛盾,及与他种法律相抵触外不得提议修改。"从临时参议院审议法律案的实践

---

〔1〕《参议院议事细则》(1912年6月28日),第24—25条。
〔2〕李学智:《民国初年的法治思潮与法制建设——以国会立法活动为中心的研究》,第70页。
〔3〕同上书,第114页。
〔4〕同上书,第115—117页。
〔5〕参见《参议院议事细则》(1913年10月13日议决,1918年8月27日修正)第24—28条、《众议院规则》第72—76条。

来看，临时参议院较好地执行了这一规定，绝大多数法律案在第三读会时文字上均有所修正。"[1] 如《参议院法案》在第三读会审议时，第51条"各种委员会均禁止旁听"之"各种"改为"凡"；第54条"将开选举会时日布告全国"之"时日"改为"日期"；第62条"提出质问书，由议长转咨政府"之"议长"改为"参议院"。[2]

在北京临时参议院时期，议事细则第31条规定："第三读会除更正文字外，不得作修正之动议。但发现议案有互相抵触事项或与暂行法律窒碍事项之动议，必须修正者不在此限。"从北京临时参议院的第三读会程序规定来看，"由于第二读会一般已对议案逐条进行了辩论、修改，各方意见已充分发表，第三读会的程序已显得无足轻重，故绝大多数法律、法规案的第三读会进行起来已很简单，也很顺利，多数法律、法规案的第三读会对议案只略有文字修改。"[3] 参议院议事细则第30条还规定，"第三读会于第二读会完毕后至少须隔日行之，但议长得咨询众议员与第二读会同日举行。"北京临时参议院关于第三读会程序的但书规定，相当多的议案在被实际审议中运用了但书条款，第二读会后往往立即召开第三读会而并未"隔日"，一般称为"省略第三读会手续。"据学者李学智统计，北京临时参议院经三读议决的法律法规共见51件，而"省略第三读会手续"议决的共有19件。[4]

在第一、二届国会时期，第三读会应在第二读会两天后举行。但是议长可以根据院决议缩短时间，或与第二读会同日进行。第三读会应议决议案可否通过。第三读会除更正文字外，不得提出修正动议，但发现议案中有互相抵触地方，或与其他法律相抵触必须修正者不在此限。建议、查办、请愿案经过院议后直接进行表决，不适用三读会程序。

第三读会的审议有时候也非常严格，以《议院法》为例。在第三读会上，第一章（第一条至第四条），均照原文。章兆鸿动议删去第七条"但

---

[1] 李学智：《民国初年的法治思潮与法制建设——以国会立法活动为中心的研究》，第71页。
[2] 《参议院议事录》，1912年3月27日。
[3] 李学智：《民国初年的法治思潮与法制建设——以国会立法活动为中心的研究》，第118页。
[4] 同上。

未经院议决定以前仍得照常出席"十五字，附议在一人以上，主席用举手表决法多数可决。陈铭鉴动议第十条（七日以上）四字修正为（逾七日）三字，附议在一人以上。主席用举手表决法举手少数否决。杨增炳动议第十二条"以该选举区候补当选人依次补之，其任期以前议员之任期为限"两句修正为"依议员选举法以各该候补当选人递补之，其任期以补足前议员之任期为限"，附议在一人以上。主席用举手表决法举手大多数可决。次议决第二章（第五条至第十二条），除修正外均照原文。蒋曾燠动议第十八条"应即补选"修正为"应行补选"，附议在一人以上。主席用举手表决法举手多数可决。杨增炳动议第二十条"总员"修正为"总议员"，附议在一人以上。主席用举手表决法举手多数可决。次议决第三章（第十三条至第二十条），除修正外均照原文。第四、五、六、七、八章照原文议决。谢林勋动议第三十九条"欲质问"修正为"依法质问"，附议在一人以上，主席用举手表决法少数否决。李述膺动议第三十九条质问上删"欲"字，附议在一人以上，主席用举手表决法举手大多数可决。次议决第九章（第三十九条至第四十二条）除修正外均照原文、第十章（第四十三条至第四十四条）均照原文。陈铭鉴动议第十一章标题请愿下加"之"字，附议在一人以上，主席用举手表决法举手多数可决。陈铭鉴动议第四十五条修正为"人民请愿须有议员五人以上之介绍方得受理"，附议在一人以上。主席用举手表决法举手大多数可决。杨炳勋动议第四十八条"委员会否决事件"修正为"但否决事件"，附议在一人以上。主席用举手表决法举手多数可决。次议决第十一章（第四十五条至第五十三条）除修正外均照原文，又第十二章（第五十四至第六十八条）均照原文。蒋曾燠动议第七十一条得请求上删"各"字，众赞同。林森勋动议第七十一条"请求"二字修正为（要求），附议在一人以上，主席用举手表决法举手少数否决。蒋曾燠动议七十一条删"求"字，附议在一人以上。主席用举手表决法举手多数可决。李述膺动议第六十九条删"因此"二字，附议在一人以上。主席用举手表决法多数可决。彭建标动议第七十条"及协议会"修正为"或协议会"，附议在一人以上，主席用举手表决法少数否决。议决第十三章（第六十九条至第七十二条）除修正外均照原文。第十四、十五、十六、十七章照原文表决。苗雨润动议第九十一条议员岁费上删"两院"二字，附议在一人以上，主席用举手表决法少数否决。议决第十八章（第九十条至第九十二条）又第十九章（第九十三条）均原文，主席以全案付起立表决，起立大多数可决。[1]

三读会的立法审议制度总的来说运作比较正常，但也存在一些问题。有学者研究表明，在南京临时参议院 26 件经过三读议决的法律案中，完全按照《参议院议事细则》关于第二、三读会间隔天数的规定议决的，仅有 3 件，即《中华民国临时约法法案》《外交官及领事官考试委员会官制案》《外交官及领事官考试令案》。其余 23 件法律案议决的情况可分为两种。一种情况是在第二读会后即连开第三读会，这样议决的法律案最多，共 20 件。其余 3 件为在第二读会后的第二天即开第三读会，并未隔日。虽然这 20 件在二读会后即开第三读会的法律案均为"公议"，或某人提议，经"多数可决。"但《参议院议事细则》中并无某种情况下经多数可决，第二、三读会即可连读的变通规定，仅是要求"或间两日或间一日，得由议员公决之"。第二、第三读会连开的现象，显然违反了议事细则的规定。[2]

此外，在审议《临时约法》草案中还出现过严重违反议事细则的立法行为。1912 年 2 月 16 日，原定议事日程是听取《临时约法案》的审议报告，但由于有议员临时动议先议另一紧急议案，《临时约法案》没有开议，散会前多数人可决，下午两点续议。但出席议员仅有 14 人，当时在院议员为 37 人，出席人不及半数。按照《参议院议事细则》规定第 2 条规定："凡会议须有半数以上之议员到会方可开议。"但是在这种情况下，议长林森却违反议事细则规定主持开议，经与会议员多数赞同，将《审议〈大中华民国临时约法案〉报告》交付特别

---

[1]《参议院第三十七次会议》，1913 年 7 月 17 日，《参议院公报》第 8 册，1913 年 7 月，第 6—8 页。

[2] 李学智：《民国初年的法治思潮与法制建设——以国会立法活动为中心的研究》，第 69—70 页。

审查，林森"随指定特别审查员九人"。[1]

（三）立法发言与表决制度

南京临时参议院时期的立法发言制度，议事细则规定凡未出席议员不得反对未出席时所议决之议案；议员对于议事日程所列议案，欲发表意见者，必须提前将坐号及反对赞成意见报告于议长，由议长依照报告的次序指令反对者与赞成者相间发言；讨论涉及议题以外者议长得制止之；凡发言必在演讲坛，但极简单的发言得议长的许可者不在此例；讨论时不得对于同一议题有二次以上的发言，但左列各项不在此例：一、质疑或答问；二、原提议人解释自己议案的旨趣；三、审查会报告人说明报告内的用意；议长确知发言之人已尽，即宣告讨论终局。[2] 表决制度规定，在表决前，议长先将讨论结果正反两方的主旨明白宣示后，无论何人不得再就议题发言；在表决时，议长当先令赞成者表决，其表决方法分举手、起立、投票三种；凡表决以多数为准，其可否同数时议长得己意决之；既经表决后议员不得提出异议。[3]

北京临时参议院时期，根据《参议院法》的规定，委员在议场上，可自由发表意见，不受该委员会报告的拘束；参议院在会议时，以出席参议员过半数议决通过为标准，但《临时约法》及本法关于表决人数有特别规定者从其规定；参议院议决时出现同数时，依照议长投票所决定；参议员在不得参与有关本身及其亲属的议案表决；凡未出席参议员不得反对未出席时所议决的议案；国务员及政府委员无论何时可到院发言，但不得因此中止议员的演说；国务员及政府委员在委员会审查议案时，可到会陈述意见；委员会经过议长可要求国务员或政府委员的说明；国务员及政府委员对于各会议均不得参与表决。[4]

---

[1] 李学智：《民国初年的法治思潮与法制建设——以国会立法活动为中心的研究》，第72—73页。
[2]《参议院议事细则》（1912年2月2日议决）第3、9—13条。
[3] 同上书，第14—17条。
[4]《参议院法》第43、34—37、75—78条。

两届国会时期的发言制度主要包括以下几项。

1. 发言次序。准备对议案发表意见的议员,应在会前将席次号、赞成或反对的意见通告秘书长,秘书长依照通告的次序载录于发言表,向议长报告。议长依照发言表中的次序,指令反对与赞成者相间发言。未事先通告的议员只有等待已经通告的议员全数发言完毕后才能发言。在已通告的甲方议员发言未完,但乙方议员发言已毕的情况下,未通告的乙方议员可以请求发言。未通告而准备发言的议员必须起立向议长报告自己的席次,等到议长许可后开始发言。二人以上请求发言时,议长指定先起立者发言,同时起立依照议长所指定。在延会或议事中止时发言未结束的议员,可以在再行讨论开始后继续前面的发言。在无法辨别起立先后顺序时,众议院还进一步规定未曾发言者先发言,如果均未发言或均已发言,则允许席次较后者发言。[1]

2. 发言限制。凡是发言者必须登上演讲台,但是简单发言及经议长许可者不在此限。讨论不得超出议题之外。议员对同一议题发言不得达到二次(众议院规定不得超过二次),但质疑、应答或唤起注意者不在此限。委员长、报告者、国务员、政府委员及提案者、动议者,为说明议案报告的主旨可以发言数次。会议时不得朗诵意见书。议长如果想参与讨论,应回到议员议席,请副议长代理。议长既参与讨论问题,在问题未表决之前不得返回议长席。讨论终局由议长宣布。发言者虽然未结束,但是有议员提出讨论终局的动议,参议院如有10人以上赞成,众议院如有5人以上赞成,可不用讨论即决定。议长宣告讨论终局,无论何人不得再就议题发言。参议院还规定凡是讨论终局的动议非赞成者与反对者各有2人以上发言后不得提起。但一方有两人以上发言,而他方无请求发言者不在此限。[2]

3. 修正案要求。有提出修正议案的动议者必须准备好修正案向

---

[1] 参见《参议院议事细则》(1913年10月13日议决,1918年8月27日修正)第34—39条、《众议院规则》第80—84条。

[2] 参见《议院法》第25、26条、《参议院议事细则》(1913年10月13日议决,1918年8月27日修正)第40—51条、《众议院规则》第85—96条。

议长提出。议员提出的修正案与委员会提出的修正案，其表决顺序以属于议员提出者优先。同一议题有数位议员各提出修正案时，其表决顺序以与原案相差最远者为先。议员提起修正案的动议业已成立者，非经本院允许不得撤销。修正案与原案均不得通过时，该议题为院议所不得废弃者，委员另行起草。政府提出的议案，在未经议决之前，随时可以提出修正案，但不得将原案撤回。[1]

4. 表决制度。非在席位的议员不得算作表决人数。议长打算行使表决权时，必须宣告应行表决的问题，经宣告后，无论何人不得再就议题发言。表决时议长应该命令赞同者起立或举手，并检查人数的多少，宣告表决结果。如果议员认为有疑义提起异议时，应该命令反对者起立反证。如果仍有疑义提起异议，并获得20人以上赞成时，应命令秘书长点唱议员席次再行起立表决。参议员对于点唱表决的结果提出异议并得30人（众议员10人）以上赞成时，议长应命令使用记名或无记名投票表决。议长认为有必要，或有参议员20人（众议员10人）以上提出要求时，可以记名或无记名投票方法表决。进行记名投票时，赞成者使用白色选票，反对者使用蓝色选票，各自记录本人姓名投入票匦。进行无记名投票，赞成者使用白色选票，反对者使用蓝色选票，投入票匦，并将本人名刺（名片）投入名刺匦。票数与名刺数不符合者应再行投票。点唱席次或投票表决时应封闭议场禁止出入。议员不得请求变更自己的表决。[2]

（四）立法协调制度

关于立法协调制度，《议院法》均有明确规定。

1. 两院议案审议协调制度。政府提出的议案经过甲院可决或修正议决后，甲院应将该案移付乙院；甲院移付或其提出的议案，乙院可

---

[1] 参见《参议院议事细则》（1913年10月13日议决，1918年8月27日修正）第52—57条、《众议院规则》第105—109条、《议院法》第29条。

[2] 《参议院议事细则》（1913年10月13日议决，1918年8月27日修正）第58—64条、《众议院规则》第97—104条。

决后，乙院应将该案咨达政府，并将可决的要旨通知甲院；政府提出的议案被甲院否决后，甲院应将否决的原因通知政府；甲院移付的议案被乙院否决后，乙院应将否决的原因通知政府及甲院；甲院提出的议案被乙院否决后，乙院应将否决的原因通知甲院；甲院移付或其提出的议案，经乙院修正议决后，乙院应将该案回复甲院。[1]

2. 两院协议委员会会议制度。甲院对于乙院回付的议案，在其修正同意后应将该案咨达政府，并将同意的要旨通知乙院，若不同意时得向乙院请求协议。乙院对于协议的请求不得拒绝。前条协议由两院各出同数委员组织协议会行之。协议会委员的人数，依甲院所定，但每院至多不得逾十五人。协议会委员用无记名单记投票一次选出之，以得票较多数者为当选，但得依院议由议长指定之。协议会由两院委员各选委员长一名，轮流担任会议主席，其第一次会议主席抽签定之。协议会非两院委员各有三分二以上出席不得开议。协议会的议事以两院议决不相一致的事项为限。协议会的议事依出席委员过半数的同意决定可否，同数取决于主席。协议会的表决用无记名投票行之。表决之际应比较两院出席委员的人数，若多少不同时，应抽签减去其较多之员，不预表决，但主席不在比较之列。协议会的议决案必须先提出于甲院。两院对于协议会的议决案不得再行修正。[2]

3. 两院制宪合会制度。国会组织法第21条规定，民国宪法的议定由两院会合行之。前项会合时以参议院议长为议长，众议院议长为副议长，非两院各有总议员三分二以上之出席，不得开议。非出席议员四分三以上的同意不得议决。

关于立法协调制度的实际运作情况，有研究表明，第一届国会第二期常会众议院通过华商保利银公司收炼制钱合同案后，咨交参议院同意，参议院在审查议决时，将该合同原案进行了数处删改。众议院将参议院回付的修正案交由法典委员会审查。最后根据委员会的审

---

[1]《议院法》第55—60条，1913年9月27日，《政府公报》1913年9月28日，第503号，法律第7号，第595—603页。
[2]《议院法》第61—69条，1913年9月27日。

查意见,"除合同第二条增加一项本院已经同意外,其余回复原案之第一、第三两条及删除原案之第五、第六两条均不同意"。于是根据《议院法》第61条的规定,众院成立协议会,人数为13人,并请求参院查照办理。此案后来经两院协议会协议,达成了一致意见才通过。[1]

(五)立法会期、会议与议事日程

南京临时参议院时期规定,本院除星期六及星期日外,每日上午九时至十二时为寻常会议时间,遇有紧急事件特别开会者不在此限;议长拟定议事日程,由秘书科先期印送给各议员;凡日程所列议案本日内不能议决者,得于下次续议;凡议事按照日程依次议决外,遇有紧急事件,得议员5人以上提议或议长认为必要者得提前开议;凡会议需有半数以上的议员到会方可开议。[2]

在北京临时参议院时期,根据《参议院法》规定,参议院除休会外,每星期一至星期五上午九时至十二时为平常会议时间,但有紧急事件特别开会不在此限制;参议院议事日程由议长编定,提前2日通知各参议员并登载公报;参议院非有到院参议员过半数出席不得开会,但《临时约法》及本法关于表决人数有特别规定的从其规定;参议院会议必须公开,不过如果依照政府的要求,或依照议长或参议员的提议,经多数表决通过后可不受此条文限制;召开秘密会议时议长必须命令旁听人退席;参议院会议的结果,必须按期编成速记录、议事录、决议录,只有秘密会议事件不得宣布。[3]

两届国会时期,关于立法会期,《国会组织法》规定,民国议会会期为4个月,但依事情之必要可以延长。[4]《议院法》进一步规定,民国议会开会之日由两院议员合会举行开会式。民国议会会期终了之日由两院议员合会举行闭会式。两院在会期内可以休会,但休会时间

---

[1] 薛恒:《民国议会制度研究(1911—1924)》,第308页。
[2] 《参议院议事细则》(1912年2月2日议决)第1—2、4—6条。
[3] 《参议院法》第31—33、44—46条。
[4] 《中华民国国会组织法》第11条。

不得超过 15 天。一院休会未征得他院同意时,其休会期间不是超过 7 天。民国议会会期延长,其时间由两院临时决定。[1]

两院每星期至少须开会三次,可以根据需要经院议增加会议次数。开会时由秘书长查点出席议员人数,满法定人数后由秘书长报告重要文件后宣告开议。议完议事日程中的议题,议长可宣告散会。议长未宣告开议以前,或者宣告散会及延会之后,无论何人不得就议事发言。会议中议员退席导致不满法定人数时,议长应该宣告延会。未完成议事日程,但已到散会时间,议长可以宣告延会,时间由院议决定。[2] 参议员出席不满法定人数时,"议长得酌定时刻,命秘书长计算之。计算二次数仍不满时,即宣告延会"。"会议中议长得酌定时刻中止议事。"[3] 议长或议员 10 人以上提议召开秘密会议时,议长应当要求旁听人退席。秘密会议事件不许刊行由秘书长保存。众议院议事时间是下午一点至六点,议长可以根据情况咨询院议后变更之。开议满两小时,议长应宣告休息二十分钟。议员出席不足法定人数时,议长可以延长时间,满一小时人数仍不足时,应宣告延会。[4]

两院均规定,议事日程应载明各种付议事件及其开议时间。"遇有紧急事件未载议事日程,或已载而顺序在后必须速议者,由议长提起或议员动议得依院议变更之。""议事日程所载某时应议事件,若其时刻已届,议长得依院议停止他项议事,改议此项事件。"议事日程中的事项如果不能开议或者开议后不能完成,议长可以改变议事日程。[5] 参议院还规定议事日程记载内容依序包括:政府提出的议案、众议院移付的议案、本院自行提出的议案、请愿事件应行提付院议者。

---

〔1〕《议院法》第 2—5 条。
〔2〕《参议院议事细则》(1913 年 10 月 13 日议决,1918 年 8 月 27 日修正)第 4、5、8、9、10 条。《众议院规则》第 50、52、53、54、55、56 条。
〔3〕同上书,第 6、7 条。
〔4〕《众议院规则》第 51、54 条。
〔5〕《众议院规则》第 57、59、60、61 条。《参议院议事细则》(1913 年 10 月 13 日议决,1918 年 8 月 27 日修正)第 11、13、14、15 条。

议事日程中的各项议案必须事先印发给各议员。[1] 众议院议事日程记载顺序以政府提出的议案优先。[2]

二、国会的立法技术

"技术也会影响立法。"[3] 立法技术的重要性同样是不言而喻的，当时的立法技术主要有立法起草、立法语言、立法解释及修正等。

（一）立法起草

《国会组织法》第20条规定，民国宪法案的起草由两院各于议员内选出同数委员行之。除宪法草案外，其他法律起草，如果是立法机构提出，一般只是指定起草员起草法律。但是一些重要的法律，如国会组织法、选举法，则是先指定起草员起草大纲，经过三读会审议程序，再起草法律，交付院会审议。

如在南京临时参议院时期的院会上，谷钟秀提议指定起草员起草"国会组织法与选举法"。张耀曾认为，此法"关系重大，必须审慎周详"，应先开审议会。李肇甫提议："先指定起草员，拟定大纲后，开审议会审议"，然后再指定人员着手起草法案。李的提议获多数通过，议长随即指定张耀曾、谷钟秀、汤漪、李肇甫、殷汝骊、文群、彭允彝7人为大纲起草员。

在1912年3月28日的院会上，起草员向大会报告了大纲的"起草大旨"，并提交了"国会组织法和选举法大纲"。会议决定即开审议会。上午审议未毕，下午召开临时会议继续审议。经过3月29日、4月3日下午继续开会审议，遂将"国会之组织法大纲逐条讨论公决"。审议工作因临时参议院北迁北京一度中断。北京临时参议院开会后，

---

[1]《参议院议事细则》（1913年10月13日议决，1918年8月27日修正）第12、16条。
[2]《众议院规则》第58条。
[3] Jack Davies, *Legislative Law and Process*, West Group, 1986, p.15.

在5月6日的第二次会议上,"国会组织法与选举法大纲"又重新提出,并决定先付全院委员会审议。全院委员会经过5月7、9、15、18、22、24、25日,6月6、14、15、18、21、22、25日共14次全院委员会会议,将"国会组织与选举法大纲"审议完毕。

按照《参议院议事细则》的规定,一读会议案的审议报告提出后应开此案的第二读会。于是"国会组织法大纲"又经过参议院第25、26、31、32次会议第二读会审议,于7月9日的第三十四次会议上,省略第三读会而审议完毕。"国会选举法大纲"在7月1日第二十八次会议上提出审议报告,后经第三十、三十三次会议第二读会审议,在7月9日的第三十四次会议上与"国会组织法大纲"一起省略第三读会而获全院通过。同日在第三十四次会议上,还选出"国会组织法和选举法"起草员共11人,他们是张耀曾、谷钟秀、汪荣宝、刘崇佑、汤化龙、杨廷栋、李国珍、李肇甫、殷汝骊、王家襄、秦瑞阶。4天之后,起草员将《国会组织法案》《众议院议员选举法草案》《参议院议员选举法草案》起草完毕,在第三十八次会议上提出,此三案均顺利通过三读会审议,由临时大总统袁世凯颁布施行。

(二)立法语言

立法语言,"是指制定和修正法律的专门的语言文字,它按照一定的规则表述立法意图、设定行为规范、形成规范文字"。[1] 民国国会制定的法规的立法语言风格,概括而言主要有三种。

1. 准确肯定。如《众议院议员选举法》中关于众议员选举投票方法的规定,初选当选人名额定为议员名额的50倍。各复选区众议员名额分配方法:先确定选举商数,即以全省选举人总数除以法定众议员名额,再以各复选区的选举人数除以选举商数,结果就是各复选区众议员的名额。各复选区按照众议员当选名额的50倍,作为初选当选人名额,再以同样的办法分配到各初选区。而关于复选区、初选区"零

---

[1] 朱力宇、张曙光:《立法学》,中国人民大学出版社,2006年,第291页。

数"处理问题，初选区有选举人数不够选出当选人1名，或者选出若干名之外，仍有零数导致当选人不足定额时，比较各初选区零数多少，将余额依次归零数较多的选区。如果两区以上零数相同，则以抽签方法决定名额归属。[1]在法律的总则规定方面也是如此。如《印花税法》第1条总则内容，即是"凡财物成交，所有各种契约簿据可用为凭据者，均须遵照本法贴用印花，方为适法之凭证"。[2]

2. 简洁凝练。这是要求立法语言避免冗长烦琐、重复累赘。如在讨论《国会组织法》时，审查委员会委员长张耀曾在审查报告中指出，重要修改的地方，包括参议院议长由副总统充任，改为议员互选产生。在文字方面，如规定"无论何人不得同时兼任两院议员"，审查会认为："文字未免重复，盖兼任即同时，同时即兼任，所以将兼任改为'为'字，条文即变为无论何人不得为两院议员。"[3]

3. 规范严谨。如《参议院议员选举法》在规定采用无记名投票法时，明确指出选举举行时，至少须有选举人总数三分之二以上到会。得票满投票人总数三分之一者为当选，当选人不足额时，应再行投票至足额为止。但选举人已被选者，不得再行参加投票。当选人足额后并依议员定额，选定同数的候补当选人。凡得票满当选票额，因当选人足额不能当选者即为候补当选人。当选人及候补当选人名次以选出的先后为序，同次选出者以得票多少为序。票数相同者抽签决定。当选人及候补当选人的姓名与所得票数，由选举监督当场榜示，同时通知各当选人。[4]

临时参议院关于国会名称的讨论更是体现出规范严谨的特色。最初"国会组织法大纲"提出国会采两院制，分别称元老院、代议院。在1912年5月9日委员会讨论中，议员们又先后提出参议院与庶议院、评政院与议政院、参政院与代议院、国政院与民政院、上议院与下议

---

[1]《众议院议员选举法》第30、31条。
[2]《印花税法》第1条，1912年10月21日，《政府公报》，1912年10月22日。
[3]《参议院第四十一次会议速记录》，《政府公报》，1912年7月18日，第450页。
[4]《参议院议员选举法》第5—10条。

院、左议院与右议院等多种名称。后来议员田骏丰指出，参议院的名称是历史形成，数月来已为人所惯称，而且与上院性质相同，不如将草案中的元老院改为参议院。下院没有历史名称可袭，称庶议院并无不妥，不过庶议二字系出于《论语》中的"庶人不议"，如果采用不免有天下无道之嫌。"庶"与"众"字义相同，何不直接称为众议院。田的意见多数人表示赞同，后来在全院会议上参、众两院名称也获多数通过。[1]

此外，但书现象在法文中较为普遍。"但书"是立法语言中在形式以"但"字开头，在内容上规定例外、限制和附加条件的文字。如上文提到的第三读会的规定。《众议院议员选举法》在规定选举资格时"但书"使用较多。众议院议员选举人资格是凡有中国国籍的男子，年满21岁以上，在编制选举人名册以前在选举区内居住满两年以上，而又具有下列资格之一的，享有选举众议员的权利：年纳直接税2元以上、有价值500元以上的不动产，但蒙、藏、青海得以动产计算；小学以上毕业；有与小学以上毕业的相当资格。众议员当选人资格同上，但须年满25岁，蒙、藏、青海地区则须通晓汉语。凡有下列各项情况之一的，即丧失选举权和被选举权：褫夺公权尚未复权；受破产宣告确定后尚未撤销；有精神病；吸食鸦片；不识文字。凡有下列各项情况之一者，即停止选举权和被选举权：现役陆海军人及在征调期间的续备军人；现任行政、司法官吏和巡警；僧道和其他宗教师，后两项规定不适用于蒙、藏、青海地区。凡小学教师，各学校肄业生，以及办理选举人员在其选举区内，均停止被选举权；但监察员和蒙、藏、青海办理选举人员不在此限。[2]

（三）立法解释与修正制度

民国初年的立法解释较多集中在《众议院议员选举法》，因为当

---

[1]《议决两院名称之真相》，《大公报》，1912年5月12日。
[2]《众议院议员选举法》第4—9条。

时全国各地正在筹办第一届国会议员选举。如江苏省要求明确选举法中的直接税种、同等学力、如何评定前清生员的教育资格等问题。[1]广东省也提出直接税种问题、不动产是否包括舰舶问题，以及小学校以上毕业者，"系专指立案之学校抑包含一切"，要求明确小学校以上毕业相当资格者的同等学力问题。[2] 临时参议院对这些问题作出《参议院咨大总统请将解释众议院选举法第四条各款转饬遵照文附单》的立法解释，指出直接税种类以地丁漕粮为限；不动产范围，无论所有权及抵当权皆包含在内，船舶亦以不动产论；小学校以上毕业相当之资格种类，"如前清生员以上及毕业于六个月以上之各传习讲习研究等所简易速成预备等科，并曾在小学以上学校充当教员一年以上者皆是，但体操教员不在此限"。[3]

关于立法修正制度，《临时约法》第 55 条规定："本约法由参议院参议员三分二以上，或临时大总统之提议，经参议员五分四以上之出席，出席员四分三之可决，得增修之。"在北京临时参议院时期，曾发生过修约案，即《修改约法青海西蒙古并增加议员案》。在 5 月 4 日第一次院会上，大总统提交《修改约法青海西蒙古并增加议员案》。当议长宣布开议此案后，即有议员询问此时参议员是否在五分之四以上，议长答称："出席六十八人，报到者八十人，已在五分四以上"，于是请政府特派员说明此案提出理由。此议案主要内容是将青海、科布多、旧土尔扈特等处改称西蒙古，选派参议员 5 名；唐努乌梁海附于外蒙古，阿拉善、额济纳附于内蒙古，并相应修改《临时约法》中的有关规定。

参议院在听取政府特派员说明后，会议决定将此议案交付特别审查。此后，此议案经特别委员会 4 次开会审查，又经参议院第 9 次会议听取审查报告，第 10、14、40 次会议二读审议，并未能达

---

[1]《江苏都督致筹备国会事务局电》，"公电"，《政府公报》，1912 年 9 月 7 日。
[2]《广东都督致内务总长电》，"公电"，《政府公报》，1912 年 9 月 7 日。
[3]《参议院咨大总统请将解释众议院选举法第四条各款转饬遵照文附单》，《政府公报》，1912 年 9 月 13 日。

成一致意见。在第 40 次会议进行表决时，原案、特别审查会提出的修正案及议员提出的修改动议，都未能获得四分之三的多数，而均被否决。《参议院议事细则》第 55 条规定，修正案及原案皆未获通过，而"参议院议决为不得废弃者，得委员另行起草付之会议"。根据这一规定，议长宣布"此案法定人数已经不足"，停止审议工作。此后也再未提及此案。不过，正如有学者指出，参议院对于临时约法有关审议修约案人数规定的理解是有误的。对照《临时约法》有关会议出席及表决人数的规定可知，第 55 条中的参议员应指"总员"而非"在院议员"。[1]

三、中日立法制度的比较

在清末新政时期，商务印书馆于 1908 年曾翻译出版《日本议会法规》，其中就收录有介绍日本国会立法制度的《众议院规则》。通过比较，笔者发现民国国会在立法审议、发言与表决制度方面，对日本明治时期国会的立法制度多有借鉴。

（一）立法审议制度

日本 1889 年《众议院规则》在立法审议上采用三读会制度。第一读会在议案分送各议员后，必须隔两日开会，但紧急事件不在此限。第一读会将议案朗诵后，国务大臣政府委员及发议者，得辨明其旨趣。议员如对议案有疑义者，得请国务大臣政府委员及发议者说明。议长得从便宜省略议案的朗诵。前条手续结束，当将政府或贵族院提出的议案付托给委员。议院待委员的报告，就大体讨论之后，当决应开第二读会与否。议院提出的议案，就大体讨论之后，当决应开第二读会

---

[1] 李学智：《民国初年的法治思潮与法制建设——以国会立法活动为中心的研究》，第 120—121 页。

与否。如有付托于委员的动议，已可决交。当待其报告，然后再决应开第二读会与否。如果决定不召开第二读会，议案即作废。第二读会在第一读会结束后，必须隔两日开会。但议长得咨询议院，减短时刻，或与第一读会同日举行。第二读会当将议案逐条朗诵而议决之。议长得从便使省略议案的朗读。在第二读会对议案得提出修正的动议。议员得在读会之前，预将修正案提出于议长。关于委员报告的修正，不待赞成可作为议题。议长得更改逐条审议的次序，或连合数条，或分割一条付之讨论。但议员有提出异议者，待有赞成的人，不用讨论决定。第二读会结束，议院得从便将议案付托委员，使整理修正决议的条项及字句。第三读会在第二读会后，必须隔两日开会。但议长得咨议院，减短时刻或与第二读会同日举行。第三读会当将议案全体可否议决。第三读会除更正文字外，不得作修正动议。但发见议案中有互相窒碍事项，或与现行法律窒碍事项，动议必须修正者不在此限。[1]

民国国会三读会的立法审议制度与日本基本相同，只是另外规定政府在第一读会上提出的议案，或是他院移交的议案，应立即交付常任委员会审查。第二读会在结束后，应将修正议决的条文和文句交付原审查委员会整理。另有补充规定建议、查办、请愿案经过院议后直接进行表决，不适用三读会程序。

（二）立法发言与表决制度

1. 发言次序。日本《众议院规则》规定，准备对议案发表意见的议员，应在会前将席次号、赞成或反对的意见通告书记官，书记官依照通告的次序载录于发言表，向议长报告。议长依照发言表中的次序，指令反对者先发言，然后赞成者与反对者相间发言。未事先通告的议员只有等待已经通告的议员全数发言完毕后才能发言。已通告的甲方议员发言未完，但在乙方议员发言已完毕的情况下，未通告的乙方议员可以请求发言。未通告而准备发言的议员必须起立向议长报告

---

[1] 日本《众议院规则》，商务印书馆编译所《日本议会法规》，1908年，第88—99条。

自己的姓名，等到议长许可后开始发言。二人以上请求发言时，议长指定先起立者发言，同时起立依照议长所指定。在延会或议事中止时，发言未结束的议员，可以在再行讨论开始后继续前面的发言。[1]

民国国会的发言次序的规定基本相同，仅有一处关于众议院议员发言的补充规定，即在无法辨别起立先后顺序时，未曾发言者先发言，如果均未发言或均已发言，则允许席次较后者发言。

2. 发言限制。日本《众议院规则》规定，凡是发言者必须登上演讲台，但是简单发言及经议长许可者不在此限。讨论不得超出议题之外。议长无论何时，得使在议席发言的议员登演讲台。议员对同一议题发言不得达到两次，但质疑、应答或唤起注意者不在此限。委员长与报告者，为说明议案报告的主旨，可以发言数次。国务大臣、政府委员及发议者动议者，为说明议案及发议动议的主旨，可以发言数次。会议时不得朗诵意见书及理由书。议长如果想参与讨论，应到议员议席，请副议长代理。议长既参与讨论问题，在问题未表决之前不得返回议长席。讨论终局由议长宣布。发言者虽然未结束，但是有议员提出讨论终局的动议，议长咨询议院可不用讨论即决定。议院规则如有疑义，议长决之，但议长得咨议院决之。[2]

民国国会的发言限制除与日本规定相同外，另有补充性规定：发言者虽然未结束，但是有议员提出讨论终局的动议，参议院如有10人以上赞成，众议院如有5人以上赞成，可不用讨论即决定。参议院还规定凡是讨论终局的动议非赞成者与反对者各有2人以上发言后不得提起。但一方有两人以上发言，而他方无请求发言者不在此限。

3. 修正案要求。日本《众议院规则》规定，有提出修正议案的动议者，必须准备好修正案向议长提出。议员提出的修正案，应先于委员会提出的修正案进行表决。同一议题有数位议员各提出修正案时，由议长决定表决顺序，应以与原案相差最远者为先。议员如有异议，

---

[1] 日本《众议院规则》第100—105条。
[2] 日本《众议院规则》第106—117条。

待有赞成的人，则不用讨论决之。议员提起修正案的动议业已成立者，非经本院允许不得撤销。修正案不得通过时，可就原案进行表决。修正案与原案均不得通过时，该议题为院议所不得废弃者，委员另行起草。[1]

民国国会的修正案要求除相同内容外，另有规定政府提出的议案，在未经议决之前，随时可以提出修正案，但不得将原案撤回。

4. 表决制度。日本《众议院规则》规定表决之时，不在议场的议员，不得算作表决人数。议长打算行使表决权时，必须向议院宣告应行表决的问题，经宣告后，无论何人不得再就议题发言。表决时议长应该命令赞同者起立或举手，并检查人数的多少，宣告表决结果。如果议员对表决结果有疑义，或对议长宣告提起异议时，议长应该命令书记官点唱议员席次再行起立表决。议员对于点唱表决结果仍然提出异议并有20人以上赞成时，议长应命令使用记名投票表决。议长认为有必要，或有议员20人以上提出要求时，可以不用起立表决，而用记名或无记名投票方法表决。进行记名投票时，赞成者使用白色选票，反对者使用青色选票，各自记录本人姓名投入票匦。进行无记名投票，赞成者使用白色选票，反对者使用黑色选票，投入票匦，并将本人名刺（名片）投入名刺箱。如果票数与名刺数不符合，应再行投票。点唱席次，或记名投票表决时，应将议场入口封闭。投票结束后，议长当宣告其结果，议员不得申请更正自己的表决。[2]

民国国会的表决规定基本相同，只是在进行记名投票时，将原日本规则中反对者使用的青色选票改为蓝色选票。记名投票时，则将原日本规则中反对者使用的黑色选票改为蓝色选票。

---

[1] 日本《众议院规则》第118—123条。
[2] 日本《众议院规则》第124—132条。

第三章 国会选举法规的制定

在民国北京政府时期（1912—1928），全国性的国会选举共举行过三次。[1] 为有效推进国会选举活动的正常开展，国会制定了一系列指导选举活动的选举法规。但是，长期以来有关这一时期选举法规的研究多集中于民国初年（1912—1913），研究内容主要是第一届国会的选举法律，而第二、三届国会选举法律，特别是与选举施行有关的选举法令研究至今尚付阙如。

本章以北京政府时期国会选举法律与法令为研究对象，并从比较法制史的视角入手，通过与当时欧美、日本选举制度与法规的比较，探求民国国会选举法规的进步与缺失。同时在法制现代化的视野中，进一步对选举法规的制度建设作出客观评价。

一、国会选举法规的制定与修改

北京政府时期国会选举的立法实践，主要分为选举法律与选举

---

[1] 分别指第一届国会、第二届国会（又称新国会、安福国会）、第三届国会（又称新新国会）议员选举。其中第二届国会在选举时，受到粤、桂、滇、黔、川等5省抵制，湘、鄂、陕又因战乱未选，实际完成选举的仅有14省与蒙、青、藏地区。第三届国会选举时，只有苏、皖、鲁、晋、甘、陕、奉、吉、黑、新、蒙等11省区完成选举，其他各省区多因反对而未选。

法令两类立法活动。

选举法律是指选举制度的内容设计，其立法主体是民国临时参议院、第一、二届国会等立法机构。北京政府时期选举法律主要有《中华民国国会组织法》（1912年8月10日公布）、《参议院议员选举法》（1912年8月10日公布）、《众议院议员选举法》（1912年8月10日公布）、《筹备国会事务局官制》（1912年8月10日公布）、《参议院议员选举法华侨选举会施行法》（1912年11月15日公布）、《西藏第一届国会议员选举法》（1913年4月10日公布）、《参议院华侨议员选举施行法》（1916年12月31日公布）、《蒙古四部西藏第二届众议院议员选举施行法》（1918年2月17日公布）等。其中国会组织法与两院议员选举法均经过数次修正。

《中华民国国会组织法》共22条，与选举有关的内容包括参众两院议员选举方式、名额分配，以及参议院议员任期与改选。国会组织法的选举条款在1918年2月17日、1919年1月25日和4月22日经过三次修正，内容涉及两院议员名额分配、参议员任期与改选时间规定、蒙古众议员名额分配等。[1]《参议院议员选举法》内容包括选举资格、当选标准、任期与改选、名额分配、蒙古、青海、西藏、中央学会、华侨选举会的选举办法等。《参议院议员选举法》在1918年2月17日、1919年1月25日经过两次修正，内容有关参议员名额分配、选举资格与被选举资格、选举方法、参议员任期与改选时间等。《众议院议员选举法》内容要点主要有选举与被选举资格、选区划分、选务人员职责、初选举登记与名额分配、选举通告、投票方法、当选标准、复选举登记与名额分配、投票方法、选举与当选无效、改选与补选、蒙古、青海、西藏议员选举方式等。《众议院议员选举法》在1918年2月17日、1919年4月22日经过两次修正，条款涉及众议员名额分配、选举资格与被选举资格、选

---

[1] 除选举条款外，再加上其他条款，国会组织法共修改过5次。另外两次修正是《修正国会组织法第二十一条第二项》（1923年4月30日公布）、《修正国会组织法》（1923年10月4日公布）。

举方法、蒙古众议员的名额分配等。

此外，根据《筹备国会事务局官制》规定，筹备国会事务局由内务总长领导，设在内务部内，负责国会选务、国会开会筹备等事项。[1]《参议院议员选举法华侨选举会施行法》、《西藏第一届国会议员选举法》、《参议院华侨议员选举施行法》、《蒙古四部西藏第二届众议院议员选举施行法》等单行法律，主要是进一步详细规定华侨、西藏、蒙古四部议员的选举办法。[2]

为进一步做好选务工作，细化选举法律规定，使之更具有可操作性。这一时期北京政府还以总统教令、内务部部令等形式颁布了30多项选举法令。选举法令是一种行政立法工作，其立法主体是内务部等中央政府行政机构。其中最重要的综合性选举法令是两院议员选举法施行细则。

《参议院议员选举法施行细则》（1912年10月8日公布）共26条。主要内容包括选务组织、投票场所、资格确认、投票方法等，同时还规定选举程序、投票监督等程序适用众议院议员选举法施行细则相关条款。附录部分包括选举人名册定式、投票簿定式、选举票定式、投票匦定式、投票录定式、开票录定式、选举录定式等。《参议院议员选举法施行细则》经过两次修正，内容涉及选举调查员派遣、选举年龄确认、投票出席标准规定等。附录部分吸收过去有关法令的内容要点，设计了选举人名册式、投票簿式、选举票式、选举投票匦式、投票录式、开票录式、选举录式、参议院议员初选当选证书式、参议院议员证书式等9种标准表格。后两种为新增的标准表格。[3]

---

[1] 筹备国会事务局官制经过一次修正，主要是第一条加第三项"三、关于省议会议员选举事项"。《筹备国会事务局追加官制》（1912年9月10日公布），《政府公报》1912年9月11日。

[2] 例如根据此类单行法律规定，第一、二届国会西藏地区众议员均在京师办理选举，而不是选举法规定的在本地举行。

[3] 《修正参议院议员选举法施行细则第十三条》（1913年1月10日公布）、《政府公报》，1913年1月11日；《修正参议院议员选举法施行细则》（1918年3月3日公布），《政府公报》，1918年3月4日。

第三章 国会选举法规的制定

历届国会选举法律及修正表

法律名称	制定机关	公布日期	备注
《中华民国国会组织法》	北京临时参议院	1912年8月10日	全文共22条
《参议院议员选举法》	北京临时参议院	1912年8月10日	全文共44条
《众议院议员选举法》	北京临时参议院	1912年8月10日	全文共121条
《筹备国会事务局官制》	北京临时参议院	1912年8月10日	全文共7条
《筹备国会事务局追加官制》	北京临时参议院	1912年9月10日	第一条加第三项
《参议院议员选举法华侨选举会施行法》	北京临时参议院	1912年11月15日	全文共3条
《西藏第一届国会议员选举法》	北京临时参议院	1913年4月10日	全文共4条
《参议院华侨议员选举施行法》	第一届国会	1916年12月31日	全文共3条
《修正中华民国组织法》	临时参议院（皖系）	1918年2月17日	全文共22条
《修正众议院议员选举法》	临时参议院（皖系）	1918年2月17日	全文共123条
《修正参议院议员选举法》	临时参议院（皖系）	1918年2月17日	全文共50条
《蒙古四部西藏第二届众议院议员选举施行法》	临时参议院（皖系）	1918年2月17日	全文共4条
《修正国会组织法第六条》	第二届国会	1919年1月25日	
《修正参议院议员选举法第十七条》	第二届国会	1919年1月25日	
《修正国会组织法第五条》	第二届国会	1919年4月22日	
《修正众议院议员选举法第九十八条》	第二届国会	1919年4月22日	

资料来源：《政府公报》1912年8月11日、9月11日、11月16日；1917年1月1日；1918年2月18日；1919年1月26日、4月23日。

《众议院议员选举法施行细则》（1912年9月20日公布）共39条，内容要点包括选务组织、选举机构、投票区、资格确认、投票方法、投票监督等。《众议院议员选举法施行细则》历经两次修正。1918年3月3日公布的《修正众议院议员选举法施行细则》增至71条，其修正部分内容一方面吸收了民国元年《众议院议员选举投票纸投票匦管理规则》、《蒙古西藏青海众议院议员选举施行令》等法令要点。另一方面增加了选举公开性、复选举报到等内容。1920年12月19日公布的《修正众议院议员选举施行细则》又增至78条。修改内容除将筹备选举事务所改名为办理选举事务所外，还增加复选举的选民登记、开票程序、选票设计等条款。

专门性选举法令主要是规定各种具体选务工作，主要内容包括选区划分、选举日程安排、选举费用规定、投开票程序设计等。

1. 选举组织。选举组织除选举法律与细则规定外，关于第二届国会选举，皖系临时参议院在1917年还制定有《筹备国会事务局条例》。

2. 选区划分。1912年8月13日公布《众议院议员各省复选区表》，此后在1912年9月16日公布《更正众议院议员各省复选区表》、29日公布《更正众议院议员各省复选区表》、10月9日公布《更正众议院议员各省复选区表》、13日公布《更正众议院议员各省复选区表》、25日公布《更正众议院议员各省复选区表》、30日公布《更正众议院议员河南复选区表》、11月11日公布《更正众议院议员甘肃复选区表》、14日公布《更正众议院议员新疆复选区表》。[1]

3. 选举日程安排。关于第一届国会选举日程的法令主要有：《众议院议员选举日期令》（1912年9月5日公布）、《众议院议员第一届选举筹备日期令》（1912年9月9日公布）、《众议院议员复选举投票施行令》（1912年12月13日公布）、《追加众议院议员选举日期令》（1912年12月16日公布）、《参议院议员第一届选举日期令》（1912年12月8日公布）、《参议院众议院第一届选举延期制限令》（1913年4月1日公布）、《蒙古西藏青海众议院议员选举施行令》（1912年10月5日公布）、《修正西藏第一届国会议员选举日期令》（1913年4月12日公布）；关于第二届国会选举日程安排的法令主要有：《参议院议员第二届选举日期令》（1918年3月6日公布）、《众议院议员第二届总举日期令》（1918年3月6日公布）、《众议院议员第二届选举筹备日期令》（1918年3月6日）、《第二届国会召集令》（1918年

---

[1] 关于选区划分的法令，均是北京临时参议院议决通过。

7月12日）；关于第三届国会选举日期法令是《众议院议员选举日期令》（1920年11月23日公布）；关于第一届国会改选日期的法令主要有：《参议院议员第一班改选日期令》（1916年11月30日公布）、《第一届众议院议员改选令》（1923年10月4日公布）。

4. 投开票程序设计。主要法令包括《众议院议员选举投票纸投票匦管理规则》（1912年10月30日公布）、《众议院议员选举开票规则》（1912年11月22日公布）、《众议院议员复选举投票施行令》（1912年12月13日公布）、《中央学会选举参议院议员暂行规则》（1912年10月31日公布）等。

5. 当选确认。《众议院议员初选举同姓名者被选决定令》（1912年12月13日公布）、《修正参议院议员选举法施行细则第十三条》（1913年1月10日公布）。

6. 选举费用规定。规定第一、二届国会选举费用的法令分别是《国会省议会第一届选举费用补助令》（1912年10月5日公布）、《国会省议会第二届选举费用补助令》（1918年3月19日公布）。

二、国会选举制度的基本法律

（一）关于参议院议员选举的法律

1. 《中华民国国会组织法》。关于参议院议员的产生，《国会组织法》规定各省省议会选出者，每省10名；蒙古、西藏、青海、中央学会、华侨选举会选出者，分别为27、10、3、8、6名；[1] 参议院议员任期6年，每两年改选三分之一。[2]

2. 《参议院议员选举法》。

第一，选举资格。凡具有众议院议员被选举资格，年满30岁以

---

[1] 《中华民国国会组织法》第2条，《政府公报》，1912年8月11日。
[2] 《中华民国国会组织法》第6条，《政府公报》，1912年8月11日。

上者得被选举为参议院议员。华侨选举会选出的参议院议员还需要通晓汉语。[1]

第二，选举方法。选举采用无记名单记投票法。选举举行时，必须要有选举人总数三分之二以上到会才能开会。得票达到投票人总数三分之一者为当选，当选人不足额时，应再行投票至足额为止。但是已经当选的选举人，不能继续参加投票。当选人足额后并依议员定额，选举同等数字的候补当选人。凡是得票达到当选票数，因当选人足额不能当选者即为候补当选人。当选人及候补当选人名次以选出的先后为序，同次选出以得票多少为序。票数相同者抽签决定。当选人及候补当选人的姓名与所得票数，由选举监督当场榜示，同时通知各当选人。[2] 此外，蒙古及青海地区选举会以王公世爵或世职组织之。选举会依便宜联合两区以上组织之。西藏选举会由达赖喇嘛及班禅喇嘛会同驻藏办事长官遴选相当人员，分别在拉萨及扎什伦布组织之。选举人名额应是议员名额的5倍。华侨选举会由华侨侨居地所设各商会各选出选举1名组织之。选举时间及场所由选举监督决定。华侨选举会会员因故不能到会时，得准备委托证书委托代理人到会，行使其选举权，但代理人以代理1人为限。委托书须经本人签名并加盖该商会图记。凡选举会会员不得为代理人。[3]

第三，当选确认与递补。当选人接到前条通知后应在20日以内答复愿否应选，其逾期不复者以不愿应选论。但交通不便地方可延长15日以内。参议院议员由选举监督给予议员证书，同时汇造名册呈报内务部。当选人不愿应选时依次以候补当选人递补之，但本法有特别规定者不在此限。议员出缺时以同样方式递补。候补当选人的有效期间至每届议员改选之日为止。候补当选人之递补依名次之先后，但应选或现任参议院议员由省议会议员被选者已满定额半数时，其缺额

---

[1]《参议院议员选举法》第3条，《政府公报》，1912年8月11日。
[2]《参议院议员选举法》第5、6、7、8、9、10条。
[3]《参议院议员选举法》第27、32、40、43条。

应以省议会议员外的被选为候补当选人者递补之。[1]

第四，参议员改选。第一届选出的参议院议员在开会后分为27部，各省省议会选出者为一部，蒙古、西藏、青海、中央学会、华侨选举会各为一部。每部以抽签法平均分为三班，第一班满2年改选，第二班满4年改选，第三班任满改选。以后每两年任满议员就必须改选。议员名额不足三分之一时，以较多或较少之数为第三班。议员退任再被选者可以连任。各省选举的参议院议员，该省省议会议员被选者至多不得超过定额的一半。[2]

第五，选举监督、地点与时间。各省选举人为该省省议会议员，选举监督以各省行政长官担任。选举场所为省议会会所。选举时间由选举监督决定。蒙古及青海地区选举人为蒙古及青海选举会会员。选举监督以选举会所在地行政长官担任。但得委托相当之官吏代理。选举时间及场所由选举监督决定。西藏地区选举人以西藏选举会会员担任。选举监督以驻藏办事长官担任，但得委托官吏代理。中央学会选举人以中央学会会员担任，但被选举人不以该会会员为限。选举监督以教育总长担任。选举时间及场所选举监督决定。中央学会的组织另以法律规定。华侨选举人以华侨选举会会员担任。华侨选举会设于民国政府所在地。选举监督以工商总长担任。[3]

第六，选举诉讼。选举投票、开票、检票、选举变更及诉讼适用《众议院选举法》的规定。[4]

3.《参议院议员选举法华侨选举会施行法》。第一，总则。《参议院议员选举法》第40条于第一届选举不适用之。第二，选举组织。第一届选举华侨选举会由华侨侨居地所设备商会、中华会馆、中华公所及书报社各选出选举人一名组织之。前项商会以经本国政府认可者为限，中华会馆、中华公所及书报社以选举法公布前设立者为限。第三，

---

[1]《参议院议员选举法》第11、13、12、14、15、22条。
[2]《参议院议员选举法》第16、17、19、21条。
[3]《参议院议员选举法》第20、23、24、26、28、31、33、35、36、37、39、41、42条。
[4]《参议院议员选举法》第18条。

施行法时效。本施行法自公布日施行，于第一届选举完毕废止之。[1]

4.《参议院华侨议员选举施行法》。第一，总则。《参议院议员选举法》第40条于第二届选举不适用之。第二，选举组织。第二届选举华侨选举会由华侨侨居地所设各商会、中华会馆、中华公所及书报社各选出选举人一名组织之。前项商会以经本国政府认可者为限，中华会馆、中华公所及书报社以选举法公布前设立者为限。第三，施行法时效。本施行法自公布日施行，第二届选举完毕废止之。[2]

5.《修正中华民国组织法》。主要是修改第2条中参议院议员的产生方式。组织法规定由参议院议员由地方选举会选出138名；由中央选举会选出30名。[3]

6.《修正参议院议员选举法》。第一，选举资格的修改。凡有众议院议员选举资格，年满30岁以上者得为参议院议员选举人。凡有众议院议员被选举资格，年满35岁以上者得被选举为参议院议员。将选举人、被选举人的年龄分别延长5岁。此外除华侨外，蒙古、西藏、青海、回部被选举人也必须通晓汉语。[4]

第二，增加地方选举会的内容。地方选举会初选选举人资格：一、曾在高等专门以上学校毕业及与高等专门以上学校毕业有相当资格任事满3年者，或曾任中学以上学校校长及教员满3年者，或有学术上之著述及发明经主管部审定者。二、曾任荐任以上官满3年者，或曾任简任以上官满1年者，或曾受勋位者。三、年纳直接税百元以上或有不动产值五万元以上者。各省区地方选举会以县为初选区。各县初选人每30人互选当选人1名。但人数少于30人的县也可选出初选当

---

[1]《参议院议员选举法华侨选举会施行法》（1912年11月15日公布）第1—3条，《政府公报》，1912年11月16日。
[2]《参议院华侨议员选举施行法》（1916年12月31日公布）第1—3条，《政府公报》，1917年1月6日。
[3]《修正中华民国组织法》（1918年2月17日公布），《政府公报》，1918年2月18日。
[4]《修正参议院议员选举法》（1918年2月17日公布）第3条，《政府公报》，1918年2月18日。

选人1名。各省区地方选举会设于各省区最高行政长官驻在地。[1]

第三，选举监督的职责。初选监督以县知事充任。初选投票场所在县知事所在地。初选监督负责做好本管区域内选民资格调查工作。初选监督应在初选日期60天前公示选举人名册。初选当选通知及证书准用众议院议员选举的规定。复选监督由各省区最高行政长官担任。蒙古青海地方选举会的选举监督以选举会所在地的行政长官或盟长或蒙藏院总裁担任。西藏地方选举会的选举监督以驻藏办事长官或蒙藏院总裁担任。[2]

第四，参议员名额分配的修改。各省区名额分配。每省选区选出参议院议员名额如下：每省5名，每特别行政区1名。蒙古、青海、西藏分别选出15、2、6名。[3]

第五，增加中央选举会的内容。中央选举会的组成：第一部，曾在国立大学或外国大学本科毕业，以其所学任事满3年者，或曾任国立大学校长及教员满3年者，或有学术上著述及发明经主管部审定者；第二部，退职大总统、副总统、国务员，及曾任特任官满1年以上，或曾受三等以上勋位者；第三部，年纳直接税一千元以上者，或有一百万元以上的财产，经主管官厅证明者；第四部，华侨有一百万元以上的财产经驻在地领事官证明者；第五部，满洲王公具有政治经验者；第六部，回部王公具有政治经验者。中央选举会的名额：第一部10名、第二部8名、第三部5名、第四部4名、第五部2名、第六部1名。第一部以教育总长为选举监督，第二部、第五部以内务总长为选举监督，第三部、第四部以农商总长为选举监督，第六部以蒙藏院总裁为选举监督。[4]

7.《修正国会组织法第六条》规定参议院议员任期6年，每三

---

[1]《修正参议院议员选举法》第20—22、36条。
[2]《修正参议院议员选举法》第24、25、27、30、34、37、40、43条。
[3]《修正参议院议员选举法》第35、39、42条。
[4]《修正参议院议员选举法》第44、45、46条。

年改选二分之一。[1]

8.《修正参议院议员选举法第十七条》规定,第一届选出的参议院议员在开会后依国会组织法第6条的规定,任期以抽签法分全院议员名额为二班,第一班满3年改选,第二班任满改选。以后每三年就改选任满的议员。[2]

(二)关于众议院议员选举的法律

1.《中华民国国会组织法》。众议院议员由地方人民选举产生。各省选出众议院议员的名额按照人口的多少,每人口满80万选出议员1名,但人口不满800万的省亦得选出议员10名。各省众议员名额分配如下:直隶46名、奉天16名、吉林10名、黑龙江10名、江苏40名、安徽27名、江西35名、浙江38名、福建24名、湖北26名、湖南27名、山东33名、河南32名、山西28名、陕西21名、甘肃14名、新疆10名、四川35名、广东30名、广西19名、云南22名、贵州13名。蒙古、西藏、青海分别选出27、10、3名。众议院议员任期3年。[3]

2.《众议院议员选举法》。

第一,选举年限。众议院议员选举年限以3年为一届。

第二,选举资格。众议院议员选举人资格是凡有中国国籍的男子,年满21岁以上,在编制选举人名册以前在选举区内居住满两年以上,而又具有下列资格之一的,享有选举众议员的权利:年纳直接税二元以上、有价值五百元以上的不动产,但蒙古、西藏、青海得以动产计算;小学以上毕业;有与小学以上毕业的相当资格。众议员当选人资格同上,但必须年满25岁,蒙古、西藏、青海地区则必须通晓汉语。凡有下列各项情况之一的,即丧失选举权和被选举权:褫夺公权尚未

---

[1]《修正国会组织法第六条》(1919年1月25日公布),《政府公报》,1919年1月26日。
[2]《修正参议院议员选举法第十七条》(1919年1月25日公布),《政府公报》,1919年1月26日。
[3]《中华民国国会组织法》第3、4、5、7条。

复权；受破产宣告确定后尚未撤销；有精神病；吸食鸦片；不识文字。凡有下列各项情况之一者，即停止选举权和被选举权：现役陆海军人及在征调期间的续备军人；现任行政、司法官吏和巡警；僧道和其他宗教师，后两项规定不适用于蒙古、西藏、青海地区。凡是小学教师、各学校肄业生，以及办理选举人员在其选举区内，均停止被选举权；但监察员和蒙古、西藏、青海办理选举人员不在此限。[1]

第三，选区划分。初选举以县为选区。凡地方行政区划和名称（如州、厅等）还未改定的，均以县论。复选举合若干初选区为复选区，其区划在复选区表中有具体规定。行政区划有变更时，选举区一并变更，但原选议员不失其职。初选监督应按照地方情形分划本管区域为若干投票区。投票区应于初选期60日以前由初选监督筹定，呈报复选监督核定后转报总监督。[2]

第四，选务组织。各省行政长官担任选举总监督，监督全省选务。初选监督以所在区行政长官担任，监督初选举事务。复选监督在初选期三个月以前由选举总监督委任，监督复选举事务。初复选的投票管理员与监察员、开票管理员与监察员，分别由初复选举监督委任。投票员职权包括：负责投票所开闭，决定投票应否接受，管理投票匦、投票簿、投票纸与选举人名册，保持投票所秩序等。开票管理员职责：负责开票所开闭，清算投票数目，检查投票纸真伪，决定投票是否合法，保存选举票，保持开票所秩序等。投票与开票监督员负责监视管理员投票开票事宜。[3]

第五，选举调查。初选监督派遣调查委员按照选举资格规定调查合格者并造具选举人名册。选举人名册除应刊登选举人的姓名、年龄、籍贯、住址、居住年限外，年纳直接税的数目或不动产价格的数目，或某种学校毕业或与某种毕业相当的资格。在初选举日期60天之前，选举人名册应颁发各投票所公示，公示期以5天为限。宣示期满即为

---

〔1〕《众议院议员选举法》第2、4、5、6、7、8、9条，《政府公报》，1912年8月11日。
〔2〕《众议院议员选举法》第10、11、12、21、22条。
〔3〕《众议院议员选举法》第13—19条。

确定不得再请更正，其由初选监督判定更正者，应更正选举人名册，补报复选监督及总监督。选举人名册确定后应分存各投票所及开票所，并由总监督呈报选举人总数于内务部。[1]

第六，选举方法。初选当选人名额定为议员名额的50倍。各复选区复选当选人（即该选区众议院议员）名额分配方法：先确定选举商数，即以全省选举人总数除以法定众议员名额，再以各复选区的选举人数除以选举商数，结果就是各复选区众议员的名额。各复选区按照众议员当选名额的50倍，作为初选当选人名额，再以同样的办法分配到各初选区。关于初、复选区"零数"处理问题，初、复选区有选举人数不够选出当选人一名，或者选出若干名之外，仍有零数导致当选人不足定额时，比较各初、复选区零数多少，将余额依次归零数较多的选区。如果两区以上零数相同，则以抽签方法决定名额归属。[2]

第七，选举通告。初选监督应于初选其40天以前颁发选举通告，内容包括：初选日期，初选投票所与开票所在地，投票方法。[3]

第八，投票所与开票所。每个投票区各设立一个投票所，开票所设在初选监督所在地。投票所与开票所周围必须临时增派巡警保持秩序。[4]

第九，选票管理。投票纸应由复选监督按照定式制成，在初选日期30天以前分交初选监督，初选监督应在初选日期7天前分交各投票所。初选监督应该按照各投票区所属选举人分别造具投票簿，并按照定式制成投票匦，在初选日期7天前分交各投票所。投票簿应载明选举人姓名、年龄、籍贯及住址。投票匦除投票时外应严加封锁。[5]

第十，投票、开票与检票。投票人在选举期内应该亲自赴投票所自行投票。投票人在领投票纸时应先在投票簿所载本人姓名下签字。

---

[1]《众议院议员选举法》第23、24、26—29条。
[2]《众议院议员选举法》第30、70、31条。
[3]《众议院议员选举法》第32条。
[4]《众议院议员选举法》第33—34条。
[5]《众议院议员选举法》第39—42条。

投票人每名只领投票纸一张。投票用无记名单记法，每票只书被选举人1名，不得自书本人姓名。投票人如有冒名顶替与其他违法行为，管理员与监察员得令退出。管理员与监察员应完成投票情况报告，连同投票瓯在投票完毕翌日移交开票所呈报初选监督。初选监督在各投票瓯送齐之后的翌日，应宣示开票日期并亲临开票所监督开票事宜。检票时应将所投选举票数与投票簿对照。选票作废情况包括：不按规定写票，夹写他事者，字迹模糊不能辨认，不用投票所所发投票纸、选出之人为选举人名册所无者。管理员与监察员应完成开票情况报告，在开票完毕翌日移交开票所呈报初选监督。所有选举票应分为有效无效，一并附呈。在本届选举期内由初选监督保存。[1]

第十一，当选标准。初选以本区投票人总数除以当选人名额的三分之一为当选票额。凡是不满当选票额致无人当选或当选人不足额时，由初选监督就得票较多者按照所缺当选人名额加倍开列，即行张榜公示，于开票后第三天在原投票所就公示姓名再行投票至足额为止。当选人名次以选出的先后为序，同次选出的以得票多少为序，票数相同的以抽签决定。[2]

第十二，复选举。复选举地点在复选监督驻在地进行。复选当选人不限于初选当选人。复选监督应在复选日期30日以前颁发选举通告，内容如下：复选日期、复选投票所与开票所地址、投票方法、复选当选人名额，投票所与开票所事项、投票纸、投票瓯定式、投票、开票与检票程序等适用初选举规定。复选以本区投票人总数除以众议员名额的半数为当选标准。凡因不满当选票额致无人当选，或当选人不足定额时由复选监督在原投票所重新选举至足额为止。[3]

第十三，选举无效。选举人名册因舞弊牵涉全数人员经审判确定者，办理选举违背法令经审判确定者。初选举无效时，复选举虽经确定一并无效。法定当选无效情况包括：不愿应选、死亡、被选举资

---

〔1〕《众议院议员选举法》第43、44、46、47、50—52、54—55条。
〔2〕《众议院议员选举法》第56—58条。
〔3〕《众议院议员选举法》第66、68、71、72、73、75、76条。

格不符合经审判确定者、当选票数不实经审判确定者。[1]

第十四，改选与补选。改选在每届选举年限进行。选举无效时应在该选区一律改选。当议员缺额且无候补当选人时，应进行补选。[2]

第十五，选举诉讼。选举人确认办理选务人员有舞弊与其他违法行为、认为当选人资格不符合、票数不实，或者落选人确认所得票数应当选而未当选，或者候补当选人确认名次有错误时，初选可以从选举日起5天内起向地方审判厅起诉，复选从选举日起10天内向高等审判厅起诉。选举犯罪依照刑律审判。[3]

第十六，蒙古西藏青海议员的选举。选举监督以各选举区行政长官担任，监督区内一切选举事宜。各省众议员选举调查、投票开票程序、选举无效、当选无效等规定一律适用。[4]

3.《修正中华民国组织法》。主要修改内容是减少众议员名额及分配方式。众议院议员由地方人民选举产生，各地方选出众议院议员的名额按照人口的多少，人口每满一百万选出议员1名，但人口不满七百万的省亦得选出议员7名，不满一百万的特别行政区亦得选出议员1名。各省众议员名额分配如下：直隶23名、奉天11名、吉林7名、黑龙江7名、江苏27名、安徽18名、江西24名、浙江26名、福建16名、湖北18名、湖南18名、山东22名、河南22名、山西17名、陕西14名、甘肃10名、新疆7名、四川22名、广东20名、广西13名、云南15名、贵州9名、京兆4名、热河3名、察哈尔2名、归绥1名、川边2名、蒙古19名、西藏7名、青海2名。[5]

4.《修正众议院议员选举法》。第一，选举资格。选举人年龄延长4岁。众议院议员选举人资格是凡有中国国籍的男子，年满25岁以上，在编制选举人名册以前在选举区内居住满两年以上，而又具有

---

[1]《众议院议员选举法》第82—84条。
[2]《众议院议员选举法》第87—88条。
[3]《众议院议员选举法》第90、91、92、94条。
[4]《众议院议员选举法》第三编"蒙古西藏青海议员之选举"。
[5]《修正中华民国组织法》第3—4条，《政府公报》，1918年2月18日。

下列资格之一的，享有选举众议员的权利：年纳直接税提高两元，为四元以上，不动产增加五百元，规定为有价值一千元以上的不动产，但蒙古、西藏、青海得以动产计算；小学校以上毕业；有与小学以上毕业的相当资格。众议员当选人资格同上，年龄延长5岁，必须年满30岁以上，蒙古、西藏、青海地区则须通晓汉语。第二，选区划分。初选举以县为选区。复选举修改为以道或特别行政区为选举区。第三，选举监督。初选监督以县知事担任，监督初选举事务。复选监督修改为以道尹或特别行政区长官担任。[1]

5.《蒙古四部西藏第二届众议院议员选举施行法》。主要是规定蒙古四部西藏第二届众议院议员之选举得于政府所在地行之。蒙古四部西藏之选举监督以蒙藏院总裁充之。[2]

6.《修正国会组织法第五条》。将第5条中蒙古众议院议员名额从19名增加为20名。[3]

7.《修正众议院议员选举法第九十八条》。主要是修改条文中蒙古当选人分配的内容，在哈萨克一人之后增加"呼伦贝尔一人"。[4]

（三）关于选务机构的法律

1.《筹备国会事务局官制》。筹备国会事务局隶属内务总长领导，职权主要有国会开会的筹备事项、关于议员选举程序事项。事务局设委员长一人，综理局务，监督所属职员。委员若干人，分别由内务部参事、法制局参事、蒙藏事务局参事兼任。设事务员10人。事务局在国会成立时即行裁撤。[5]

---

[1]《修正众议院议员选举法》第3、9、13—14条，《政府公报》，1918年2月18日。
[2]《蒙古四部西藏第二届众议院议员选举施行法》（1918年2月17日公布），《政府公报》，1918年2月18日。
[3]《修正国会组织法第五条》（1919年4月22日公布），《政府公报》，1919年4月23日。
[4]《修正众议院议员选举法第九十八条》（1919年4月22日公布），《政府公报》，1919年4月23日。
[5]《筹备国会事务局官制》（1912年8月10日公布）第1—4、6条，《政府公报》，1912年8月11日。

2.《筹备国会事务局追加官制》。内容是第 1 条增加第 3 项"三、关于省议会议员选举事项"。[1]

3.《西藏第一届国会议员选举法》。主要内容是规定西藏第一届参议院及众议院议员之选举得于政府所在地行之。西藏选举监督为蒙藏事务局总裁。选举细则由选举监督制定。[2]

三、国会选举施行的法令规则

与选举法律不同的是,选举法令规则的内容要点主要是有关选举事务的具体实行,解决的是操作层面的法律实务问题。虽然法令规则是内务部制定,但由于此类法规制定均是依据立法机构议决的选举法律,属于整个民初选举法律体系的一部分。

(一)选举组织

《筹备国会事务局官制》只是规定了第一届国会中央选举机构的组织。《众议院议员选举法施行细则》与《参议院议员选举法施行细则》分别规定了地方选务机构的组织机制。

举办众议员选举的地方选务机构,主要是指各省区筹备选举事务所、复选选举事务所与初选选举事务所。筹备选举事务所由各省区兼任选举总监督的民政长官负责设立,负责筹备全省选举一切事宜,要求在初选日期 3 个月以前设立,本届选举结束后裁撤;复选选举事务所由选举总监督任命的复选监督负责设立,负责该地区复选一切事宜,在初选日期 60 天以前设立,本届选举结束后裁撤;初选选举事务所由所在地行政长官依法设立,监督初选举一切事宜,配置有调查委员、投票管理员、开票管理员、投票监察员、开票监察员等选务人

---

[1] 《筹备国会事务局追加官制》(1912 年 9 月 10 日公布),《政府公报》,1912 年 9 月 11 日。
[2] 《西藏第一届国会议员选举法》(1913 年 4 月 10 日公布),《政府公报》,1913 年 4 月 11 日,《法令辑览》,"第二类国会",第 4—5 页。

员。[1] 在参议员选举部分，兼任选举监督的省行政长官在本署设办理选举事务所；选前各选举监督分别委任投票管理员、开票管理员、投票监察员、开票监察员。[2]

皖系临时参议院制定的《筹备国会事务局条例》，规定了第二届国会中央选举机构的组织。筹备国会事务局隶属于内务总长，其职权包括关于选举法令的解释事项、关于选举程序的监督事项、关于国会开会的筹备事项。事务局设委员长1人综理局务，并设委员若干人，主要由内务部参事、法制局参事、蒙藏院参事、内务部民政司司长等兼任。设主任事务员3人、事务员10人，掌管文书、会计、庶务与关于选举程序事务。在调查选举区办理选举时，根据情形的必要可以呈请大总统临时派遣视察员。事务局在筹备国会选举事务完毕后自行裁撤。[3]

（二）选区划分

第一届国会众议院议员选举，由于初选举是以县为选区，所以选区划分主要是指各省复选区的划分。1912年8月13日公布的《众议院议员各省复选区表》规定的各省复选区数目分别为：直隶8区、奉天4区、吉林4区、黑龙江3区、江苏4区、安徽8区、江西6区、浙江4区、福建8区、湖北8区、湖南5区、山东8区、河南4区、山西7区、陕西6区、甘肃8区、新疆8区、四川8区、广东7区、广西6区、云南8区、贵州8区。[4] 此外，根据地方反映的选区划分遗漏问题，内务部从9月份开始及时更正一些省份的复选区划分。如9月16、27、29日，10月9、13、25日相继六次公布《更正众议院议员各省复选区表》，涉及的省份有直隶、江苏、湖南、甘肃、四川、

---

[1]《众议院议员选举法施行细则》第1、4、5、8条，《政府公报》，1912年9月21日。
[2]《参议院议员选举法施行细则》第1、2条，《政府公报》，1912年10月9日。
[3]《筹备国会事务局条例》（1917年10月16日公布）第1、2、3、4、5、7条，《政府公报》，1917年10月17日。
[4]《众议院议员各省复选区表》（1912年8月13日公布），《政府公报》，1912年8月14日。

广东、广西、贵州、吉林等省，主要是在个别复选区内补列一些府厅县。10月30日、11月11日、14日又分别公布《更正众议院议员河南复选区表》、《更正众议院议员甘肃省复选区表》、《更正众议院议员新疆省复选区表》。第二届国会众议员选举，采用选区划分与行政区域一致的原则，初选举以县为选举区，复选举以道或特别行政区为选举区。

（三）选举日程

关于选举日程，第一届国会参议院议员因是由各省议会、蒙古、西藏青海选举会等直接选举产生，所以选举日程只是规定投票日。为配合参议员选举如期举行，北京政府同时要求省议员初选举、复选举分别在1912年12月6日、1913年1月6日举行，延期以6日为限。[1]12月8日，内务部颁布参议院议员第一届选举日期令，决定各省参议员选举定于1913年2月10日举行。届时如果省议会尚未成立，可以呈报内务总长延期到省议会成立后第一次开会的翌日。蒙古、青海、西藏参议员选举定于1月20日举行。必要时可以呈报内务总长延期，但最迟不能超过2月10日。其他中央学会、华侨选举会的参议员选举，都不能超过2月20日。如果投票人数不满法定出席标准，可以酌情延期。[2]

第一届国会众议院议员选举为复式选举，较参议院议员选举更为复杂，所以相关规定也较为详尽。选举法要求复选监督应在初选举日期3个月以前确定人选。初选举投票区应在选前60天前划定。选举人名册应在初选举投票日60天前颁布，并在各投票所公示，时间为5天。选举人在公示期内可呈请更正，受理时间也是5天。初选监督应在初选举投票日前40天颁布选举公告。投票纸应在初选举投票日前30天分交初选监督，初选监督应在投票日前7天分交各投票所。复选当选人名额分配应在初选举投票日前30天通知各复选监督。复选监督应在复选投票日30天前颁发选举通告。[3]

---

[1]《省议会议员第一届选举日期令》，"命令"，《政府公报》，1912年10月3日。
[2]《参议院议员第一届选举日期令》，"公电"，《政府公报》，1912年12月9日。
[3]《众议院议员选举日期令》，《政府公报》，1912年9月6日。

第三章 国会选举法规的制定

根据以上日程期限要求，1912年9月，内务部制定的众议员选举日程明确要求在9月10日前，各省总监督委任各复选监督。总监督确定复选监督驻在地。9月15日前，确定初选监督，投票区分派调查委员，制定调查委员办事细则。10月10日前，制定完成各初选区选举人名册。初选监督在各投票所颁发选举人名册，向公众宣示，并分别呈报复选监督与总监督。10月20日前，初选监督判定更正选举人名册。10月30日前，各省总监督向内务部呈报该省选举人总数。初选监督向复选监督与总监督补报更正选举人名册。初选监督颁发初选举通告。11月10日前，总监督分配复选当选人名额，通知各复选监督。复选监督制成投票纸分交各初选监督。11月20日前，复选监督制成初选当选证书分交各初选监督。11月30日前，复选监督分配初选当选人名额，在各初选区张榜公布。12月3日前，初选监督造好投票簿，制成投票匦，分交各投票所。同时将投票纸分发给各投票所。12月10日前，复选监督向初选举区颁发复选举通告，举行初选举。12月31日前，初选投票所开票所一律裁撤。确定初选当选人。初选监督通知初选当选人，发给初选当选证书，张榜公布当选人姓名，并呈报复选监督。1月10日前，初选当选人名册一律到达各复选监督驻在地。初选当选人一律齐集各复选监督驻在地，举行复选举。[1] 由于在实际选举过程中，一些省区还是出现延迟现象，最后内务部不得不补充规定，参议院议员第一届选举，除中央学会仍依选举日期令第4条规定外，其他各会如确因事实障碍至不能如期举行者，得报由内务总长核定再行延期，但至迟以国会开会之前一日为限，众议院议员第一届选举准用之。[2]

关于第一届国会参议院改选日期的法令是《参议院议员第一班改选日期令》（1916年11月30日公布），规定各省省议会选举第一班改选的参议院议员在1916年12月18日举行，其他各选举会选举

---

[1]《众议院议员第一届选举筹备日期令》，《政府公报》，1912年9月9日。
[2]《参议院众议院第一届选举延期制限令》，《政府公报》，1913年4月2日。

应在1917年1月18日举行。选举日期遇有必要情形,可以酌量延期。[1]《第一届众议院议员改选令》(1923年10月4日公布)规定1923年10月为第一届众议院议员改选年限。但是《众议院议员选举筹备日期令》一直拖延到1924年1月5日才公布。命令要求在1月10日以前,总监督委任各复选监督。总监督确定复选监督驻在地。1月16日以前,初选监督设立办理选举事务所。初选监督分派调查委员,制定调查委员办事细则。2月4日以前,初选监督筹定投票区,呈报复选监督核定后转报总监督。2月14日以前,制定完成各初选区选举人名册。初选监督在各投票所颁发选举人名册,向公众宣示。初选区选举人名册分别呈报复选监督与总监督。2月24日以前,初选监督判定更正选举人名册。3月5日以前,初选监督向复选监督与总监督补报更正选举人名册。初选监督颁发初选举通告。3月15日前,总监督分配复选当选人名额,通知各复选监督。复选监督制成投票纸分交各初选监督。3月25日前,复选监督制成初选当选证书分交各初选监督。4月4日前,复选监督分配初选当选人名额,在各初选区张榜公布。4月7日前,初选监督造好投票簿,制成投票匦,分交各投票所。初选监督分交投票纸给各投票所。4月14日前,复选监督向初选举区颁发复选举通告。举行初选举。5月3日前,初选投票所开票所一律裁撤。确定初选当选人。初选监督通知初选当选人,发给初选当选证书,张榜公布当选人姓名,并呈报复选监督。5月14日前,初选当选人名册一律到达各复选监督驻在地。初选当选人一律齐集各复选监督驻在地。举行复选举。[2]

第二届国会众议院议员选举日程安排,除选举日期外,其他均与第一届国会相似。[3]而第二届国会参议院在改为初复选举后,日程

---

[1]《参议院议员第一班改选日期令》(1916年11月30日公布),《政府公报》,1916年11月31日。
[2]《众议院议员选举筹备日期令》(1924年1月5日公布),《政府公报》,1924年1月6日。
[3]《众议院议员第二届总选举日期令》(1918年3月6日公布),《政府公报》,1918年3月7日。

安排与众议院相同。[1]

关于第三届国会选举日期法令是《众议院议员选举日期令》（1920年11月23日公布），规定各省众议院议员初选举在1921年3月1日举行，复选举在1921年4月1日举行。遇有必要情形，由初选监督呈报复选监督在10日内延期。蒙古、西藏、青海众议院议员在1921年4月10日举行。如果延期已满10日，各地方确因办理困难至不能依期举行选举时，可以再行延期，日期由内务总长核定。[2]

（四）投票准备

《众议院议员选举法施行细则》规定，每选举区分为两个投票区以上时，必须依照下列规定：各投票区必须冠以第一、第二等字样、选举人名册各投票区分别造具、各投票区设投票管理员若干人、初选监督在选举期5日以前将选举人名册分送各投票区投票管理员，投票完毕后投票管理员应会同投票监察员中的1人或2人以上，将投票纸、投票簿、选举人名册汇送于开票管理员。选举人年龄及在选举区内居住年限以调查选举人名册之日计算，被选举人年龄以举行选举之日计算。凡1人不得编入数个选举区的选举人名册。投票管理员应制成投票录，开票管理员应制成开票录，各初复选监督应制成选举录，详细记载关于投票开票选举过程。[3]

《参议院议员选举法施行细则》要求投票管理员应制成投票录，开票管理员应制成开票录，各选举监督制成选举录，详记关于投票开票选举始末情形，于本届选内保存之。除华侨选举外，其他选举场所由各选举监督于选举日期10日以前决定并公布。投票纸、投票匦由选举监督依式制成颁发给投票管理员。[4]

---

[1]《参议院议员第二届选举日期令》(1918年3月6日公布)，《政府公报》，1918年3月7日。
[2]《众议院议员选举日期令》(1920年11月23日公布)，《政府公报》，1920年11月24日。
[3]《众议院议员选举法施行细则》(1912年9月20日公布）第12、14—16条，《政府公报》，1912年9月21日。
[4]《参议院议员选举法施行细则》(1912年10月8日公布）第3、4、5条。

（五）投开票程序

为确保第一届国会选举过程的公开透明，北京政府单独制定了有关投开票程序的选举法令。以后在制定第二届国会选举法令时，则将相关规定列入选举法细则的附录中，并增加了一些新的内容。

在投票程序上，法令要求投票所须有相当设备使投票人不能互相窥视及交换传观与其他不正当行为；投票人有以下行为时，管理员与监察员可令退出选举：冒名顶替者、在投票所内劝诱喧哗骚乱不服管理员与监察员或巡警制止者、在投票所内互相窥视及交换传观不服管理员及监察员或巡警制止者、携带凶器进入投票所者、犯刑律妨害选举各罪的嫌犯者、在投票所内有其他不正当行为不服管理员及监察员或巡警制止者。[1] 投票纸分别送交各投票所后，投票管理员查明数目即须严密封存，不到选举日期当众验明封识后不得开启；投票入瓯时，投票管理员须选派两人列席投票瓯旁边，逐一记明投入票数；投票瓯在投票完毕后应即时当众严加封锁；投票瓯在封锁后与移交开票所时，可派巡警守护或护送；投票瓯在移交开票所时不得超过所需路途时间两小时以上。[2] 第二届国会选举投票程序上又有新规定，如要求地方选举会初选监督与中央选举会选举监督应在办理选举事务所委派调查员若干人；到会选举人不满总数三分之二时，由选举监督宣告于次日投票，但选举人过多，选举场所不能容纳时，得由选举监督考虑情形，可以随时投票。[3]

在开票程序上，关于开票时间，法令规定初选监督以不超过各投票瓯送齐的翌日午前10时为限；初选开票从初选监督所定时刻起至午后6时为止；如果超时没有完成，未开票数在三分之一以下者，开票管理员可以考虑延长时间，其数在三分之一以上者，从翌日午前8

---

〔1〕《众议院议员选举法施行细则》第17、21条，《政府公报》，1912年9月21日。
〔2〕《众议院议员选举投票纸投票瓯管理规则》第4、6、7、8、10条，《政府公报》，1912年10月31日。
〔3〕《修正参议院议员选举法施行细则》第3、10条，《政府公报》，1918年3月4日。

时起继续开票;在复选开票时,复选监督应该亲临开票所,在当日开票,时间以至开票完毕并宣示为限;在初复选开票时,如果进入开票所参观的选举人有异议时,10人以上可以请求开票监察员即时当众检查。[1] 凡是开票投票均于选举场所内进行;投票开票时间由各选举监督在选举期10天前商定张榜公示于选举场所;投票开票时间不得安排在上午8时前下午6时后;到会选举人不满总数三分之二时,由选举监督宣告在次日继续进行;凡当选人不足额时应再行投票,超过投票时间的,应在次日继续进行;被选举人在被选前已经当选为众议院议员或在被选后又当选为众议院议员的,如果愿意应选,众议员应选在前,则必须辞职;如果当选时身份是现任官吏或公吏时,同法办理。选举人已经当选,而当选人尚不足额时,已当选人不得再行投票。[2]

(六)选举监督与当选确认

众议院议员选举人得请求管理员给与入场券进入开票所参观开票事宜;投票录、开票录、选举录、必须准备副本以备选举人或被选举人请求查阅。[3]

《参议院议员选举法施行细则》附录中的投票簿定式要求记载的事项包括:按时到场的监察员姓名、因事缺席的监察员与临时代理的监察员姓名、被怀疑的投票人与证明人姓名、因事故退出投票所的投票人姓名与事由、被命令退出投票所的投票人姓名与事由、因错误污损投票纸请求更换的投票人姓名、选举人名册内记载总数、正式投票的投票人总数、被命令退出的投票人总数、管理员认为有必要记载的其他事项、投票管理员与监察员共同署名。

开票簿定式要求记载的事项包括:按时到场的监察员姓名、因事缺席的监察员与临时代理的监察员名单、开票管理员会同监察员逐

---

[1]《众议院议员选举开票规则》第1、2、3、6条,《政府公报》,1912年11月23日。
[2]《参议院议员选举法施行细则》第6、7、8、9、12、13、14条,《政府公报》,1912年10月9日。
[3]《众议院议员选举法施行细则》第31、37条,《政府公报》,1912年9月21日。

次开启投票匦，投票数与投票人数、投票总数与投票人总数相合、开票管理员会同监察员决定有效票数与无效票数、无效票数分四类统计（不按照规定写票、夹写其他事情、字迹模糊不能认识、不用投票所所发投票纸）、管理员认为有必要记载的其他事情、开票管理员与监察员共同署名。

选举录定式要求记载的事项包括：按时到场的监察员姓名、因事缺席的监察员与临时代理的监察员姓名、选举监督会同监察员将开票管理员报告书中所载得票者姓名、得票票数与得票总数逐次查核并宣读、当选人得票数与姓名、当选人名次、候补当选人名次、选举监督制成选举录后与监察员共同署名。

同一选区被选举人有二人以上同姓名时，除别有方法能证明其当选应属何人外，应以投票方法决定当选人；选举票被选举人姓名以下应载明其职业与住址；决选投票以得票较多数者当选，票数相同时以抽签决定；投票程序适用众议院议员选举法与细则规定。[1]《修正参议院议员选举法施行细则第十三条》进一步明确被选举人在未被选举前，系受有正式任命令或正式委任令的现任官吏，在接到当选通知后，以曾在该会选举日期前一日准备辞职书呈经该长官批准者为限得答复应选。[2]

（七）选举费用

在选举费用规定方面，众议员选举旅费、选举人名册、选举人资格调查表、投票簿、投票纸等制办经费、选务人员公费等，均由所在选举区负担。[3]蒙古、西藏、青海的众议院议员选举费用由国家经费支出；各省众议院议员选举、省议会议员选举费用，各初选区地方经费有不足者，由该省收入经费项下分别补助，省的经费不足者，由

---

[1]《众议院议员初选举同姓名者被选决定令》第1、4、5、6条，《政府公报》，1912年12月14日。

[2]《修正参议院议员选举法施行细则第十三条》（1913年1月10日公布），《政府公报》，1913年1月11日。

[3]《众议院议员选举法施行细则》第33、34、35条，《政府公报》，1912年9月21日。

国家经费补助之；国家经费支出或补助应列入特别预算，但是国家补助省议会议员选举费用以不超过该省选举费用总数三分之一为限；蒙古、西藏、青海选举会、中央学会、华侨选举会的参议院议员选举费用由国家经费支出。[1] 第二届国会选举有关规定与之相同。[2]

此外，《中央学会选举参议院议员暂行规则》专门规定了中央学会参议员的选举程序。中央学会选举人资格必须是年满 25 岁，中外高等专门以上学校毕业者或有高深著述者。选举监督在中央，以教育总长充任，在各省以各该省行政长官充任。选举时间及场所，由选举监督决定。选举监督必须在参议院议员选举期 60 天之前，在本管区域内设立选举事务所。凡有选举资格者，应在选举期 60 天以前，到选举事务所填写履历书，并须提出毕业文凭或著述。选举监督应将选举人名册，在选举期 60 天前宣示公众，宣示期为 5 天。选举监督在选举日期 30 天以前，发布选举通告，内容包括选举日期、投票所与开票地址、投票方法。选举监督可委任投票管理员、监察员，开票管理员、监察员各若干人。各省选举监督应在选后 3 天内将当选人名单上报教育总长。教育总长在选后 10 天，汇集各省选出的名额，按照得票数高低张榜公布当选人、候补当选人姓名与得票数。[3]

四、国会选举法律的制定过程

有关国会选举的基本法律，最初是以选举法大纲形式在南京临时参议院时代提出。1912 年 3 月 28 日，南京临时参议院起草员向大会提交了"国会组织法"和"选举法大纲"。经过数次审议后，因考

---

[1]《国会省议会第一届选举费用补助令》第 1、2、3 条，《政府公报》，1912 年 10 月 6 日。
[2] 参见《国会省议会第二届选举费用补助令》，《政府公报》，1918 年 3 月 20 日。
[3]《中央学会选举参议院议员暂行规则》（1912 年 10 月 31 日公布）第 2、4、5、6、8、9、10、11、12、13 条，《中华民国史档案资料汇编第三辑政治（二）》，第 371—372 页。

虑到南北统一后临时政府北迁在即，需要优先审议政府各部门官制，南京临时参议院于是将"选举法大纲"搁置。"选举法大纲"最后议决通过是在北京临时参议院时期。

(一)《众议院议员选举法》

在北京临时参议院1912年7月1日讨论"选举法大纲"众议院议员选举部分时，谷钟秀报告全院委员会意见，即众议院议员选举大纲第一条，选举区采用复选举制。第二条，选举区初选举采用小选举区，复选举采用大选举区。第三条，选举资格年龄为25岁，居住改为选举区内2年以上，年纳直接税2元以上仍与原案相同。教育资格比原案放宽，改为小学毕业以上。关于纳税资格增加不动产一项，"深恐有财产之人不纳直接税而纳间接税者无选举资格"。第四条，被选举资格，将原案25岁改为30岁，"因被选举年龄照各国通例，比选举年龄稍大"。第五条，消极资格均与原案相同。第六条，停止选举权及被选举权资格。第七条，投票方法均于原案相同。[1] 接下来，临时参议员们讨论主要集中在选区制度与选举资格两部分。

1. 选区制度。关于选举区初选采用小选举区，复选采用大选举区，刘崇佑表示不明白大、小选举区的意思，"以前各省咨议局选举区，无所谓大小，只有初选举区与复选举区。"关于小选举区，"是只选出议员一人，抑可选出议员数人？"起草人之一张耀曾在谈到选举区制时指出："如日本之选举成绩，普通言之，选出一人或二、三人者为小选举区，举五六人以上者为大选举区。在日本初定选举法时，小选举区亦非只定选出一人，是选出至少一人，至多三人之数者，为小选举区。选出五六人以上者即为大选举区。如此办法庶可与中国情形相合。"[2]

---

[1]《参议院第二十八次会议速记录》(1912年7月1日)，《政府公报》，1912年7月10日，第71号，附录，第564页。

[2]《参议院第三十次会议速记录》(1912年7月3日)，《政府公报》，1912年7月13日，第74号，附录，第588页。

谷钟秀认为以旧有州县为小选举区,以旧有府或直隶州为大选举区。[1]席聘臣不赞成以府或直隶州为复选举区:"如府小人数不足将如之?"而且当地人当选必多,建议以省为大选举区。[2]彭允彝认为复选举应以道为选举区,但考虑到各省行政区划的现实,"如有道者,以道为标准。如无道者,即以州县为标准"。[3]汤化龙主张以旧有之府或直隶州为复选举区。汤认为采用大选举区,并非是取其地方面积的大,而是因为目前中国不但各地交通非常不便,而且人民对于选举又不热心,"如以省为一大选举区,使人民均奔集于省中而为选举之执行,其结果必有抛弃权利之虞"。"以道为大选举区,虽不能说交通尽不便利,但处于不便利者亦必多。"[4]陈国祥建议以人口之多寡决定区域之大小。"复选既采大选举区主义,应以人口之比例,其数可选出议员二人或三人者划为选举区。"[5]

最后总结下来,共有四种修正案意见,一是以府为复选举区,一是以道为复选举区,一是以省为复选举区,一是选出议员2或3人之区为复选举区。四种修正案意见均遭否决。[6]

2. 选举资格。李芳称本条规定年龄在25岁以上,"观世界各国选举法规定选举年龄多在二十五岁或二十一岁之间,何以中国人民之选举年龄必限定以二十五岁",主张改为21岁。[7]曹玉德、彭允彝等人表示赞成降低年龄标准,不过前者提出22岁,后者提出20岁。后来多数议员赞成21岁。[8]

众议院议员选举大纲讨论结束后,法制审查会提出"众议院议员

---

[1]《参议院第三十次会议速记录》(1912年7月3日),《政府公报》,1912年7月13日,第74号,附录,第588页。

[2] 同上书,第589页。

[3] 同上。

[4] 同上。

[5] 同上书,第590页。

[6] 同上书,第591—592页。

[7] 同上书,第593页。

[8] 同上书,第596页。

选举法草案"。会议讨论的要点是选务人员、选举资格与初选举名额。

一是选务人员。曾有翼认为办理选举人与监察员相差无多，都不应有选举权及被选举权。"若不停止恐有弊端发现。"谷钟秀认为办理选举人已经停止其被选举权，似不应该再停止其选举权。至于监察员选举权与被选举权均不必停止。段宇清不同意停止办理选举人员的被选举权。"试问将来地方自治发达，则办自治者即系本地方之人，本地方之人则办理选举事宜而无被选举权，未免不妥。"谷钟秀回应称，办理选举人员停止其被选举以者，不过是在其选举区内，而在他选举区当然有被选举权。[1]李芳询问管理员与监察员有什么区别？秦瑞阶答复说管理员无论官绅皆可，监察员则限于本区选举人。[2]

二是选举资格。张耀曾强调蒙藏选举会选出的议员必加以通晓汉语的限制，"因议员在议场之上必能听他人之议论及能发自己之言论，始能称其议员之职"。这一限制也应适用于华侨参议员。[3]

三是初选举人名额。段宇清认为第29条规定初选当选人名额为议员名额的50倍，认为50倍的人数太多，"初选之时人才若好则选出者亦好，初选举之时人才若不好，则选出者亦不好，固不在倍数之多寡"。段宇清建议改为10倍。[4]陈景南称第29条规定初选当选人名额为议员名额的50倍，"在起草之意以为倍数若少，恐选举之时易于舞弊，所以定为五十倍"。如果定为50倍，投票人未免太多，在交通上经济上都有困难。建议改为30倍。[5]后多数赞成原案。

---

[1] 《参议院第四十二次会议速记录》（1912年7月19日），《政府公报》，1912年8月份，附录，第463页。

[2] 同上书，465页。

[3] 《参议院第四十四次会议速记录》（1912年7月23日），《政府公报》，1912年8月份，附录，第478—479页。

[4] 《参议院第四十五次特别会议速记录》（1912年7月24日），《政府公报》，1912年8月份，附录，第487页。

[5] 同上。

（二）《参议院议员选举法》

在北京临时参议院1912年7月1日讨论"选举法大纲"参议院议员选举部分时，谷钟秀报告全院委员会意见时，主要提到委员会对参议员法定年龄的不同看法，有主张参议院议员年龄必较众议院议员稍高，而法国元老院议员被选举年龄定为40岁，中国可定为35岁，但是讨论结果是"中国情势与法国不同，中国近年文明之输入均恃青年学者之功，若年龄限制过高，则能输入近世文明思想之人反至不能被选，有背开国会之原理，故仍定为三十岁"。[1]

从7月23日以后开始讨论"参议员选举法草案"，关于投票方法，张耀曾建议采用单记投票方法，考虑到省议会议员人数较少，将来当选票数必太少，所以只能提高出席人数的门槛。不过五分之四出席人数规定太高，建议改为三分之二。[2] 张的意见众人表示无异议。7月26日主要讨论集中在第38条关于华侨选举会的规定。卢信指出，条文未说明华侨选举人的选举资格，而且海外华侨商会并不多，如此规定会遗漏散居各地的华侨选举人。卢建议增加一项内容，"凡有众议院议员被选举之资格年龄满二十一岁以上住居该地一年以上者，得为选举会会员。"[3] 卢的意见因只有少数人赞同被否决。杨永泰表示华侨选举组织非常困难，现在草案规定由华侨居住地所设商会的总理组织华侨选举会，"然有华侨侨居之地不一定有商会，即有商会而商会之业领亦不定名为总理，且不知商会有多少"。[4] 谷钟秀称："如不甘受选举权之剥夺，可乘机组织一商会。"至于商会领导人名称问题，只要民国政府认可，即可改为总理。[5] 汪荣宝建议名称可改为商会之总

---

[1]《参议院第二十八次会议速记录》（1912年7月1日），《政府公报》，1912年7月10日，第71号，附录，第564页。

[2]《参议院第四十四次会议速记录》（1912年7月23日），《政府公报》，1912年8月份，附录，第478—479页。

[3]《参议院第四十七次会议速记录》（1912年7月26日），《政府公报》8月份，附录，第515页。

[4] 同上书，第516页。

[5] 同上。

理人，第二项以民国政府认可者为限，也不妥当，前清政府认可者也作数，改为本国政府。[1] 后多数同意汪的意见。

五、国会选举法规的比较审视

本节主要比较清末1908年《咨议局议员选举章程》、1889年日本《众议院选举法》与民国1912年《众议院选举法》的异同之处，因《咨议局议员选举章程》多处取自日本《众议院议员选举法》，所以在比较日本《众议院议员选举法》与民国《众议院议员选举法》时，对日本《众议院选举法》与《咨议局议员选举章程》相似之处不再赘述。

第一，选举资格。《咨议局议员选举章程》第1条就明定，凡选举及被选举资格按照《咨议局章程》第3条至第8条办理。[2] 1908年《咨议局章程》第3条至第8条内容主要有：凡属本省籍贯的男子年满25岁以上具左列资格之一者，有选举咨议局议员之权。一、曾在本省地方办理学务及其他公益事务满3年以上著有成绩者。二、曾在本国或外国中学堂及与中学同等或中学以上的学堂毕业得有文凭者。三、有举贡生员以上的出身者。四、曾任实缺职官文七品、武五品以上未被参革者。五、在本处地方有五千元以上的营业资本或不动产者。凡非本省籍贯的男子年满25岁，寄居本省满10年以上，在寄居地方有一万元以上之营业资本或不动产者亦得有选举咨议局议员之权。凡属本省籍贯或寄居本省满10年以上之男子，年满30岁以上者得被选举为咨议局议员。凡有左列情事之一者不得有选举权及被选举权。一、品行悖谬营私武断者。二、曾处监禁以上之刑者。三、营业不正者。四、失财产信用被人控实尚未清结者。五、吸食鸦片者。六、有心疾者。七、身家不清白者。八、不

---

[1]《参议院第四十七次会议速记录》（1912年7月26日），《政府公报》8月份，附录，第516页。

[2]《咨议局议员选举章程》第1条，清宪政编查馆编，北京图书馆出版社影印室辑《清末民初宪政史料辑刊》第1册，北京图书馆出版社，2006年，第25页。

识文义者。左列人等停止其选举权及被选举权。一、本省官吏或幕友。二、常备军人及征调期间之续备后备军人。三、巡警官吏。四、僧道及其他宗教师。五、各学堂肄业生。现充小学堂教员者停止其被选举权。[1]

民国《众议院议员选举法》在选举资格规定方面，与咨议局相比，选举人资格的年龄条件，则是下降到年满 21 岁以上。财产资格在不动产方面，降低为 500 元以上的不动产。教育资格也是降低至小学以上毕业，或有与小学以上毕业的相当资格。被资格人年龄资格下降到年满 25 岁。其他选举资格限制性规定与咨议局基本相同。而年纳直接税 2 元以上则是借鉴日本的规定，只是标准降低。日本《众议院议员选举法》在选举权的经济资格方面，规定调制选举人名簿之日期以前，满 1 年以上，纳地租 10 元以上，或满 2 年以上，纳地租以外之直接国税 10 元以上，或合地租与其他直接国税，纳 10 元以上，现仍续纳者。[2]

第二，选区划分。《咨议局议员选举章程》规定，初选举以厅州县为选举区，复选举以府直隶州为选举区，各以所辖地方为境界。府厅州县境界有变更时选举区一并更改。[3]

民国众议员初选举以县为选区。凡地方行政区划和名称（如州、厅等）还未改定的，均以县论。复选举的规定不同，合若干初选区为复选区，其区划在复选区表中有具体规定。

第三，选务组织。《咨议局议员选举章程》规定，初选区厅以该同知通判，州县以该知州、知县为初选监督。复选区府以该知府，直隶厅州以该同知通判、知州为复选监督。选举监督各以本衙门为办理选举事务之所。初选复选均应设投票管理员、监察员、开票管理员、监察员若干名。管理员不拘官绅，均可派充。监察员应以本地绅士为限。

---

[1] 《咨议局章程》第 3—8 条，清宪政编查馆编，北京图书馆出版社影印室辑《清末民初宪政史料辑刊》第 1 册，北京图书馆出版社，2006 年，第 7—10 页。

[2] 日本《众议院议员选举法》第 8 条，商务印书馆编译所《日本议会法规》，商务印书馆，1908 年，第 76 页。

[3] 《咨议局议员选举章程》第 2—3 条，清宪政编查馆编，北京图书馆出版社影印室辑《清末民初宪政史料辑刊》第 1 册，第 53 页。

投票管理员职掌如下：一、掌投票所开启。二、决定投票之应否收受。三、记录投票情形，申报选举监督。四、掌投票匦、投票簿、投票纸及选举人名册。五、稽查投票所纪律。开票管理员职掌如下：掌开票所启闭。二、清算投票数目。三、检查投票纸真伪。四、决定投票之是否合例。五、记录开票情形申报选举监督。六、保存票纸。七、稽查开票所纪律。投票监督员、开票监督员各会同管理员办理投票开票事宜，其职掌与前二条同。[1]

民国《众议院议员选举法》的规定与之相似，只是将条文中前清职官名称改变，如初选监督以所在区行政长官担任，监督初选举事务。在投、开票管理员职责规定方面，除增加"记录开、投票情形申报选举监督外"，其他内容完全相同。

第四，选举调查。《咨议局议员选举章程》规定，初选监督应按照选举资格详细调查，将合格者造具选举人名册。调查时初选监督应在各地方分设选举调查员。选举调查员办事细则由初选监督拟订呈请复选监督核定施行。选举名册应载事项如下：一、姓名、年岁、籍贯、住所或寄居年限；二、办过某项学务及其他公益事务并其年限；三、出身；四、官阶；五、营业资本或不动产之某项所值确数。选举人名册应于选举期6个月以前一律告成。选举人名册告成后，初选监督应即呈由复选监督申报督抚，并于选举期3个月以前颁发各投票所宣示公众。宣示人名册以20天为期，如本人以为错误遗漏，准于宣示期内取具凭证呈请初选监督更正。前项呈请更正，初选监督应在收呈之日起20天以内判定准否。初选监督判定无庸更正时有不服者，得呈诉复选监督。复选监督判定期限照前条第2项办理。凡过宣示期限即为确定不得再请更正，其续由初选或复选监督判定更正者，应一律补入选举人名册。选举人名册确定后，应分存各投票所及开票所，并由督抚咨报民政部。[2]

---

[1]《咨议局议员选举章程》第4、5、8—10条，清宪政编查馆编，北京图书馆出版社影印室辑《清末民初宪政史料辑刊》第1册，第54、57—58页。

[2]《咨议局议员选举章程》第17—25条，清宪政编查馆编，北京图书馆出版社影印室辑《清末民初宪政史料辑刊》第1册，第59—61页。

民国众议员选举调查的内容基本相同，只是时间缩短，如选举人名册应于选举日期6个月以前一律告成时间改为60天，将选前3个月以前颁布选举名册的时间改为60天，公示时间20天改为5天。

第五，选举方法。《咨议局议员选举章程》规定，初选当选人额数按照议员定额加多10倍，每届由复选监督遵照督抚所定该复选区议员额数10乘之，为该复选区当选人额数，分配于各厅州县。初选当选人分配之法，由复选监督以该复选区应出当选人额数，除全区选举人总数，视得数多寡定选举人，每若干名得选出当选人一名，再以此数分除各初选区选举人数，视得数多寡定各该初选区应出当选人若干名。其各初选区有选举人数不敷选出当选人一名或敷选若干名之外，仍有零数致当选人不足定额者，比较各初选区零数多寡，将余额依次归零数较多之区选出之，若两区以上零数相等，其余额应归何区以抽签定之。前两项分配定后，由复选监督于初选举日期2个月以前榜示各初选区。[1]民国众议员选举方法改为初选当选人名额定为议员名额的50倍，其余规定完全相同。

第六，选举通告。《咨议局议员选举章程》规定，初选监督应于该选举日期3个月以前颁发选举告示，其应载事项如下：一、初选日期；二、初选投票区投票所及开票所地址；三、投票方法。[2]民国众议员选举规定是在初选日期40天以前颁发选举通告，其他内容相同。

第七，投票所与开票所。《咨议局议员选举章程》规定，投票所由投票管理员及监察员掌投票一切事宜。投票日管理员及监察员均应按时齐集，如有临时不到应由初选监督派员代理。投票所周围得临时增派巡警严查一切。[3]民国众议员选举的相关规定完全相同。

---

[1]《咨议局议员选举章程》第26—27条,清宪政编查馆编,北京图书馆出版社影印室辑《清末民初宪政史料辑刊》第1册,第62页。

[2]《咨议局议员选举章程》第28条,清宪政编查馆编,北京图书馆出版社影印室辑《清末民初宪政史料辑刊》第1册,第63页。

[3]《咨议局议员选举章程》第29—31条,清宪政编查馆编,北京图书馆出版社影印室辑《清末民初宪政史料辑刊》第1册,第63—64页。

第八，投票、开票与检票。关于投票方法，《咨议局议员选举章程》规定，投票人以列名本属投票所之投票簿者为限。投票人在选举日期应亲赴投票所自行投票，不得请人代理。投票人应在投票簿所载本人姓名项下签字毕，方准领投票纸。投票人每名只准领投票纸一页。投票用无名单记法，每票只准书被选举人一名，不得自书本人姓名。投票人于投票所内除关于投票事宜得与职员问答外，不得涉及私言，并不得与他人接谈。投票完毕后，投票人应即退出，不得逗留窥视。投票人倘有顶替及违背定章等事，管理员及监察员得令退出。关于开票方法，开票所设于初选监督所在地方，由开票管理员及监察员掌开票一切事宜。开票所自各投票匦送齐的翌日，由初选监督酌定时刻，先行榜示，届时亲自到场，督同开票，即日宣示。开票时准选举人前往前往参观，若人众不能容时，管理员得以限制人数。管理员及监察员应将开票始末情形，会同造具报告于检点票数完毕之翌日，申送初选监督。所有票纸应分别有效无效，一并附送于本届选举年限内，由初选监督保存之。关于检票方法，检票时应先将选举票与投票簿对照，如有姓名不符及放弃选举权等事均应另册记明。凡选举票应作废者如下：一、写不依式者；二、夹写他事者，其记载被选举人官衔、职业或住址等项者不在此限；三、字迹模糊不可认者；四、不用投票所所发票纸者；五、选出的人不合被选举资格者。此外，章程还规定，投票所之启闭以午前8时至午后6时为率，逾限不准入内。管理员及监察员应将投票始末情形，会同造具报告连同投票匦，于投票完毕之翌日移交开票所并申报初选监督。投票所自投票完毕之日起15日以内一律裁撤。[1]民国众议员选举的相关规定基本相同。

此外，民国《众议院议员选举法施行细则》第21条关于投票程序的规定，则多是借鉴日本《众议院议员选举法》第49条，后者规定如有在投票所演说讨论，或涉于喧扰，或关于投票作协议劝诱，及其他

---

[1]《咨议局议员选举章程》第41—52、54—55、33—35条，清宪政编查馆编，北京图书馆出版社影印室辑《清末民初宪政史料辑刊》第1册，第66—67、68、64页。

紊乱投票所之秩序者，投票管理者当制止之。不从命者，使退出于投票所之外。[1]民国《众议院议员选举法施行细则》进一步要求投票所须有相当设备使投票人不能互相窥视及交换传观与其他不正当行为。

第九，当选标准。《咨议局议员选举章程》规定，初选以本区应出当选人额数除选举人总数，得数半数为当选票额，非得票满该额以上者不得为初选当选人。凡因不满当选票额致无人当选，或当选人不足定额，由初选监督就得票数较多者，按照应出当选人额数加倍开列，姓名即行榜示，于开票后第3日在原投票地方，令原有投票人即就所列姓名内再行投票一次，以期足额。当选人名次以得票多寡为序，票数同者以抽签定之。[2]民国众议员选举的相关规定完全相同。

第十，复选举。《咨议局议员选举章程》规定，复选由初选当选人齐集复选监督所在地方行之。复选人名册以初选当选人为限，按照各初选区先后依次编列其册，内应载事项，除照第19条外并应载明初选当选票数。复选当选人为咨议局议员，其各复选区应得议员若干名，每届由督抚按照各该复选区选举名册总数以全省议员定额分配之。复选当选人分配方法，由督抚在各复选区选举人名册报齐后，按照名册以该省议员定额除全省选举人总数，视得数多寡定若干选举人得选出议员一名，再以此数分除各复选区选举人数，视得数多寡定各该复选区应出议员若干名。其各复选区有选举人数不敷选出议员一名，或敷选若干名之外，仍有零数致议员不足定额者，比较各复选区零数多寡，将余额依次归零数较多之区选出之，若两区以上零数前等，其余额数应归何区，以抽签定之。前两项分配定后，由督抚于初选举日期3个月以前榜示各复选举区，并咨报民政部。复选监督应于该选举期1个月以前颁布选举告示，其应载事项如下：一、复选日期。二、复选投票的及开票所地址。三、投票方法。复选管理员监察员、投票纸投票簿及投票匦、投票方法都同初选举规定。复选以本区应出议员额

---

[1] 日本《众议院议员选举法》第49条，商务印书馆编译所《日本议会法规》，第84页。
[2] 《咨议局议员选举章程》第56—58条，清宪政编查馆编，北京图书馆出版社影印室辑《清末民初宪政史料辑刊》第1册，第69页。

数除初选当选人总数,得数半数为当选票额。非得票满该额以上者不得为复选当选人。[1]

民国复选举地点在复选监督驻在地进行。复选规定有所改正。如规定复选当选人不限于初选当选人。提前30天发布选举通告,复选监督应在复选期30日以前颁发选举通告,内容与咨议局规定相同,投票所与开票所事项、投票纸、投票匦定式、投票、开票与检票程序等适用初选举规定。

第十一,选举无效。《咨议局议员选举章程》规定,凡遇左列各项为选举无效。一、选举人名册有舞弊作伪情事,牵涉全数人员被人控告判定确实者。二、办理选举不遵守定章,被人控告判定确实者。三、按照《咨议局章程》第48条已经奏请解散者。初选有前条第一、二款情节者,其初选为无效,复选有前条第一、二款情节者,复选为无效,但初选无效者,复选虽经确定,一并作为无效。此外凡遇左列各项为当选无效。一、辞任。二、疾病不能应选或身故。三、被选举资格不符,被人控告判定确实者。四、当选票数不实被人控告判定确实者。五、照《咨议局章程》第58条至第60条除名者。[2]民国《众议院议员选举法》的相关内容基本相同。

第十二,任期、改选与补选。《咨议局章程》第15条规定议员任期以3年为限。《咨议局议员选举章程》规定,改选于每届选举年限举行。选举无效时均应一律改选。补选以有左列各项情事时举行:一、议员缺额无候补当选人。二、增加议员定额无候补当选人。[3]民国众议员任期、改选与补选规定也基本相同。

第十三,选举诉讼。《咨议局议员选举章程》规定,凡选举人倘

---

[1]《咨议局议员选举章程》第65—74条,清宪政编查馆编,北京图书馆出版社影印室辑《清末民初宪政史料辑刊》第1册,第71—73页。

[2]《咨议局议员选举章程》第79—81条,清宪政编查馆编,北京图书馆出版社影印室辑《清末民初宪政史料辑刊》第1册,第74—75页。

[3]《咨议局议员选举章程》第84—85条,清宪政编查馆编,北京图书馆出版社影印室辑《清末民初宪政史料辑刊》第1册,第76页。

确认办理选举人员有不遵守定章的行为，或于选举人名册有舞弊作伪的证据者，得向该管衙门呈控。凡选举人倘确认当选人内有左列情节者，得向该管衙门呈控。一、被选举资格不符。二、当选票数不实。凡落选人员倘确信有左列情节者，得向该管衙门呈控。一、得票额数可以当选而不能与选。二、候补当选人名次错误遗漏。凡呈控应自选举之日起30天以内为限。凡选举诉讼事关初选，应向府直隶州衙门呈控，复选应向按察使衙门呈控。其各省已设审判厅者，应分别向地方及高等审判厅呈控。凡选举诉讼事件应于各种诉讼事件内提前审判不得稽延。凡不服该管衙门之判定者，初选得向按察使衙门上控，复选得向大理院上控，但自判定之日起3个月以内为限。其各省已经设审判厅者照审判厅上控章程办理。凡选举诉讼事件所有讼费等项悉照通行章程办理。[1]

《民国众议院议员选举法》的相关规定基本相同，只是将时间改为初选从选举日起5天内起向地方审判厅起诉，复选从选举日起10天内向高等审判厅起诉。选举犯罪依照刑律审判。

综上所述，民国《众议院议员选举法》的内容表现出对清末律法的继续，而清末律法许多方面均来自对德日大陆法系的移植。当时在讨论众议院议员选举法草案时，选举法大纲起草人张耀曾就提到，虽然在投票方法上并未采取前清咨议局议员的决选制，而是改为"额数未满时于投票处另行选举之，不必限于初选举之人"。选举次数不受限制。[2] 即使如此，"至于众议院之选举法，因各省额定多少名，采前清咨议局议员员额分配之法，故今日所定亦采取前清咨议局议员之选举法"。[3]

在具体法律条文借鉴方面，根据作者的统计，民国《众议院议

---

[1] 《咨议局议员选举章程》第87—94条，清宪政编查馆编，北京图书馆出版社影印室辑《清末民初宪政史料辑刊》第1册，第77—78页。

[2] 《参议院第三十八次会议速记录》，1912年7月15日，《政府公报》，7月份，附录第761页。

[3] 同上书，第760页。

员选举法》总计121条，有关选举制度的核心内容56条与《咨议局选举章程》相关条文内容基本相同，甚至有些条文与咨议局条文完全相同，特别是初复选制度则是直接采自咨议局选举制度。如关于初、复选区"零数"处理问题完全引自《咨议局选举章程》的规定，"初、复选区有选举人数不够选出当选人一名，或者选出若干名之外，仍有零数导致当选人不足定额时，比较各初、复选区零数多少，将余额依次归零数较多的选区。如果两区以上零数相同，则以抽签方法决定名额归属"。而《咨议局选举章程》第27条原文为"其各初选区有选举人数不敷选出当选人一名，或敷选若干名之外，仍有零数致当选人不足定额者，比较各初选区零数多寡，将余额依次归零数较多之区选出之，若两区以上零数相等，其余额应归何区以抽签定之"。《咨议局选举章程》第68条原文为"其各复选区有选举人数不敷选出议员一名，或敷选若干名之外，仍有零数致议员不足定额者，比较各复选区零数多寡，将余额依次归零数较多之区选出之，若两区以上零数前等，其余额数应归何区，以抽签定之"。民国《众议院议员选举法》关于当选标准的规定，"凡是不满当选票额致无人当选或当选人不足额时，由初选监督就得票较多者按照所缺当选人名额加倍开列，即行张榜公示，于开票后第三天在原投票所就公示姓名再行投票至足额为止。当选人名次以选出的先后为序，同次选出的以得票多少为序，票数相同的以抽签决定"，而《咨议局选举章程》第57条原文为"凡因不满当选票额致无人当选，或当选人不足定额，由初选监督就得票数较多者，按照应出当选人额数加倍开列，姓名即行榜示，于开票后第三日在原投票地方，令原有投票人即就所列姓名内再行投票一次，以期足额"。第58条原文为"当选人名次以得票多寡为序，票数同者以抽签定之"。

民国《众议院议员选举法》也有一些修改与创新。除上文在比较中提及的以外，关于财产资格，补充规定但蒙古、西藏、青海得以动产计算，蒙古、西藏、青海地区则须通晓汉语，现任行政、司法官吏和巡警；僧道和其他宗教师，后两项规定不适用于蒙古、西藏、青海地区。但是民国国会选举法律没有关于惩治选举舞弊的罚则。而日本《众议院选举法》第 11 章罚则共 18 条,规定得非常详细。《咨议局议员选举章程》第六 6 章罚则也有 10 条规定。

国会选举法规是民国国会立法的重点,在评价国会选举法规的成效,来自纵向层面的思考是,经过短暂的选举实践,是否存在一届比一届更完善的趋势?在横向层面,与当时各主要民主国家相比较,民国国会选举法规的进步与不足之处是什么?

在横向层面,虽然"民初选举法所体现的自由原则、平等原则、秘密投票原则、差额选举原则充分体现了近代选举制度的民主精神"。[1] 但是即使如此,与当时的主要民主国家相比较,民国国会在选举制度建设方面仍然存在一定的差距。[2]

第一,选举制度的设计缺陷。与当时世界各国下院多有采用直接选举制不同的是,民国国会众议员选举方式是间接选举制。有论者认为这种方式主要有两大弊端。"其一,在使选举制度对于一般选民的政治知识,不能发生重大的教育作用;因为初选目的,既只在决定执行最终选举职务之人,而非选定最终当选的人员,则初选时各政党的选举竞争,或不免将政策的宣传与讨论置诸次要之列,而一般选民对于各方面的政治意见,或亦不能得着相当的了解。其二,在使选举贿赂与选举恫吓的情事较易发生;因为最终选举时,选举人数既较初选人数大减,贿赂与恫吓等情弊,自然较易实行。"[3] 除此之外,在参议员选举中,"各种选举会之构成,虽然不尽相同,但在精神上,有一共同点,即一般公民不能直接参加选举,甚至于连间接选举之精神,亦难表现,参议员分配人数最多者,为各省省议会,而各省省议会本身又系采用间接选举制。其他选举会,虽采单层间接选举制,但选举

---

[1] 熊秋良:《论民国初年的选举法》,《社会科学辑刊》2005 年第 1 期。
[2] 北京临时参议院在起草选举法大纲时还是曾经参照各国选举法,如起草人谷钟秀提到参议员年龄必较众议院议员稍高,法国元老院议员初选年龄为四十岁。《参议院第二十八次会议速记录》1912 年 7 月 1 日,《政府公报》,1912 年 7 月 10 日。
[3] 王世杰、钱端升:《比较宪法》,第 178 页。

人之资格,相当严格,非一般公民之所能具有。"[1]"后者(众议员)则因采复选制度,'普选'之可能流弊,亦可减少,但代表民意之程度,亦因之降低。"[2]但当时在讨论选举方式时,北京临时参议院议员们却普遍认为"复选举制易于选出优秀人才,较直接选举为良"。[3]

在选举方法上,与英美国家不同的是,众议院议员初选举虽然采用的是"复数选区单记非让渡投票法"。但是从严格意义上来说,并不属于相对多数选举制。因为虽然没有要求当选者票数过半,但是仍然规定了最低当选票数门槛。这种投票方法的成效,一般认为是弊远大于利,"复数选区下的提名过程虽然有利于各政党内部派系的席位分配,但也使得各政党借由选举甄拔政治人材的管道为派系所垄断"。[4]按照这一投票规则,如果选区中有人高票当选或出现众多有实力的候选人瓜分票源的话,则实际所需的当选票数会很低。这样在复数选区中,仅需要掌握一定比例的选票,第三党及无党籍人士就有可能当选。候选人所要努力争取的,并非多数选民的认同,而是少数足以使其当选的选民的衷心支持。因此凸现个人色彩或高举鲜明旗帜就成为相当一部分候选人巩固铁票或争取游离票的重要手段。为争取特定少数,候选人一般不会向中间靠拢,而强调地方服务绩效、走偏、买票甚至贿选成为常见手段。一直到30年代,日本选举中买票盛行,"即基于其投票方法为单记非移让式方法"。[5]

与当时主要民主国家选区制度相比较,民国国会选举制度的缺陷并不在于大选区制,而是未能相应地改革选举方式,采用比例代表制度。第一次世界大战后法国在1919年采用完全的大选举区制,英国

---

[1] 钱端升等:《民国政制史》上卷,商务印书馆,1946年,第42页。
[2] 同上书,第46页。
[3] 临时参议院议员谷钟秀等人的发言,参见《参议院第二十八次会议速记录》(1912年7月1日),《政府公报》,1912年7月10日。
[4] 王业立:《比较选举制度》,第134页。王著中并提到当代我国台湾地区的选举制度也是复数选区单记非让渡投票法,其实践结果同样表明是弊远大于利。
[5] 森口繁治:《选举制度论》,刘光华译,廖初民校,中国政法大学出版社,2005年,第219页。

第三章 国会选举法规的制定

从 1918 年下院选举法成立后，各地选区有的采用单选区制，有的采用大选区制。20 世纪 30 年代有学者认为单选区"（一）选区小，人才必少，故不易有真正的人才出现。（二）小选区制所选之人是代表本区的自身利益，而不顾全国的利益。（三）小选区制往往使议会内的多数党为本身利益，而划分选举区，有以党派利益分区的危险"。[1]但是与民国选举方式不同的是，第一次世界大战后，英法在采用大选举区制的同时，也实行比例代表制度。所以考虑到复数选区的特点，采用比例代表制应是一种较为合适的制度选择。"比例代表制必须在复数选区下施行，并且在一般情形下，选区应选名额愈多，比例代表性愈佳。"[2]比例代表制的制度特色是其代表性，"只要一个政党能够跨过政党门槛，就能进入议会。接下来，各个政党根据选票分配议席，使得各种意识形态、政见、阶层利益能够在议会中拥有表达的机会。"[3]在民国初年多党制环境中，"比例代表制比其他任何一种投票方式更能最大地满足民主多党制的需要"。[4]

作为代表地方的参议院，其选举方式为间接选举制，在当时具有合理性，"参议员名额之分配，各省占绝对多数，而各省则系平均分配（即不顾地域之大小，人口之多寡，而有相同之名额）。而且除中央学会之外，其他殆全系地域代表性质。因之，参议员选举之第二特征，可以认为地域代表之意义，甚为浓厚，实与若干联邦国家之上议院组织，不无相似"。[5]当时各国的上院或参议院也多采用间接选举制，美国在 1913 年参议员亦是各州议会选举产生。但是在选举方法上，与欧洲国家不同的是，中国采用独特的多数多轮投票法。既不属于相对多数选举制，

---

[1] 赵纯孝：《选举制度的研究》，何勤华、李秀清编：《民国法学论文精萃（宪政法律篇）》，法律出版社，2002 年，第 653 页。
[2] 谢复生：《政党比例代表制》，台北市理论与政策杂志社，1992 年，第 25 页。
[3] 聂露：《论英国选举制度》，中国政法大学出版社，2006 年，第 252 页。.
[4] 让-马里·科特雷、克洛德·埃梅里：《选举制度》，张新木译，商务印书馆，1996 年，第 78 页。
[5] 钱端升等：《民国政制史》上卷，第 42 页。

也不属于绝对多数选举制。[1] 从理论上来说，由于对投票次数未做限制性规定，这种选举方法较难化解选举僵局，付出的制度成本较高。

第二，选举资格设定的不公正性。第一次世界大战前后，除法国外，当时各主要民主国家均开始实行普选制度，取消在选举资格方面的限制。[2] 但是民国国会选举法规却与世纪初的普选潮流相抵触，不仅有选举资格的复杂规定，而且有强化的趋势。如1912年众议院议员选举法规定的选举资格，必须纳直接税两元以上，或有价值五百元以上的不动产，或是小学校以上毕业，或有与小学以上毕业的相当资格。"不识文字者"不得有选举权及被选举权，女性也完全被剥夺了选举权和被选举权。1918年修正后的选举法不仅延续过去的做法，而且在财产、纳税方面限制得更加严格，年纳直接税与不动产标准分别提高到4元与一千元以上。

1912年参议员选举资格与众议员规定相似。但是1918年参议员选举资格却做了大幅度的修改，选举门槛进一步提高。如参加地方选举会的，必须有下列条件之一才能成为初选选举人。一是曾在高等专门以上学校毕业及与高等专门以上学校毕业有相当资格任事满3年者，或曾任中学以上学校校长及教员满3年者，或有学术上之著述及发明经主管部审定者。二是曾任荐任以上官满3年者，或曾任简任以上官满一年者，或曾受勋位者。三是年纳直接税百元以上或有不动产值五万元以上者。[3]

第三，惩治选举舞弊法律条文的空白。北京政府时期没有制定惩治选举舞弊的专门法规。而英国早在1883年就已经颁布《取缔选举舞弊和非法行为令》，明文规定禁止贿赂、款待、威胁以及冒名顶替等不当行为，违者处以罚金和监禁。[4] 美国也是如此，"自一八九二

---

[1] 当时欧洲国家与英美的相对多数选举制不同，采用的是绝对多数两轮决选制。王业立：《比较选举制度》，第22页。

[2] 莱昂·狄骥：《宪法学教程》，王文利等译，郑戈校，辽海出版社、春风文艺出版社，1999年，第281—286页。

[3] 《修正参议院议员选举法》第20条，《政府公报》1918年2月18日。

[4] 阎照祥：《英国政治制度史》，人民出版社，1999年，第341页。

年而后,美国各州相继的颁订取缔选举舞弊法律,逮至今日,就各州法律的性质言,约有四类:(一)选举费用及捐助款项,必须公布。(二)捐助的禁止与限制。(三)合法用途与不合法用途的规定。(四)选举费用总数的限制"。[1]

第四,选举经费监管措施的缺位。选举法规中缺乏关于候选人、政党竞选费用事项的细致规定。有学者认为,公布选举费用及捐助款项,"选举期前公布,则于本届选举胜负影响甚大。"[2]同时期的美国相当重视选举经费的监督,"一九一一年美国国会通过法律,规定参众两院议员改选时,各政党财务主任于选举举行的十日至十五日前,须将选举费用及捐款公布。此后每六日须公布一次,直至选举日为止。但选举后三十日须作最后一次的总公布"。[3]关于捐款的禁止与限制,1907年、1909年与1925年,美国联邦政府先后颁布法律,同时各州亦通过法律,禁止保险公司、储蓄公司、银行、铁路交通事业公司及公用事业公司,捐助选举费用。违者停止其营业,或予以法律的处决。美国联邦与各州政府在捐款数目在法律上亦有限制。限制的方法有三:"(一)规定至多额。例如曼英州(Maine,今译缅因州)规定,初选时参议员候补人自出的款项数目不得过一五〇〇元美金。(二)按竞选职位薪俸的多寡,规定比例额。如阿锐刚州(今译俄勒冈州)规定,初选时,候补人自出选举费用不得超过竞选职位年俸百分之十五,普选时,候补人自出选举费用不得超过竞选职位年俸百分之十。(三)按竞选州或竞选区内上届选举票数的总数,规定比例。"关于合法与不合法用途的规定,法律上采用列举式。如关于竞选人不合法的用途,包括"赠送他人烟酒、衣服、肉食,或捐款帮助宗教慈善及其他公益团体(但在未充当竞选人六个月以前,曾捐助此等团体者不在此列),或为人购买戏票,或资助娱乐跳舞事业。对于选举日之选举工作人员不

---

[1] 邱昌渭:《议会制度》,世界书局,1933年,《民国丛书第三编》,上海书店影印本,1991年,第84页。
[2] 同上书,第84页。
[3] 同上书,第85页。

得给资，或允为代谋职位。不得出资雇用车辆载运投票人"。[1]

第五，选举法诉讼中司法救济规定的缺失。有学者认为国会的两部选举法以及省议会选举法皆没有对于办理选举人员，特别是选举监督不依法履行职务的罚则，导致这些"手握实权"的行政人员游离于法律的监督之外，形成了严密规范人民行使公权，而当这些公权遭受来自于行政机关及其人员的侵害时（如依选举法应当被列入选举人名册的公民，却因行政行为人的原因被排斥在外，从而被认为是非选举人，并进一步导致失去提起选举诉讼权，直接后果是该公民被非法剥夺公权的同时，还不能得到司法救济），侵权人一般都不被惩治的失衡格局。究其原因，大约为：西方的选举法中没有对办理选举人员违法责任的规定是基于他们同时还有一系列行政行为方面的法律、法规，人们对于非法行政行为有救济依据。民初则没有行政行为及诉讼方面的专门法规，零散的大理院判决例与解释远不能满足实践的需要，如此形成的法律真空，必然导致司法实践中法律实际运作的乏力，进而引起人们对法律信念的减弱。[2]

---

[1] 邱昌渭：《议会制度》，世界书局，1933年，《民国丛书第三编》，上海书店影印本，1991年，第85—87页。

[2] 郭兴莲：《论民国初年的选举诉讼》，《法学评论》1997年第6期。

第四章 国会组织法规的制定

关于民国国会组织法规的研究，根据不同时期立法主体名称不同，主要包括民国临时参议院、国会参议院、国会众议院、国会宪法会议的组织法规。

一、临时参议院的组织法规

民国临时参议院于1912年1月28日在南京成立后，至次年4月8日在北京闭会，历时近一年零三个月。关于民国临时参议院的组织法规，主要是南京临时参议院制定的《参议院法》、《参议院议事细则》、《参议院办事细则》、《参议院常费支给章程》、《参议院旁听规则》等。此外，南京临时参议院成立之前，南京临时政府颁布的《修正中华民国临时政府组织大纲》以及后来的《中华民国临时约法》，对临时参议员的产生、职权、会期、议长选举与议员权利等也有规定。

（一）《修正中华民国临时政府组织大纲》（1912年1月2日公布）

1. 议员的委任。参议员是各省地方代表，"每省以三人为限；参议院开会议时，各参议员有一表决权"。[1]

2. 参议院的职权。参议院拥有议决临时政府之预算；检查临时政府的出纳；议决全国统一的税法制及发行公债事件；议决暂行法律；议决临时大总统交议事件答复临时大总统咨询事件；议决同意临时大总统行使宣战、媾和、缔结条约及设立中央临时审判所权力；承诺临时大总统得参议院同意任用各部长及派遣外交专使。[2]

(二)《中华民国临时约法》(1912年3月11日公布)

1. 参议员的产生及权利。参议员的产生，"参议员每行省、内蒙古、外蒙古、西藏各选派五人，青海选派一人；参议院开会时每参议员有一表决权"。[3] 参议员的权利，"参议院参议员于院内之言论及表决对于院外不负责任"，"参议院议员除现行犯及关于内乱外患之犯罪外，会期中期非得本院许可不得逮捕"。[4]

2. 临时参议院的权力。一是立法权。"中华民国之立法权以参议院行之。"并且"议决一切法律案"，国会组织及选举法也由参议院制定。[5] 二是人事权。"临时大总统得任命，但任命国务员及外交大使、公使须参议院之同意。"[6] 三是财政权。"临时政府之预算、决算；议决全国之税法币制及度量衡之准则；议决公债之募集及国库有负担之契约。"四是外交权。"临时大总统经参议院同意得宣战、媾和及缔结条约。"五是弹劾权。"对于临时大总统认为有谋叛行为时，得以总员五分之四以上之出席，出席员四分之三以上之可决弹劾之。对于国务员认为失职或违法时，得以总员四分之三以上之出席，出席员三分之二以上之可决弹劾之。"六是质问权。参议院"得提出质问书于国务

---

[1]《修正中华民国临时政府组织大纲》第9、10条,《临时政府公报》第1号,罗家伦主编《中华民国史料丛编》,中国国民党中央委员会党史史料编纂委员会印行,1983年再版。
[2]《修正中华民国临时政府组织大纲》第10条。
[3]《中华民国临时约法》第18条,《临时政府公报》第35号。
[4] 同上书，第25、26条。
[5] 同上书，第16、19、53条。
[6] 同上书，第34条。

员并要求其出席答复"。七是建议权。参议员得以关于法律或其它事件的意见（五人以上连署）向政府提出建议案。八是咨请查办官吏权。官吏有纳贿或违法等事，得咨请政府查办。九是受理国民请愿权。[1] 十是选举权。临时参议院选举临时大总统、副总统（须有参议员总数四分之三的出席方得投票）。[2] 十一是议决权。临时大总统对于参议院议决事件如否认时，得于咨达10天内声明理由，咨院复议，但参议院对于复议事件如有到会参议员三分之二以上仍执前议时，大总统必须按照第22条规定公布施行。[3] 十二是司法权，临时大总统宣告大赦须经参议院之同意。[4]

3. 会议制度。参议院得自行集会、开会、闭会。参议院会议必须公开，但有国务员的要求或出席参议员过半数的议决可以秘密开会。[5]

4. 议长产生。参议院议长由参议院用记名投票法互选产生，以得票满投票总数过半者为当选。[6]

（三）《参议院法》（1912年3月29日公布）[7]

1. 参议员资格、任期与纪律。参议员如果被怀疑有不符合资格的情况，其他参议员可以陈请审查。由参议院公选委员9人负责审查，并报告议长交付院会议决。参议员既到院者，原选出地方非得参议院同意不得取消资格。参议员任期以参议院解散之日为限。参议员非有正当理由不得请假，假期在5日内者得由议长许可。5日以上者必须交付院议。参议员不得任意缺席，违者分别惩罚。参议员不受岁费。参议员在会议时有违背院法及议事规则或紊乱议场秩序时，议长可警

---

[1] 《中华民国临时约法》第18条，《临时政府公报》，第19条。
[2] 同上书，第29条。
[3] 同上书，第23条。
[4] 同上书，第40条。
[5] 同上书，第20—21条。
[6] 同上书，第24条。
[7] 本法中关于立法提案、审议、委员会职权、会议制度的内容参见第二章"国会的立法制度与技术"。

告制止，或取消其言论，如仍不听从可禁止其发言或命令退出。议场骚扰不能维持秩序时，议长可中止会议或宣告散会。旁听人有妨害会议者，议长得勒令退席或发交警厅，如发言席骚扰不能制止时，议长得命令旁听人全体退出。参议员在议场不得用无礼的言辞。参议员在议场或委员会受诽谤侮辱时，可以向参议院请示处分，不得私下报复。[1]

2. 议长、副议长职权、任期与惩戒。议长维持参议院秩序，整理议事。对于院外代表参议院。议长得任免秘书长及其下各职员，并指挥监督之。议长于常任委员会及特别委员会均得出席发言，但无表决权。议长有事故时副议长代理其职。议长、副议长均有事故时，得另选临时议长行议长之职务，其选举方法准用《临时约法》第24条。议长、副议长任期与参议员同。议长、副议长因故请假或辞职，须提出理由书交付院议决定，但请假期间在5日以内者不在此限。议长、副议长有违法徇私情节，经参议员10人以上提议得交惩罚委员会审查后，交付院议，如果多数认为不称职，即解职另举。[2]

3. 委员资格、产生与职权。参议院设全院委员、常任委员、特别委员三种。全院委员以全院参议员充任。全院委员长由本院选举产生，但议长、副议长不在被选范围。常任委员长与特别委员长由各委员会互选产生。[3]

4. 委员会审议。参议院遇有重要问题由议长或参议员10人以上的提议，经多数议决者可开全院委员会审议。常任委员会遇有同一问题，须有两部以上协同审查时，得由该数部的同意，召开联合委员会审查。全院委员会非有委员三分之一以上出席，常任委员会与特别委员会非有该委员半数以上出席，不得开会。委员会会议禁止旁听。常任委员会与特别委员会允许参议员旁听，但无权表决。各委员长必须

---

[1]《参议院法》第6、9、10、13—15、85—89条，张国福选编《参议院议事录、参议院议决案汇编》，北京大学出版社，1989年。

[2] 同上书，第16—23条。

[3] 同上书，第24、25、30条。

将委员会议决的结果向参议院报告。[1]

5. 大总统、副总统选举。依照《临时约法》第 29 条选举临时大总统副总统时,参议院应在 5 日前将开选举会日期布告全国。在选举前一天,参议员 10 人以上连署,可推举临时大总统或副总统的候选人。选举前由议长邀请院外相当的行政官或司法官届时临场检验选举票。选举用无记名投票法,对候选人之外的投票行为无效。选举会投票完毕后,立即将票匦封锁,以后入场者不得再投票。[2]

6. 行政监督权的行使。一是弹劾权的行使。弹劾大总统案,非有参议员 20 人以上的连署不得提出;弹劾国务员案,非有参议员 10 人以上的连署不得提出。决定弹劾案须用无记名投票法表决。弹劾大总统案通过后当天要将全案通告最高法院,要求在 5 天内互选 9 人组织特别法庭定期审判。二是质问权的行使。参议员对于政治上有疑义时,得以 10 人以上的连署提出质问书,由参议院转咨政府。政府答复后,如果提出质问者认为不得要领时,由参议院咨请国务员限期到院答复。三是建议权的行使。建议案非有参议员 5 人以上的连署不得提出。建议案通过后当天要将全案咨告政府。已经通过的建议案政府不能采用时,不能再用建议方式提出于参议院。四是请愿权的受理。国民请愿书非有参议员 3 人以上介绍不得受理。请愿书应当交付请愿委员会审查,如果委员会认为不符合格式时,议长应交介绍人发还之。请愿委员会制作请愿事件表,记录要点,每 7 天报告一次。请愿事件,如有委员会或参议员 10 人以上的要求,可提交院议。除法律上认为法人者外,以总代表的名义请愿者不得受理。请愿书对于政府或参议院有侮辱的语言者不得受理。参议院不受变更《临时约法》的请愿,参议院不得干预行政裁判的请愿。[3]

7. 参议院与人民、行政和地方关系。参议院不得向人民发布告示。参议院不得因审查事件召唤人民。参议院为审查事件得向政府要求报

---

[1]《参议院法》第 48—53 条。
[2]《参议院法》第 54—58 条。
[3]《参议院法》第 59—61、62、64—74 条。

告，或调集文书，政府除事情涉及秘密者外不得拒绝。参议院审查关于地方的政务，得咨询当地议会命令其答复。[1]

8. 内部行政管理。参议院内警察权，依照院法及院所定规则，由议长行使。参议院设守卫，警护全院，听从议长指挥。[2]

（四）《参议院议事细则》（1912年2月2日议决）[3]

1. 审议会。参议院遇有重要问题，由议长或议员10人以上之提议，经多数议决者得召开审议会审议。审议会以全院议员组织之。审议会非有议员三分之一以上到会不得开议。审议会开会时禁止旁听。审议会选举审议长1人，用无记名投票法选定之，不过议长、副议长不在被选之列。审议会开会时议长退居议员席，而以审议长为主席。审议员对于同一问题得有两次以上的发言。审议长对于议题如发表意见时，得于会员中指定1人代理主席。审议会会议结束，应由审议长请议长出席，将会议的结果报告于参议院。审议会至预定散会时刻尚不能终局，应由审议长商请议长决定续开审议会日期。审议会有不能解决的问题，审议长应请议长出席，而以其结果报告于参议院。审议会开会时如有违背参议院章程、议事规则或紊乱议场秩序者，议长得不待审议长的报告自行出席停止会议。[4]

2. 议场纪律。会期之始由议长命秘书长抽签决定。各议员席次并附以号数。议员应按照签定号数入席。凡开会议员必须在摇铃后10分钟以内一齐到会。凡散会必须按照预定时刻，非由到会议员公决不得延长会时。凡议员入场时必须由正门各自署名于划到簿。议事时非为参考，不得阅读报纸及书籍。议事时无论何人不得哗笑或发赞成反对之声，以致妨碍他人演说及议案的朗诵。议场内不得吸烟、食

---

[1]《参议院法》第79—82条。
[2]《参议院法》第83—84条。
[3] 本细则中有关提案、审议、发言、表决、会议制度参见本书第二章"国会的立法制度与技术"。
[4]《参议院议事细则》第27—38条，张国福选编《参议院议事录、参议院议决案汇编》。

物及携带危险物。凡议场上有紊乱秩序者议长得停止其发言,或令其退会场。凡旁听人应守旁听规则,其规则另定之。[1]

3. 缺席及请假。议员有连续缺席至两次者,议长得警告之。议员有连续缺席至5次者,议长得报告参议院按照本院章程惩罚之。议员有要事请假获得议长许可者不以缺席论。议员除万不得已事故外,每月请假过5天者以缺席论。议长必须以未到会议员姓名载入议事录,并报告其请假事由于参议院。[2]

(五)《参议院办事细则》(1912年2月2日议决)

1. 组织架构。参议院设秘书、干事两科,每科设科长1人,受议长指挥监督,办理一切事务。秘书科分为二课,各设课长1人,受科长的指挥监督。第一课文牍,第二课记录。干事科分为四课,每课设课长1人,受科长的指挥监督。第一课庶务,第二课会计,第三课图书,第四课守卫。秘书长及干事长均由议长遴选充任,但必须经参议院公同认可。各课需用人员由科长酌量事务的繁简,商请议长委任。科长如有事故时,须商请议长指定某课长代理其职务,若课长以下人员有事故时,即由科长指定相当之员代理。[3]

2. 秘书科组织与职责。秘书长职务,秘书长管理秘书科的一切事务,督率本科各课人员分任其事,并有保管本院印信之事。秘书长对于本科应办各事,每日必须有定时会同各课长协商办理。本院特别文件如不由本院另举起草员,应由秘书长撰拟。本院议事及办理报告,秘书长任编纂之责。本科应备考勤簿,课长、课员各自签名并注明到去时刻,由科长查核。凡有事故请假必须获得科长的允许,惟寻常请假每月不得超过3日。秘书科文牍课掌管撰缮本院一切公文函件并有收发保存的责任。凡决定的议案及审查会审查的事件,每件分卷保存。外来一切文牍,由本课录由登簿,其应归入卷宗者将原件分别保存,

---

[1]《参议院议事细则》第55—63条。
[2]《参议院议事细则》第64—68条。
[3]《参议院议事细则》第1—4条。

无须归卷者,排日保存其原件。发出一切文牍,由本课录底保存,其应归入卷宗者要有副本分别保存。寻常文件除由本院推定起草员,及特交秘书长起草者外,即由本科拟稿会同秘书长呈议长核定缮发。来往电信由本课翻译录底保存,其应归入卷宗者将原案分别保存。秘书科记录课掌管本院会议速记录,及制成议事录、速记录及印刷分配事宜,并任校正保存的责任。凡与议事相关的准备,由本课会同互相关联的各课准备。本课掌管议员假簿及缺席簿,按日呈议长察核。[1]

3. 干事科组织与职责。干事长职务,干事长掌管本院干事科一切事务,督率本科各课人员,并有经理本院一切产业的责任。干事长对于本科应办各事,每日必须有定时会同各课长协商办理。本科所办事务,当秘书长编纂办事报告时,必须将详细情形转告秘书长。本科应备考勤簿,课长、课员各自签名并注明到去的时刻,由科长查核。凡有事故请假必须得科长允许,惟寻常请假每月不得超过3日。干事科庶务课掌管本院一切庶务,并随时承受干事长指任事宜。凡各课所需物品必须先时知照本课备办。本课有督率夫役厨工,按日清洁院内屋院场及各种器具的责任。干事科会计课掌管本院收入簿据,及编制本院预算、决算事宜。应用款项,本课会同干事长向议长承领。本课支付款项须由议长签字凭条照付。本课每月应造报销清册一次,呈报议长派员查核。干事科图书课课长有购买保存书籍报章图书的责任。干事科守卫有护卫本院的责任,设守卫长1人,守卫兵42人。守卫长有督率守卫兵分任守卫的责任。守卫兵分班守卫,其分班次第以守卫长命令行之。本院开会时守卫长听从议长命令有维持秩序的责任。[2]

(六)《参议院常费支给章程》(1912年4月2日议决)

1. 议员公费、津贴与旅费。参议院参议员依院法不受岁费,但得受公费及津贴,其数目如下:一、参议员公费,每月200元;二、议

---

[1]《参议院办事细则》第7—20条。
[2]《参议院议事细则》第21—36条。

长津贴费，每月100元。三、副议长津贴费，每月50元。参议院参议员赴院旅费，概由选出的地方自行供给。因各地距京路程与交通条件不等，旅费数目也不同，分别为300、250、200、150、100元等。[1]

2. 职员俸禄。参议院秘书厅秘书长以及职员，其月俸分别为二级三等。最高第一级第一等秘书长月俸250元，最低第二级第三等秘书员月俸60元。秘书厅写生及其他事务员得受50元以下的月俸。本院守卫长1人及守卫兵42人均按照本院现定俸额分别支给。本院的执役人等，其供给总数，每月不得过500元。[2]

3. 办公经费。参议院附设的图书阅报室，所有报费及添购书籍等费每月不得超过300元。秘书厅印刷室所有工资材料各费至开办时另行核算。参议院所需杂费每月不得超过500元。院预备费在会期中必须常保有2000元以上的数目。院开办费除原预算案规定外，不得改充他费，但经本院决算后所有余款应归入预备费。院预备费非经开会议定不得动用。[3]

（七）《参议院旁听规则》（1912年3月29日议决）

1. 旁听券、旁听席。参议院颁发旁听券，执此券者始得入旁听席，但券面污损不能辨认者无效。旁听券有效期间分为一次及长期二种，明载券面。旁听席分为特别席、外宾席、普通席、新闻记者席。[4]

2. 旁听券的颁发。各官署人员请求旁听，必须有所属官厅介绍。各省议会议员请求旁听，必须有参议员介绍，统由秘书长承议长命酌定员数，颁与特别席旁听券，其有效期间由议长酌定。外国人员请求旁听必须有外交部介绍，由秘书长承议长命酌定员数，颁与外宾席旁听券，其有效期间由议长酌定。公众请求旁听，必须有参议员1人介绍，即由该议员给与普通旁听券。普通席旁听券限一次有效，其每次应发

---

[1]《参议院常费支给章程》第1—2条，张国福选编《参议院议事录、参议院议决案汇编》。
[2]《参议院常费支给章程》第4—11条。
[3]《参议院常费支给章程》第12—17条。
[4]《参议院旁听规则》第1—3条，张国福选编《参议院议事录、参议院议决案汇编》。

券数由秘书承议长命预行核定，均分于各议员。在京各日刊新闻报馆应颁给长期旁听券，其券总数由秘书长承议长命核定，依各报馆协定的比例分配之。京外各日刊新闻报馆有请求旁听者，由秘书长承议长命令决定其员数，颁与长期旁听券。颁给各报馆的旁听券，必须记其馆名于券面。参议员介绍旁听人，必须将旁听人及本人姓名记于券面。[1]

3. 旁听纪律。凡旁听人应以旁听券示守卫，从守卫指引就其席。一次旁听券入场时应交守卫截角，长期旁听券应听守卫按日查验，并附名刺。凡携带凶器及酒醉者，不得入旁听席。在旁听席应遵守左列各项：（1）不得携带雨具洋伞水旱烟具等物。（2）不得饮食吸烟及唾涕于地。（3）不得对于议员言论表示可否，并不可互相谈笑。（4）不得闯入议场。先期或临时议决禁止旁听，经参议院揭示后，凡执旁听券者均不得入席旁听。旁听席骚扰过甚，守卫不能即时制止时，议长得命守卫强制旁听人一律退出。旁听人有妨碍议场秩序者，议长得令其退出，重者或发交警署。[2]

二、国会组织的基本法律

关于第一届国会组织的基本法律是《中华民国国会组织法》与《议院法》。前者是在北京临时参议院时期制定，后在皖系临时参议院、第二届国会第一期常会、第二期常会、第一届国会第三期常会时期经过五次修正，其中涉及国会组织的内容共有两次。后者是第一届国会第一期常会制定，后在第二届国会第一期常会时修正一次。此外，第二届国会第一期常会还制定有《国会议员经费支给规则》，国会第三期常会通过的1923年《中华民国宪法》也有所规定。

（一）《中华民国国会组织法》（1912年8月10日公布）

---

[1]《参议院旁听规则》第4—9条。
[2]《参议院旁听规则》第10—16条。

1. 国会组织与会期。民国议会分为参议院与众议院。两院议长、副议长各由本院议员互选之。无论何人不得同时为两院议员。民国议会开会及闭会两院同行时之。民国议会会期为4个月，但依事情的必要可以延长。[1]

2. 参议员产生方式与任期。参议院以左列各议员组织之。一、由各省省议会选出者，每省10名。二、由蒙古选举会选出者，共27名。三、由西藏选举会选出者，共10名。四、由青海选举会选出者，共3名。五、由中央学会选出者，共8名。六、由华侨选举会选出者，共6名。参议院议员任期6年，每两年改选三分之一。[2]

3. 众议员产生方式与任期。众议院以各地方人民所选举的议员组织之。各省选出众议院议员的名额，依人口的多寡定之。每人口满80万选出议员1名，但人口不满800万的省亦得选出议员10名。人口总调查未完成以前各省选出的名额如下：直隶46名，奉天16名，吉林10名，黑龙江10名，江苏40名，安徽27名，江西35名，浙江38名，福建24名，湖北26名，湖南27名，山东33名，河南32名，山西28名，陕西21名，甘肃14名，新疆10名，四川35名，广东30名，广西19名，云南22名，贵州13名。蒙古西藏青海选出众议院议员之名额如下：蒙古27名，西藏10名，青海3名。众议院议员的任期为3年。[3]

4. 两院议事关系。民国议会之议事由两院分别行使。同一议题不得同时提出于两院。民国议会的决议以两院一致通过成立。一院否决的议案不得于同会期内再行提出。[4]

5. 两院职权。民国宪法未定以前，《临时约法》所定参议院职权为民国议会的职权，但左列专项两院各得专行之：一、建议；二、质问；三、查办官吏纳贿违法的请求；四、政府咨询的答复；五、人民请愿的受理；六、议员逮捕的许可；七、院内法规的制定。预算决算必须

---

[1]《中华民国国会组织法》第1、8—11条，《政府公报》，1912年8月11日。

[2]《中华民国国会组织法》第2、6条。

[3]《中华民国国会组织法》第3—5、7条。

[4]《中华民国国会组织法》第12、13条。

先经众议院的议决。[1]

6. 出席与议事表决人数。两院非各有总议员过半数的出席不得开议。两院之议事以出席议员过半数同意决定可否，同数取决于议长。《临时约法》第19条第11款、第12款及第23条关于出席及议决人数的规定，于两院各准用。《临时约法》第21条会议制度的规定亦同。《临时约法》第25条、第26条关于参议员的规定于两院议员各准用。[2]

7. 岁费与公费。两院议员的岁费及其他公费别以法律定之。[3]

8. 宪法起草与议决。民国宪法案的起草由两院各于议员内选出同数的委员行之。民国宪法的议定由两院会合行之。前项会合时以参议院议长为议长，众议院议长为副议长，非两院各有总议员三分二以上的出席，不得开议。非出席议员四分三以上的同意不得议决。[4]

（二）《修正国会组织法第二十一条第二项》（1923年4月30日公布）

1923年4月30日公布《国会组织法》第21条第2项修正案，主要是修改开会人数，减少宪法会议法定人数。规定非两院有总议员五分之三以上出席不得开议，非出席议员三分之二以上的同意不得议决。但关于议宪程序以两院议员总数过半数的出席开议，出席议员过半数的同意议决。[5]

（三）《修正国会组织法（第七条后加一条）》（1923年10月4日公布）

1923年10月4日，公布《国会组织法》第7条后增加一条，规定"前

---

[1]《中华民国国会组织法》第14条。
[2]《中华民国国会组织法》第15—18条。
[3]《中华民国国会组织法》第19条。
[4]《中华民国国会组织法》第20—21条。
[5]《修正国会组织法第二十一条第二项》，《政府公报》，1923年5月1日。

两条议员之职务,应俟次届选举完成,依法开会之前一日解除之"。[1]

(四)《议院法》(1913年9月27日公布)[2]

1. 集会、开会、闭会、休会及延长会期。民国议会每届法定开会期日或临时开会期日之前10日,两院议员各自集会于本院。民国议会开会时由两院议员合会举行开会式。民国议会会期结束时,由两院议员会合举行闭会式。两院得于会期内休会,但休会期间不得超过15日。一院休会未征得他院同意时,其休会期间不得超过7日。民国议会会期的延长,其时间由两院临时决定。[3]

2. 议员资格审查、请假、辞职与递补。新到院的议员应将当选证书提出于本院审查。前项审查方法于各院规则定之。议员于开会后满1个月尚未到院者,应解其职,但有不得已故障报告到院时,得以院议展期延至2个月为限。议员于开会后发现不合资格的疑义时,各院议员得陈请本院审查,由院议决选举13人组织特别委员会审查之。关于选举诉讼事件不得请付审查。议员丧失资格时应即解职。议员资格有疑义时,未经院议决定以前仍得照常出席。议员请假期间在7日以内者,得由议长许可,7日以上者必须付院议决之,但连续请假数次合算在7日以上者,仍然必须交付院议。议员辞职的许否必须交付院议决定。议员有缺额时由院通知国务院,依议员选举法以各该候补当选人递补,其任期以补足前议员的任期为限。[4]

3. 议长、副议长选举、职权、任期与解职。两院议长、副议长各1人依各院所定规则选举之。议长维持院内秩序,整理议事,对于院外为一院的代表。议长指挥监督秘书长及其所属各职员。议长有事故时副议长代行其职权。议长、副议长均有事故时,得另选临时议长

---

[1]《修正国会组织法(第七条后加一条)》,《政府公报》,1923年10月5日。
[2] 本法中有关立法协调制度的内容参见本书第二章"国会的立法制度与技术"。
[3]《议院法》(1913年9月27日公布)第1—5条,《政府公报》,法律第7号1913年9月28日。
[4]《议院法》第6—13条。

代行其职权。议长或副议长出缺时应行补选,其任期以原任期满为限。议长、副议长任期,参议院 2 年,众议院 3 年。议长、副议长有违法情节,经总议员五分一以上之提议,应交惩戒委员会审查后,交付院议决定。如得有总议员三分二以上之出席,出席议员三分二以上认为违法时,即解职另选。[1]

4. 委员会组织。两院各设左列三种委员会:全院委员会、常任委员会与特别委员会。委员会的组织以各院规则定之。[2]

5. 议事日程、表决、审议及提案。议事日程各院议长定之,提前通知议员并登载公报。议员对于议案有关系本身者不得参与表决。凡未出席议员不得反对未出席时议决之议案。关于法律财政及重大议案,非经三读会不得议决,但因政府的要求,议长或议员 10 人以上的动议,经院议可决者得省略三读会的顺序。政府提出的议案,非经委员会审查不得议决,但紧急之际,因政府的要求,经院议可决者不在此限。政府提出的议案,未经院议以前得随时提出修正案,但不得将原案撤回。议员提出法律案必须有 20 人以上的连署,其他提案除别有规定者外,须有 5 人以上的连署。开秘密会议时议长得令旁听人退席。[3]

6. 预算案审议。预算案交委员会审查后,限 30 日内提出报告。预算案会议时,议员提起修正之动议,非有 20 人以上赞成不得成为议题。[4]

7. 弹劾权行使。弹劾大总统案,各院非有总议员五分之一以上的连署,弹劾国务员案各院非有总议员十分之一以上的连署不得提出。弹劾案之表决用无记名投票行之。弹劾大总统案可决后,当天要将全案通告最高法院,限 5 日内组织特别法庭审判之。[5]

8. 建议权行使。建议案非有 10 人以上的连署不得提出。建议案通过后当天要咨达政府。已咨达之建议案,政府不能采用,同一会期

---

[1]《议院法》第 14—21 条。
[2]《议院法》第 22—23 条。
[3]《议院法》第 24—31 条。
[4]《议院法》第 32—33 条。
[5]《议院法》第 34—36 条。

内不得再以建议方式提出。[1]

9. 质询权行使。议员质问政府时，得以20人以上的连署提出质问书，由各院咨请政府限期答复。政府答复后，如提出质问书者认为不得要领时，得由各院咨请国务员限期出席答复。关于前条之咨请国务员，如有不得已事故不能出席时，得委员代理。前项委员答复后，如提出质问书者仍认为不得要领，由各院咨请国务员出席答复时，国务员不得再请委员代理。议员对于政治上紧急问题，得临时动议，经院议可决要求国务员出席答复。[2]

10. 查办权行使。查办案非有议员10人以上的连署不得提出。查办案可决后即日咨达政府。查办终结时政府应即咨复。[3]

11. 请愿权行使。人民请愿书非有议员5人以上的介绍不得受理。请愿书当付请愿委员会审查，如委员会认为不符合格式时，议长应交介绍人发还之。请愿委员会应作请愿事件表，录其要领，每10日报告一次。请愿事件经委员会可决，得提付院议，但否决事件如有议员40人以上的要求，亦得提付院议。请愿事件经院议可决后，其应行咨达政府者，由院咨达政府并要求其报告。除法律上认为法人者外，以总代理的名义请愿者不得受理。请愿书对于政府或议院有侮辱之语者不得受理。抵触宪法的请愿不得受理。干预审判的请愿不得受理。[4]

12. 国务员、政府委员出席及发言。国务员及政府委员得随时出席两院，并发表其意见，但不得中止议员的发言。国务员及政府委员得出席于各委员会及协议会，并发表其意见。各委员会及协议会得请国务员或政府委员出席说明。国务员及政府委员于各会议均不得参与表决。[5]

13. 两院与人民、政府关系。两院不得对于人民发布通告，亦不得为审查事件传唤人民。两院除对于大总统及国务院外不得与其他行

---

[1]《议院法》第37—39条。
[2]《议院法》第40—43条。
[3]《议院法》第44—45条。
[4]《议院法》第46—53条。
[5]《议院法》第70—73条。

政及司法官署直接往复文书,但别有规定者从其规定。两院为审查事件得向政府要求报告,或调集文书,政府不得拒绝。[1]

14. 议员惩戒。两院各对于本院议员有惩戒之权。凡应行惩戒事件须提付委员会审查,经院议决定由议长宣告之。惩戒之方法如下。一、扣费。二、于一定之期间内停止发言。三、于一定之期间内停止出席。四、于公开议场谢罪。五、除名。除名之议决除依照第80条、第81条规定外,须有出席议员三分二以上之可决。议员无故缺席者按日扣岁费10元,若连续至三次者,酌定5日以内之期间,停止其发言,连续至六次者,应酌定10日以内之期间停止其出席,经停止出席期满后仍无故缺席连续至三次者除名。议员携带凶器入场者除名。惩戒之动议非有议员20人以上的赞成不得提出,但关于前两条惩戒事件之动议得由议长提起之。惩戒之动议须于应行惩戒事件发生后5日内行之。[2]

15. 办事机构。两院秘书厅各设秘书长1人,职员若干人,掌本院文牍会计记录编辑及一切庶务。秘书长及所属各职员均由议长进退之。秘书厅的组织另外以规则定之。两院警卫权依本法及本院所定规则由议长行之。两院各设警卫长1人,调度全院警卫,受议长的指挥监督。[3]

16. 议场纪律。议员于会议时有违背院法及议事规则,或紊乱议场秩序者,议长得警告制止之,或撤销其议论,若仍不听从,得禁止其发言或令退出。议场骚乱不能维持秩序时,议长得中止会议或宣告散会。旁听人有妨害会议者,议长得勒令退席或送交警署,若旁听席骚扰不能制止时,议长得令旁听人全体退出。

17. 经费。两院经费由国库支出。两院经费其款目如下:一、议员岁费及公费,甲、岁费每年5000元,议员得辞岁费全部或一部。乙、交际费,议长每年5000元,副议长每年3000元。丙、旅费,依道路的远近交通之情形以别表定其数目。二、预备费。前条所列各款经费

---

[1]《议院法》第74—76条。
[2]《议院法》第77—82条。
[3]《议院法》第83—87条。

支给办法另外以支付规则定之。[1]

1919年1月25日，第二届国会通过《议院法》第20条修正案，内容是改两院议长、副议长任期均为3年。[2]

（五）《国会议员经费支给规则》（1919年1月23日议决）

1. 岁费。议员依院法得受岁费每年5000元。前条岁费分期支给。赴院报到之日支给四分之一，以后自开会日起按两个月支给一次，每次支给四分之一，闭会之日支给四分之一。议员辞职或除名时其岁费以经院议决之日截止。递补议员之岁费以到院之日计算。议员死亡时，照例支恤金3000元，其岁费以递补议员到院之前一日停支。应扣岁费于本期支给岁费时扣除之。[3]

2. 交际费。议长副议长依院法得受交际费，议长每年5000元，副议长每年3000元，前项交际费照议员支给岁费先例分期支给之。[4]

3. 旅费。议员由籍赴院及闭会回籍各支给旅费如下。直隶100元。奉天、山东、河南、山西150元。吉林、黑龙江、江苏、安徽、江西、浙江、福建、湖北、湖南、陕西、广东200元。甘肃、四川、广西、云南、贵州、新疆、蒙古、青海350元，西藏400元。凡议员旅费各以原籍地方为准。前项旅费于赴院报到之日及闭会之日支给之。召集临时会时赴院及回籍旅费照前条支给之。[5]

（六）《中华民国宪法》（1923年10月10日公布）

1. 立法权行使。中华民国的立法权由国会行之。两院议员及政府各得提出法律案。但经一院否决者，于同一会期，不得再行提出。新科租税及变更税率，以法律定之。募集国债及缔结加增国库负担

---

〔1〕《议院法》第91—93条。
〔2〕《议院法第20条修正》，《政府公报》，1919年1月26日。
〔3〕《国会议员经费支给规则》第1—3条，《参议院要览》法令一，参议院秘书厅编，第49—51页，载张研、孙燕京主编《民国史料丛刊61》，大象出版社，2009年。
〔4〕《国会议员经费支给规则》第4条。
〔5〕《国会议员经费支给规则》第5、7条。

的契约，须经国会议定。凡直接有关国民负担的财政案，众议院有先议权。国家岁出岁入，每年由政府编成预算案，国会开会后15日内，先提出于众议院。参议院对于众议院议决的预算案修正或否决时，须征得众议院的同意。如不得同意，原议决案即成为预算。政府为预算不足，或预算所未及，得于预算案内设预算费。预备费支出，须于次会期请求众议院追认。国会对于预算案，不得为岁出之增加。为对外防御战争，或戡定内乱，救济非常灾变，时机紧急，不能牒集国会时，政府得为财政紧急处分，但须于次期国会开会后7日内，请求众议院追认。[1]

2. 议员选举与权利。国会以参议院众议院构成之。参议院以法定最高级地方议会，及其他选举团体选出的议员组成。众议院以各选举区比例人口选出的议员组成。两院议员的选举，以法律定之。不得同时为两院议员。两院议员，不得兼任文武官吏。两院议员的资格，各院得自行审定之。参议院议员任期6年，每两年改选三分之一。众议院议员任期3年。两院议员职务应俟次届选举完成，依法开会之前一日解除之。两院议员于院内的议论及表决，对于院外不负责任。两院议员在会期中，除现行犯外，非得各本院许可，不得逮捕或监视。两院议员在现行犯被捕时，政府应即将理由报告于各本院，但各本院可以根据院议要求，于会期内暂行停止诉讼的进行，将被捕议员交回各本院。两院议员的岁费及其他公费，以法律定之。两院各设议长、副议长一人，由两院议员互选之。[2]

3. 会议制度。国会自行集会、开会、闭会，但临时会有于有左列情事之一时行之。一、两院议员各有三分之一以上的联名通告。二、大总统的牒集。国会常会于每年8月1日开会。国会常会会期为4个月，得延长之，但不得逾常会会期。国会的开会闭会两院同时行之。一院停会时，他院同时休会。众议院解散时，参议院同时休会。国会之议事，

---

[1]《中华民国宪法》第39、103、109、110—112、114、116、118条，《政府公报》，1923年10月18日。

[2]《中华民国宪法》第40—49、50、68—70条。

两院各别行之。同一议案,不得同时提出于两院。两院非各有议员总数过半的列席,不得开议。两院的议事,以列席议员过半数的同意决之;可否同数,取决于议长。国会的议事,以两院之一致成之。两院议事公开之,但可以依照政府请求或院议,召开秘密会议。[1]

4. 行政监督权行使。众议院认大总统副总统有谋叛行为时,得以议员总数三分之二以上之列席,列席员三分之二以上的同意弹劾之。众议院认为国务员有违法行为时,得以列席员三分之二上的同意弹劾之。众议院对于国务员,得为不信任的决议。参议院审判被弹劾的大总统副总统及国务员。前期审判非以列席员三分之二以上之同意,不得判决为有罪或违法。判决大总统副总统有罪时,应黜其职,并得夺其公权,如有余罪,交付法院审判。两院对于官吏违法或失职行为,各得咨请政府查办。两院各得建议于政府。两院各得受理国民的请愿。两院议员得提出质问书于国务员,或请求其到院质问。[2]

5. 立法与行政、司法关系。一是立法与行政关系。大总统由国会议员组织总统选举会选举。大总统任满前3个月,国会议员须自行集会,组织总统选举会,行次任大总统的选举。大总统经国会的同意得宣战。但防御外国攻击时,得于宣战后请求国会追认。大总统缔结条约,但媾和及关系立法事项的条约,非经国会同意不生效力。大总统依法律得宣告戒严,但国会认为无戒严的必要时,应即为解严的宣告。大总统经最高法院的同意,得宣告免刑减刑及复权。但对于弹劾事件的判决,非经参议院同意,不得为复权的宣告。大总统得停止众议院或参议院之会议。但每一会期停会不得逾两次,每次期间不得逾10日。大总统于国务员受不信任的决议时,非免国务员之职,即解散众议院,但解散众议院必须经参议院的同意。国务总理任命,必须经众议院的同意。国务总理于国会闭会期内出缺时,大总统得为署理的任命。但继任的国务总理,必须于次期国会开会后7日内,提出众议院同意。国务员

---

[1]《中华民国宪法》第51—59条。

[2]《中华民国宪法》第60—67条。

赞襄大总统对于众议院负责任。国会议定的法律案,大总统如有异议时,得于公布期内,声明理由,请求国会复议。如两院仍执前议时,应即公布。国会议定的决议案,交复议时,适用法律案的规定。国家岁出岁入的决算案,每年经审计院审定,由政府报告于国会。众议院对于决算案或追认案否认时,国务员应负其责。审计院院长,由参议院选举。二是立法与司法。最高法院院长的任命,须经参议院的同意。[1]

6. 宪法修正与解释。国会得为修正宪法之发议。前项发议,非两院各有列席员三分之二以上之同意,不得成立。两院议员非有各本院议员总额四分之一以上的连署,不得为修正宪法的提议。宪法的修正,由宪法会议行之。宪法有疑义时,由宪法会议解释。宪法会议由国会议员组成。宪法修正会议,非议员三分之二以上之列席不得开议;非列席员四分之三以上的同意,不得议决。但关于疑义的解释,得以列席员三分之二以上的同意决之。[2]

7. 国会与地方关系。国家预算不敷,或因财政紧急处分,经国会议决,得比较各省岁收额数,用累进率分配其负担。财力不足或遇非常灾变的地方,经国会议决,得由国库补助之。省与省争议事件,由参议院裁决之。省因不履行国法上之义务,经政府告诫仍不服从者,得以国家权力强制之。前项之处置,经国会否认时,应中止之。[3]

三、国会参议院的组织法规

民国国会采用两院制,分为参议院与众议院。第一届国会参议院由各省议会、蒙古、西藏、青海、华侨学会选举的参议员组成。第二届国会参议院由中央与地方选举会选举的参议员组成。

---

[1]《中华民国宪法》第 73、74、84—89、98、94—95、105、107、120、122 条。
[2]《中华民国宪法》第 136—137、139—140 条。
[3]《中华民国宪法》第 29—31、35 条。

（一）《参议院议事细则》（1913年10月13日议决）[1]

1. 议席。议员的议席都编号数，在每会期开始时，议长就席后即命秘书抽签决定议员的席位。临时会议可继续以前的议席。[2]

2. 预算、决算会议。预算各部分在交付各委员会审查后召开预算会议，并确定预算总额。预算会议如果发现有必要重新审查的事项，可以就该事项再次交付预算委员会审查。前次会期提出的决算案，可以在本次会期继续审查。有关讨论发言规则，适用议事规则有关条款。[3]

3. 记录。议事录应记载下列各项：一、关于议院的成立开会事项与时间。二、开议、延会、中止及散会时间。三、每次会议议员列席及缺席请假的人数。四、交付委员审查事件。五、国务员或政府委员到会时间、职务名称与报告事件。六、议长及各委员长报告事件。七、已付议的议题与提议者姓名。八、已作为议题的动议及动议者姓名。九、决议事件。十、表决赞成与反对的人数。十一、其他本院认为必要的事件。议员对于议事录所载事实如有异议，议长应命令秘书长答辩。议员仍有异议时，议长可以不用讨论直接交付参议院会议议决。议事录必须有议长，或整理当日会议的副议长，或临时议长，以及秘书长或代理秘书的签名盖印。[4]

4. 速记录。速记录用速记法记载会议时国务员或政府委员、议长、议员的发言，在每次会议的次日印制完毕，分发给各议员。凡是会议时经议长取消的言论不得记载于速记录。发言的议员在速记录分发后一日内可以申请订正字句，但不得变更发言的主旨。[5]

5. 纪律。会议日议员到会必须领出席证。出席证记载明年月日、

---

[1] 本细则中有关提案、审议、发言、表决、会议制度参见本书第二章"国会的立法制度与技术"。《法令辑览》议决日期为1913年1月13日。但是经查询参议院会议录，确认议决通过的时间是1913年10月13日，而不是1月13日，《法令辑览》的日期可能印刷有误。

[2]《参议院议事细则》第1—3条。

[3]《参议院议事细则》第68—73条。

[4]《参议院议事细则》第74—76条。

[5]《参议院议事细则》第77—79条。

第几次会议,以及议员姓名。在会议开始时,议员闻铃声响进入议场,将出席证交给秘书长,再汇缴议长。会议中议员因事退席必须获得议长许可。会议中在场议员法定人数不足时,议长得预先宣告暂时停止议员退席。议员在休息后不得无故不出席,否则即为缺席。议员进入议场不得戴帽及携带外套伞杖等物。议场内不得吸烟,开议以后不得移座交谈。会议时除参考外,不得阅读书籍与报纸。无论何人在会议时不得鼓掌或其他声音表示赞成或否定,并且不得喧噪妨害他人的演说朗诵。议长鸣号铃时议员应当肃静。凡是会议纪律问题,议长可以依照院法处理。[1]

6. 惩戒。会议中议员有犯惩戒事件时,议长可以中止会议或命令该议员退席。委员会委员有犯惩戒事件时,委员长可以中止委员会会议。关于惩戒的议事使用秘密会议。议员关于个人惩戒事件可以出席辩解,但不得参与表决。如有事情不能出席,可以委托其他议员代为辩解。停止出席不得超过一个月。被停止出席者如是委员应该立即解任。被停止出席者如果在停止期内擅入议场,议长可以命令退场,如果不服从,应该再付惩戒。议长应该在公开会场宣布惩戒决定。[2]

1918年8月27日,第二届国会议决通过《修正参议院议事细则》,内容是删去第80条出席证的规定。修改81条为第80条,内容改为在会议开始时,议员闻铃声响进入议场。[3]

(二)《参议院旁听规则》(1913年6月13日议决)

基本内容与1912年3月29日议决通过的《参议院旁听规则》相同,修改之处主要有三点。一是将条文中"参议员"改为"本院议员","报馆"改为"新闻社","守卫"改为"警卫"。二是在第9条"本院议员介绍旁听人,须将旁听人及本人姓名记于券面"后面,增加"并由介绍人加盖图记。介绍人应将所加盖券面之图记,另备印鉴交存警卫处随时查对"。三是增加第14条内容,"本院开秘密会时,凡执旁听

---

〔1〕《参议院议事细则》第80—90条。
〔2〕《参议院议事细则》第91—100条。
〔3〕《参议院议事细则》,《参议院公报》第1期第1册,第91—104页。

券者均不得入席旁听。已入席者，议长得令其退席"。[1]

(三)《参议院委员会规则》(1913年10月13日议决)

1. 委员会职权、组织结构与会议制度。委员会的议事不得超过参议院委托事项之外。委员在委员会于同一事件可以数次发言。委员会设立委员长1人，整理议事，保持秩序。委员会出席人数超过委员总数一半，才能开会。委员会表决人数为出席委员人数一半以上。在赞成与反对人数相同时，最后结果取决于委员长投票态度。委员会禁止旁听。各委员长必须将议决的结果向参议院会议报告。[2]

2. 全院委员会。参议院全院委员会出席人数超过总数三分之一才能开会。如果有重要问题，由议长或议员10人以上提议，经院议通过后可以召开全院委员会审查。议决开全院委员会时，参议院议长可以命令立即召开会议，或者在议事日程上预定开会日期。参议院召开全院委员会时，议长退居议员席，秘书长的席位充作委员长席。委员长有事时，依照委员会规则中所定常任委员会的顺序以各股委员长代理。委员长如果想参与讨论，应该退居议员席。全院委员会议事不能结束时，委员长应请议长复席，宣告延会，再定议事日程。开会时，如果发生违反院法与委员会规则紊乱议场秩序的事件，议长可以不必等待委员长的报告自行复席并依法处理。[3]

3. 常任委员会。参议院为审查各项案件，在每次会期的开始，选举各项常任委员。法制股审查委员25人、财政股审查委员25人、内务股审查委员11人、外交股审查委员11人、军事股审查委员11人、交通股审查委员11人、教育股审查委员11人、实业股审查委员11人、预算股审查委员45人、决算股审查委员27人、请愿股审查委员25人、惩戒股审查委员11人。同一问题需要两股以上协同审查时，可以组织联合委员会审查。常任委员以无记名投票方法分股选举，以得票多

---

[1]《参议院旁听规则》，《参议院公报第11册》，1913年9月，"议决案"，第1—2页。
[2]《参议院委员会规则》第1—7条，1913年10月13日议决，《法令辑览》第1册。
[3]《参议院委员会规则》第10—16条。

数者当选。票数相同者抽签决定。常任委员可以兼任特任委员。各股常任委员应选举委员长与理事各一人，得票多数者当选。票数相同者抽签决定。委员长有事时，理事代理。常任委员会开会时间由委员长决定。常任委员会一般不得与参议院同时开会。常任委员会审查议案时，议长可以随时出席发言，其他议员经委员长许可，也可到会陈述意见，但都不得参与表决。常任委员会委员长将审查结果委托本股委员1人代为报告。委员在委员会对同一事件可以发言数次。委员会的报告，除议长认为属于秘密以外，其余都应该印制发送给每位议员。委员会审查报告应有一定的期限，如果委员会无故拖延，必须改选委员。常任委员会应将出席人姓名、审查结果与其他重要事项做成会议记录，在委员长与理事签名盖章后送存于秘书厅。[1]

4. 特任委员会。为审查特别案件，设立特任委员会。特任委员依院议由议长指定或参议院选举产生。特任委员会委员长、理事由议长指定，或者经选举，多数得票者当选。票数相同者抽签决定。[2]

5. 议员资格的审查。新到院的议员必须提出当选证书，由院公选或者由议长指定5名以上的委员审查。议员有对其他议员资格有异议时，必须有5人以上连署的告诉书与副本，署名盖印后向议长提出。议长收受告诉书后，向本院报告，公选委员进行审查，并将告诉书副本送交被诉议员，限期提出答辩书。被诉议员因不得已原因不能在限期内提出答辩书，经证明确实后，议长可酌情延长期限。议长收受被诉议员答辩书即交付审查委员限期审查。被诉议员如不在限期内提出答辩书，审查委员可以直接报告审查结果。审查委员认为有必要时可经议长同意，命令原诉议员与被诉议员到会询问，但说明情况后即应退出。[3]

1918年8月27日，第二届国会通过《修正参议院委员会规则》，主要内容是修改常任委员会各股审查委员的人数。法制股审查委员

---

[1]《参议院委员会规则》第17—23条。
[2]《参议院委员会规则》第31—33条。
[3]《参议院委员会规则》第35—41条。

15人、财政股审查委员15人、内务股审查委员7人、外交股审查委员7人、军事股审查委员7人、交通股审查委员7人、教育股审查委员7人、实业股审查委员7人、预算股审查委员23人、决算股审查委员11人、请愿股审查委员9人、惩戒股审查委员9人。此外还增加院内审计股审查委员5人。[1]

（四）《参议院秘书厅组织规则》（1913年9月23日议决）

1. 组织机构。本厅设秘书长1人，承议长之命掌理全厅事务，并指挥所属各职员及雇员。本厅设秘书6人，承议长及秘书长之命分掌各科事务。本厅设左列各科：文牍科、议事科、速记科、公报科、会计科、庶务科。各科设科长1人，以秘书充之。主管各科事务，科员总额34人，襄助各科长分管各科事务。前项科员由秘书长承议长之命按各科事务繁简分配之。[2]

2. 文牍科职权。一、典守印信；二、撰拟文书函电；三、总核收发缮校及保存文件；四、议员报到及解职补缺改选事项；五、管理图书及阅报室事项；六、其他关于本科一切事项。[3]

3. 议事科职权。一、编拟议事日程；二、会议筹备事项；三、各委员会会议筹备事项；四、编辑议事录；五、各种选举筹备事项；六、总核会议案件；七、议员出席缺席请假及更换名字移转住址事项；八、收发议案、质问书、请愿书及起草审查报告之件；九、保管缮印校对分配议案及应行付议之件；十、关于本科文件事项；十一、其他关于本科一切事项。[4]

4. 速记科职权。一、筹备记载会议事项；二、执行会议速记事项；三、编辑速记录；四、保存速记录及各会记录文件；五、缮印校对分

---

[1]《参议院委员会规则》，《参议院公报》第1期第1册，第105—111页。
[2]《参议院秘书厅组织规则》第1—4条，《法令辑览》第1册。
[3]《参议院秘书厅组织规则》第5条。文牍科另制定有《本院秘书厅文牍科暂行办事规则》，《参议院公报》第2册，1913年5月，附录。
[4]《参议院秘书厅组织规则》第6条。

配速记录事项；六、关于本科文件事项；七、其他关于本科一切事项。[1]

5. 公报科职权。一、编辑印刷校对发行事项；二、管理一切铅印事项；三、关于本科文件事项；四、其他关于本科一切事项。[2]

6. 会计科职权。一、编制本院预算决算；二、出纳及保管款项；三、整理簿记；四、关于本科文件事项；五、其他关于本科一切事项。[3]

7. 庶务科职权。一、保管本院财产；二、购备物品；三、修缮工程；四、发给旁听券；五、进退约束支配雇工；六、各室设备事项；七、关于本科文件事项；八、其他关于本科一切事项。[4]

8. 书记员与职员薪金。置书记员若干人，专理缮写文件，由秘书长承议长之命酌量雇用。本厅职员薪金别以表定之。[5]

1917年1月9日，第一届国会通过《修正参议院秘书厅组织规则》，修正内容是第4条，将科员总额增加为"三十四人"。[6]

（五）《参议院秘书厅办事通则》

1. 人员录。内容包括：一、职员录载各秘书、各科员姓名、年岁、籍贯及其分等与到职年月日；二、雇员录载各书记姓名、年岁、籍贯及其分等与受雇年月日；三、指任录载议长指任各秘书及各科员为某科科长或科员事情。[7]

2. 人员管理。科员分三等，议长定之。书记分三等，秘书长商承议长定之。职员的进退及指任随时发表于本院公报。本厅事务关系两科或两科以上者，秘书长得令各该科会同办理。各科权限有争议时，

---

[1] 《参议院秘书厅组织规则》第7条。
[2] 《参议院秘书厅组织规则》第8条。
[3] 《参议院秘书厅组织规则》第9条。
[4] 《参议院秘书厅组织规则》第10条。庶务科另制定有《本院秘书厅庶务科暂行办事规则》，《参议院公报》第2册，1913年5月，附录。
[5] 《参议院秘书厅组织规则》第11—13条。
[6] 《修正参议院秘书厅组织规则》，《参议院内各种规则》，第33页，张研、孙燕京主编《民国史料丛刊61》。
[7] 《参议院秘书厅办事通则》第1条，时间不详，《参议院内各种规则》第39—40页。

由秘书长决定之。各科科员事务的分配由该科科长决定。前项分配事务科长随时报告于秘书长。各科另订办事细则。由各该科拟呈秘书长核定施行。[1]

3. 办事时间。本厅各员除星期日及放假日期外，每日上午8时至12时，下午1时至6时均为办公时间，但遇有紧急事件应增加或延长时间不在此限。星期日下午因准备次日事务，得由秘书长或各科科长酌定时刻，指令各该科人员办事。各科人员每日出勤时必须于各该科出勤簿书某时到字样，按日由科长送秘书长查核。各科人员须分班值日，时间自午后6时起至午后10时止。[2]

4. 请假及代理。秘书长请假须得议长之许可，各科科长、科员请假必须获得秘书长的许可，各书记请假必须获得各该科科长的许可，每月请假不得过3日，但有特别事故者不在此限。各科科长有事故时，由秘书长于各该科科员中指定1人代理之。各该科员有事故时由各该科科长于各该科科员中指定1人代理之。[3]

（六）《参议院经费支给规则》（1916年12月29日议决）

1. 俸给标准。秘书长俸给月支360元。各科科长、科员俸给分为五级，科长得受二级之俸，一等科员得受三级之俸，二等科员得受四级之俸，三等科员得受五级之俸。一、二、三、四、五级俸给每月分别为320、240、180、120、80元（其中一级俸给对象为升级科长）。书记员俸给分为四级，一、二、三、四级每月分别为60、55、50、45元。警卫长俸给照本院科长俸给支给之。巡官俸给分三级，一、二、三级每月分别为60、50、40元。巡长俸给分三级，一、二、三级分别为30、25、20元。巡警俸给分三级，一、二、三级分别为14、12、10元。巡官、巡长巡警之俸给，每月由警卫长核其勤惰定其升降报告议长按

---

[1]《参议院秘书厅办事通则》第2—6条。
[2]《参议院秘书厅办事通则》第7—9条。
[3]《参议院秘书厅办事通则》第10—11条。

级支给。本院执役人等其工给之总数按照预算所列数目支给之。[1]

2. 日常经费及使用。本院所设的图书室阅报室所有添购书籍及报费，按照预算所定数目支给之。但所购书籍函数及价目应载入本院公报。办公费及杂费按照预算所定数目支给之。每年预备费除经预算规定外，其一次用费在500元以上者必须由院议决定。本院预算决算必须由院内审计委员审查后经院议决定之。[2]

（七）《参议院警卫处组织规则》（1913年9月10日议决）

1. 组织。参议院设警卫处专管院内警卫及消防事务，受议长的指挥监督。警卫处的组织如下：警卫长1人，巡官4人，巡长8人，巡警68人。[3]

2. 职责。警卫长由议长于京师警察厅内遴选相当警察官咨请政府任命。巡官、巡长巡警由警卫长呈请警察厅拨充。警卫长掌理处务统辖全处警员。巡官受警卫长的指挥分掌职务稽查所属警员。巡长从事实务，督率所属警员。巡警分管院内警卫及消防事务。[4]

3. 经费。警卫处经费由参议院支给。[5]

（八）《参议院警卫处办事规则》（1913年9月10日议决）

1. 总则。警卫长分配全处警员班次，按时执务，其分班以别表定之。警卫长以下警员执行职务均着制服但事关秘密者不在此限。制服等级依内务部警服的规定另以肩章臂章别之。警卫人员除警卫长外每一星期轮流休息一次。[6]

2. 院内治安。警卫人员对于本院所属范围均有稽察保卫的责任，但开会时非有议长命令不得擅入议场。议场内猝遇事变，议长不能发

---

[1]《参议院经费支给规则》，《参议院内各种规则》，第45—47、1—9条。
[2]《参议院经费支给规则》，《参议院内各种规则》，第10—13条。
[3]《参议院警卫处组织规则》（1913年9月10日）第1—2条，《法令辑览》第1册。
[4]《参议院警卫处组织规则》第3—8条。
[5]《参议院警卫处组织规则》第9条。
[6]《参议院警卫处组织规则》第1—3条。

命令时，警卫长得执行其职务。院内职员有现行犯罪时，得议长的许可即告逮捕。院内雇佣人等有现行犯时，除即行逮捕外，同时报告议长。凡现行犯解送警署或送法厅，警卫长依议长的命令行之。本院雇佣人等犯违警律时，警卫长得按警律执行。[1]

3. 日常警卫。凡出入本院除有徽章门证及旁听券外，余均严加盘诘。对于外来之车马指定停放地点并禁止车夫之喧扰。凡持危险物入院者，无论何人即时报明议长处置之。凡易生危险之器具及处所警卫得常查验之。关于院内卫生事务警卫得督责之。参议院警务需要与众议院警卫处互相规划时，警卫长得会商办理。[2]

（九）《参议院互选宪法起草委员规则》（1913年6月25日议决）

参议院依照《国会组织法》第20条的规定，与众议院各选出宪法起草委员30人，由本院议员用无记名三分二之连记投票法互选之，以比较得票多数者为当选，票同抽签定之。候补委员限额15人，依前条之规定互选。凡委员有不能就职或辞职者，应声明理由，经院议许可，以候补委员依次递补。候补委员不敷递补时仍依第3条的规定补选。[3]

四、国会众议院的组织法规

民国国会众议院由按照人口比例选举产生的众议员组成。第一届国会众议院每人口满80万选出议员1名，第二同国会众议院每人口满100万选出议员1名。

---

[1]《参议院警卫处组织规则》第4—9条。
[2]《参议院警卫处组织规则》第10—15条。
[3]《参议院互选宪法起草委员规则》1913年6月25日，吴宗慈编《中华民国宪法史》（前编），第二章，第15页。

（一）《众议院规则》（1913年9月10日议决）[1]

1. 集会、开会与议长、副议长选举。议员应于法定集会日午前9时集会于众议院。到会议员应将当选证书交秘书厅查照。到院议员已满总额过半数时，应用无记名投票法分次互选议长、副议长。选举时以议员年长者为临时主席。临时主席指定检票员8人，投票毕当场计算计算票数及名刺数，如票数多于名刺数，应重新投票。开票结束临时主席宣告被选者得票数，以得票过投票总数之半者为当选。得票无过半数时，以得票最多数者二人决选之，决选以得票比较多数者为当选。票同以年长者当选，年同以抽签定之。当选人辞职时再行选举。选举有疑义时，由临时主席咨询院议决之。议长、副议长选定后，由临时主席介绍于议员，并请议长就席。议长就席后抽签决定总议员席次。议员的席次每会期定之。临时会依前会的席次。议席定后议长应将本院集会之经过通知政府及参议院，依法定期日会同参议院举行开会式。[2]

2. 委员会种类与职权。本院设全院委员会、常任委员会、特别委员会三种。委员会的审查不得出于委托事件范围之外。委员在委员会于同一事件得数次发言。委员长整理委员会之会议，保持秩序并将委员会的经过及结果，报告于大会或委托本会委员报告。委员会应作会议录，由委员长及书记或理事署名送交议长。委员会除别有规定外应适用《众议院规则》。[3]

3. 全院委员会。众议院全院委员会由议长或议员10人以上动议，不用讨论可以院议形式决定召开。召开全院委员会时，议长退居议员席，秘书长的席位充作委员长席。委员长有事时，依照规则中所定常任委员会的顺序以各会委员长代理。委员长如果想参与讨论，应该退居议员席，代理委员长就委员长席，并且在该项议案未表决前不得复

---

[1] 本规则中有关提案、审议、发言、表决、会议参见本书第二章"国会的立法制度与技术"。
[2] 《众议院规则》第1—13条，《国会应用法规辑要》，上海图书馆藏[出版者不详]，1913年。
[3] 同上书，第14—19条。

席。全院委员会议事不能结束时不得自行宣布延会，应该由委员长请议长复席，报告议事经过，再定议事日程。会议进行时，如果发生违反院法与众议院规则的事件，委员长不能维持议场秩序时，议长可以不必等待委员长的请求自行复席。[1]

4. 常任委员会。本院于每年会期开始选举左列各项常任委员：一、法典委员35人；二、预算委员71人；三、决算委员71人；四、外交委员21人；五、内务委员27人；六、财政委员35人；七、军政委员21人；八、教育委员21人；九、实业委员21人；十、交通委员25人；十一、请愿委员37人；十二、惩戒委员21人；十三、院内审计委员21人。常任委员用限制连记记名投票选举之，以得票比较多数者为当选，票同以抽签定之。限制人数照原额三分之一。常任委员会得于会内分设数科，各科互选审查主任一人，整理该科事务。凡一事件有联合审查必要时，得联合二项以上的委员会审查之。其开会时以本规则第30条前列的委员长为主席。委员一个月内5次不出席会议者，委员长可以通知议长另行选举。常任委员会开会时间由委员长决定，非经院议许可，不得与院会同时开会。常任委员会审查议案时，其他议员可到会陈述意见，但不得参与表决。委员会审查报告应有一定的期限，如果委员会无故拖延，必须改选委员。委员会所舍弃的意见，如果有全体委员三分之一以上的同意，可以书面形式和委员会的报告同时提出于院会。委员长负责将委员会的经过与结果向大会报告或委托本会委员报告。委员在委员会对同一事件可以发言数次。[2]

5. 特别委员会。众议院为审查特别事件时，得设立特别委员会，员数以院议决之，但另有规定者从其规定。特别委员由议长指定，以首列者为委员长，但《议院法》第8条所规定应以得票最多数之一人为委员长。[3]

6. 议员资格之审查。议员对于其他议员的资格，认为有异议时，

---

[1]《众议院规则》，第二章第二节"全院委员会"。
[2] 同上书，第30—31、42—43条。
[3] 同上书，第44—46条。

应作成异议书两份提出于议长,由议长分交审查委员会及被议议员。被议议员受异议书后,应于 5 日内提出答辩书,由议长付委员会审查,但有特别故障,经他议员证明时,议长应交付院议延长日期。被议议员如不于定期内提出答辩书,委员会应即审查报告于大会。[1]

7. 开议散会及延会。本院议事每星期三次间日行之。但有紧急事件时不在此限。议事时间下午 1 时至 6 时,但议长得依便宜咨询院议变更之。开议满两时议长应宣告休息 20 分钟。到议事时秘书长清查出席议员满足法定人数,议长命秘书长报告重要文件后宣告开议。开议以前无论何人不得就议题发言。议员出席不足法定人数,议长得延长时间,延长满一时仍不足数应宣告延会。议事中议员退席致不足法定人数应宣告延会。议事日程所载之议题议毕后,议长宣告散会。议事未毕,已届散会时间,议长应宣告延会,但得依便宜延长时间。[2]

8. 议事日程。议事日程应载明各种付议事件及其顺序并开议时间。议事日程记载之顺序以政府提出案优先。遇有紧急事件未载议事日程,或已载而后必须速议者,议长得依照院议变更。议事日程预定会议某议案的时间已至,议长应中止会议中的事件,付议预定的事件。议事日程所载事件会议未毕,或不能会议时,议长应再定议事日程。[3]

9. 记录。议事录记载左列事项:一、关于本院集会及开会闭会之事项,并其年月日时;二、开议延会议事中止及散会的月日时;三、每次会议议员到会人数及请假缺席议员姓名;四、出席国务员及政府委员姓名;五、付委员会审查事件;六、议长及委员长报告事件;七、已付会议的议案题目;八、已作为议题的动议及动议者姓名;九、决议事件;十、表决可否之数;十一、本院认为必要的事项。议员对于议事录所记载者,如有异议,议长应令秘书长答复议员。仍有异议或不服议长的处置,议长得不用讨论即取决于院议。议事录由议长秘书长署名盖章。速记录以速记法记载议事。议事时经议长取消的言论不

---

[1]《众议院规则》,第二章第二节"全院委员会",第 47—49 条。
[2] 同上书,第 50—56 条。
[3] 同上书,第 57—61 条。

第四章 国会组织法规的制定

记载于速记录。秘密会议的速记录不付印刷,由秘书长保存。发言的议员于速记录分配后一日内,得请订正字句但不得变更发言的旨趣。对于速记录之订正有异议者,待有赞成之议员、议长得不用讨论即取决于院议。[1]

10. 受理请愿。请愿者应作请愿书,记载请愿之旨趣及其住所、职业、年龄、提出之年月,各自署名盖章由议员介绍提出于本院。请愿者有二人以上,首列者当依前项的规定并全书余人的姓名。不具备前二项形式者本院不受理。法人请愿书以代表者署名盖法人印章。请愿书应用国文,如必须用外国文时附以译文。介绍请愿之议员应署名请愿书表面并盖印章。请愿委员应依请愿书提出的顺序审查之。议员10人以上对一请愿事件以简单说明书,请议院急行审查时,议长得不用讨论即取决于院议。限定时日付托于请愿委员。请愿书表由议长付印分送各议员。请愿委员审查的结果,当从左之区别记载其大至要报告大会:一、应付院议者;二、无需交付院议者;三、请愿委员对于应付院议的请愿,应作特别报告。议员对于无需交付院议的报告,于一星期内如无要求应付院议时,从委员会的决议。请愿书交付院议时不用朗诵,但议员有要求朗诵者,议长得不用讨论取决于院议。[2]

11. 请假缺席及辞职。议员因事不能出席时应提出请假书,开具理由日数,受议长或院议的许可出席。中遇有不得已事故,必须退席时应提交缺席书于议长。议员假若已满因事仍不能出席时,应再请假受议长或院议的许可。议员于假期中出席应失请假许可的效力。议员辞职时应提交辞职书于议长,由议长付印分送各议员。开会中议员辞职,议长应报告于大会,得不用讨论取决于院议。但在闭会其内得由议长处理,于次会期开始报告本院。[3]

12. 秘书厅。本院秘书厅设秘书长1人,秘书及速记技士各若干

---

[1]《众议院规则》,第二章第二节"全院委员会",第110—116条。

[2] 同上书,第117—127条。

[3] 同上书,第128—132条。

人。秘书厅分科如下：议事科、速记科、文书科、会计科、庶务科。秘书长承议长的指挥，综理全厅事务，监督所属职员。秘书长有事故时，由议长指定秘书1人代行其职务。秘书承秘书长的指挥，监督分掌各科事务，其员数至多不得过30人。本院秘书厅的各科，各以秘书1人为科长，秘书若干人为科员，由议长指任之。速记、技士承秘书长及秘书之指挥，监督掌理关于速记事务，其员数至多不得过30人。秘书厅为缮写文件、办理庶务得临时雇员。[1]

13. 警卫及纪律。众议院设守卫、警官。守卫司议事堂内警察，警官司议事堂外警察。但有议长的命令，警官得入议事堂内执行警察事务。院内防火、上灯、导水暖炉及扫除等事，守卫监督之。本议院内如有重罪轻罪的现行犯，守卫及警官得先行制止，请求议长命令逮捕，但在议场内应由议长命令行之。入议场者应着礼服常服。入议场者不得戴帽及携带外套伞杖等物。议场内不得饮食及吸烟。议事时除参考外不得阅读书籍及报纸。议事时无论何人不得发赞否声或鼓掌喧噪妨害他人的发言朗读。休息及散会时非经议长宣告议员不得退席。议长振警铃时无论何人俱应沉默。[2]

14. 惩戒。议事中发生惩戒事件，议长得中止会议或使犯者退出议场。委员会中发生惩戒事件，议长得中止会议或使犯者退出议场。委员长不认为惩戒事件，委员得依院法提出惩戒的动议于大会。依院法提出惩戒的动议时议长得不用讨论，取决于院议交付惩戒委员会审查之。惩戒事件之议事用秘密会议。议员于自己受惩戒的会议，不得列席，但经议长许可得自行辩明或托他议员代为辩明。惩戒委员会得经由议长通知本人及关系议员到会询问。议员不从议长制止或取消的命令时，议长除依照院法处分外，仍得作为惩戒事件交惩戒委员会审查之。议员受在公开议场谢罪之惩戒时，惩戒委员会应预拟谢辞要领同报告提交于议长。停止出席及10日为限。被停

---

[1]《众议院规则》，第二章第二节"全院委员会"，第133—139条。
[2] 同上书，第140—149条。

止出席者如系委员即作为已解任者。议员于被停止出席期内擅入议场，议长应命退出，不从应行必要处分再交惩戒委员会。院议决定惩戒事件，议长在公开议场内宣告之。被惩戒者之言论，议长宣告时得省略其一部或全部。[1]

15. 旁听。本院旁听券分一次及长期两种。旁听人非执有本院旁听券不得入席但参议院议员佩有徽章者不在此限。旁听席分特别席、普通席、新闻记者席三种。本院议员或行政各部得旁听由秘书长承议长之命酌定员数席位及有效期间分别发给旁听券。介绍者及旁听人均须署名于券面。日刊报馆有请求旁听者由秘书长承议长之命定其员数发给长期旁听券。报馆之旁听券须记其馆名于券面。旁听人入场时一次旁听券应交守卫截角，长期旁听券应交守卫查验并附名刺。凡旁听人应将旁听券示守卫，从其指示就席。凡携带危险物品或精神病者或酒醉者或幼童不得入旁听席。在旁听席应守左列各项的规定：一、不得携带雨具洋伞水旱烟具等物；二、不得饮食吸烟及随意唾涕；三、不得谈笑或对于议员言论表示可否；四、不得闯入议场；五、不得扰乱秩序。旁听人不守旁听规则时，议长得令其退席或交警卫。旁听人扰乱秩序介绍者应负其责。旁听席秩序扰乱，守卫不能制止时，议长得命其强制旁听人一律退出。先期或临时议决禁止旁听经本院宣告后无论何人不得入席旁听。[2]

（二）《修正众议院规则》（1918年10月7日议决）

《众议院规则》修正后共有14章181条。主要内容有：1. 第2条修改为议员到院应将当选证书随交本院查照；2. 第16条加一条，委员会须有委员过半数的列席，始得开议，以列席委员过半数的同意表决之；3. 第30条委员人数修改如下。一、法典委员25人。二、预算委员49人。三、决算委员49人。四、外交委员15人。五、内

---

[1]《众议院规则》，第二章第二节"全院委员会"，第150—163条。
[2] 同上书，第164—178条。

务委员 19 人。六、财政委员 25 人。七、军政委员 15 人。八、教育委员 15 人。九、实业委员 15 人。十、交通委员 17 人。十一、请愿委员 25 人。十二、惩戒委员 15 人。十三、院内审计委员 15 人。4. 第 3 章标题修改为议员证书及资格之审查。5. 第 47 条加一条，到会议员应将当选证书送交本院，由议长指定审查员 9 人组织审查会审查之。6. 第 61 条加一条，议事日程应登公报并先期分配于议员。7. 新增第 17 条，全院委员会须有三分一以上之列席，常任及特别委员会须有委员过半数之列席，始得开会。其表决以列席委员过半数行之。[1]

（三）《众议院秘书厅办事规则》

1. 人员录。人员录内容包括：一、秘书录记载各秘书姓名、年岁、籍贯及其分等与到职年月日；二、技士录记载各速记技士姓名、年岁、籍贯及其分等与到职年月日；三、雇员录记载各书记姓名、年岁、籍贯及其分等与受雇年月日；四、指任录记载议长指任各秘书为某科科长或科员事。[2]

2. 人员管理。秘书分为三等，议长定之。技士、书记各分为三等，秘书长商承议长定之。本厅职员之进退及指任随时发表于本院公报。本厅事务关系两科或两科以上者，秘书长得令各该科会同办理。本厅特别或机密事务不专属某科者，秘书长得商承议长指令秘书任之。各科科员事务的分配由该科科长定之。前项分配事务科长随时报告于秘书长。各科另订办事细则，由各该科拟呈秘书长核定施行。[3]

3. 秘书长职权。一、典守众议院印信；二、编拟议事日程；三、各项职员录的汇存；四、审定各科文稿表册记录公报及一切报告书；五、稽核本院经费出入；六、判定各科权限争议；七、保管机密文件；八、撰拟特别文件。[4]

---

[1]《众议院规则》(1913 年 9 月 10 日议决，1918 年 10 月 7 日修正)，《参议院要览》，"法令二"，第 48—71 页。

[2]《众议院秘书厅办事规则》，第 1 条，《参议院要览》，"法令二"，第 75—81 页。

[3] 同上书，第 2—6 条。

[4] 同上书，第 7 条。

3. 议事科职权。一、会议筹备事项；二、各委员会会议筹备事项；三、各种选举筹备事项；四、编辑议事录；五、调查议案质问书、答复书、请愿书、审查报告书之进行；六、分类列出议员出席缺席请假各事；七、汇辑议决案；八、随时腾版的缮印校对分配及保存。[1]

4. 速记科职权。一、会议速记准备；二、各委员会速记准备；三、速记录编辑校阅；四、速记录订正；五、速记录保存。此外，速记技士受速记科科长指挥监督，其分班分等由科长商承秘书长定之。[2]

5. 文书科职权。一、撰拟公文函电；二、综稽各种收发；三、各种文书分类摘出送核；四、缮校公文函件；五、公布各种议案及通告；六、各种文书分类归卷及保存；七、议员到院、解职、补缺、改选事项登载；八、议员住址及其移转登载；九、商承秘书长发给听券；十、公报材料之汇辑；十一、图书室管理。公报的编辑付印校对发行事项及图书室管理事项文书科各应设置专员管理。[3]

6. 会计科职权。一、编拟本院预算；二、编撰本院决算；三、遵照支给章程支发各款；四、保管银钱；五、保管各项收据凭单。[4]

7. 庶务科职权。一、保管检查院内所有物产；二、购备物品；三、支发物品；四、修缮工程；五、进退约束支配雇工；六、各项招待；七、院内各室设备事项；八、院内清洁卫生事件；九、印刷机器工事的管理。[5]

8. 办事时间。本厅各员除星期日及按例应放假日期外，每日上午8时至12时，下午1时至6时均为办公时间，但遇有紧急事件应增加或延长时间不在此限。星期日下午因准备次日事务，得由秘书长或各科科长酌定时刻，指令各该科人员办事。各科人员每日出勤时须于各该科出勤簿书某时到字样，按日由科长送秘书长查核。印刷公报

---

[1]《众议院秘书厅办事规则》，第1条，《参议院要览》，"法令二"，第8条。
[2] 同上书，第9—10条。
[3] 同上书，11—12条。
[4] 同上书，第13条。
[5] 同上书，第14—15条。

图书管理员得另置出勤簿,每旬交由各该科汇送查核。[1]

9. 请假及代理。秘书长请假必须得议长之许可,各科科长、科员技士请假必须得秘书长的许可,各书记请假必须得各该科科长的许可,每月请假不得过三日,但有特别事故者不在此限。各科科长有事故时,由秘书长于各该科科员中指定一人代理之。各该科员有事故时由各该科科长于各该科科员中指定一人代理之。[2]

(四)《众议院秘书厅及警卫厅支给规则》(1917年5月22日议决)

1. 俸给标准。秘书长俸给月支360元。秘书俸给分为五级,一等秘书兼任科长,可升为第一级俸给。一等升级秘书得受一级俸给。一等秘书、二等升级秘书得受二级俸给。二等秘书、三等升级秘书得受三级俸给。三等秘书、四等升级秘书得受四级俸给。四级秘书得受五级俸给。一、二、三、四、五级俸给每月分别为320、240、180、120、90元。速记技士俸给分为五级,一、二、三、四级每月分别为180、150、120、90、60元。书记员俸给分为四级,一、二、三、四级每月分别为60、55、50、45元。印刷处缮校月给24元至40元。警卫长俸给照本院一等秘书俸给按月支给,其升级与一等秘书兼科长相同。总巡官俸给按照本院五级秘书支给并得升级,但不得超过第三级。守卫巡官俸给分三级,一、二、三级每月分别为60、50、40元。守卫巡长俸给分三级,一、二、三级分别为30、25、20元。守卫巡警俸给分三级,一、二、三级分别为14、12、10元。[3]

3. 俸给发放。守卫巡官、巡长、巡警的俸给,每月由警卫长核其勤惰定其升降报告议长按级支给。各等秘书以次各职员非服务满6个月勤劳卓著,确有成绩者不得升级,其有轻微过失或怠于职务者应由议长酌予停升降级减俸处分。自秘书长以次各职员如兼其他有给公职,本院

---

[1] 《众议院秘书厅办事规则》,第1条,《参议院要览》,"法令二",第16—17条。
[2] 同上书,第18—19条。
[3] 《众议院秘书厅及警卫厅支给规则》第1—7条,《参议院要览》,"法令二",第72—75页。

俸给即行停支。本院执役人等工资总数按照预算所列数目支给之。[1]

2. 日常经费及使用。本院所设图书室阅报室所有添购书籍及报费按照预算所定数目支给之。但所购书籍函数及价目应载入本院公报。本院的办公费及杂费按照预算所定数目支给之。本院每年预备费除经预算规定外，其一次用费在 500 元以上者须由院议决定。本院预算决算须由院内审计委员审查后经院议决定之。[2]

（五）《宪法起草委员众议院互选规则》（1913 年 6 月 27 日议决）

众议院依《国会组织法》第 20 条的规定，选出宪法起草委员 30 人。选举宪法起草委员用限制连记有记名投票法，每人投票不得过名额三分之二。开票后以比较多数者为当选，票数相同抽签定之。依前条的选举法选举候补委员 15 人。当选为宪法起草委员者不得兼任常任委员。[3]

五、国会宪法会议的组织法规

根据《国会组织法》与国会有关议事规则规定，宪法制定必须经过起草、审议与表决三个阶段。其中国会宪法起草委员会负责起草宪法，草案完成后再经过国会宪法审议会审议，最后由国会宪法会议表决通过。

（一）《宪法会议规则》（1913 年 9 月 26 日议决）

1. 会议组织形式。本会议以参议院众议院合会行之。本会议需有《国会组织法》第 21 条第 2 项的出席人数方可开议。本会议之议长、

---

[1] 《众议院秘书厅及警卫厅支给规则》第 1—7 条，《参议院要览》，"法令二"，第 8—13 条。
[2] 同上书，第 14—17 条。
[3] 《宪法起草委员众议院互选规则》（1913 年 6 月 27 日议决），第 1—5 条，吴宗慈编《中华民国宪法史》前编，第 15—16 页。

副议长依《国会组织法》第 21 条第 2 项的规定。本会议开会以议长为主席,议长有事故时以副议长代理之。本会议以参议院秘书长为秘书长。参议院秘书长有事故时以众议院秘书长代理之。[1]

2. 会议时间与议事日程。本会议每星期至少需开会两次,其日时由议长定之。议员出席不足法定人数,议长得延长时间,延长满 1 小时仍不足数,应宣告延会。凡付议的问题应在议事日程内标明章节及第若干条。[2]

3. 三读会。第一读会于宪法草案配付各议员后,3 日以上 10 日以下行之。开第一读会时,应由起草委员长或委员先说明全部主旨,再逐条说明之。议员对于说明有疑义时得质问之。依前条说明后即议决草案大体应否付审议会审议。审议会报告或议决毋庸审议时应不用表决即付第二读会。第二读会应将宪法草案逐条议决。第二读会遇有争议不能解决之问题,得由议员提议有 50 人以上之附议,经大会可决后开审议会审议之。第二读会结束,得依便宜将宪法草案交原起草委员会整理其条项及文句。第三读会应于前条整理条项文句后定期行之。第三读会除修正文字外应将全案议决之。[3]

4. 讨论。凡就议事日程所载议题欲发言者,应于会议开始前将其席次及反对或赞成意思通告于秘书长。秘书长依前条通告之次序记载于发言表,报告议长,议长当讨论之始,依发言表次序,指令反对者及赞成者相间发言,其不应指令者通告作为无效。未通告发言的议员,除质疑应答及唤起注意外,而欲发言者必须等待已通告的议员全数发言完毕,起立呼议长并报告自己席次,待议长的许可始得发言。于延会或议事中止时发言未毕之议员,得于再行讨论开始继续发言。凡发言必须登演讲坛,但简单发言不在此限。议长无论何时得令在席

---

[1] 《宪法会议规则》第 1—4 条,《中华民国宪法史》(前编),"第八章表规则",第 355—360 页。此外还制定有《宪法会议秘书员办事规则》1913 年 9 月 26 日,吴宗慈编《中华民国宪法史》(前编),第 360—363 页。

[2] 《宪法会议规则》第 5—7 条。

[3] 《宪法会议规则》第 8—16 条。

发言的议员，登演讲坛。讨论不得出议题之外。议员于同一议题发言以一次为限。宪法起草委员会委员长或委员为辩明其报告的旨趣，得发言数次。议长欲自与讨论时，应就议席，由副议长临议长席。议长既与讨论，该问题未决以前，不得复议长席。对于同一议题，非经赞成者及反对者各 3 人以上之发言，不得提起讨论终局的动议。提起讨论终局的动议时，必须有 50 人以上的附议，应由议长查明人数后咨询大会决之。讨论终局议长宣告之。[1]

5. 修正案。对于宪法草案，有提出修正案者必须详具理由，于讨论以前提由议长交付审议会或大会。提出修正案时必须有 20 人以上之连署。临时提出修正之动议者，必须具案并说明理由，有 30 人以上的附议方得成为议题，应由议长查明人数再后付讨论。同一议题有数议员各提出修正案时，其表决与原案相差最远者为先，由议长宣告之。修正案已被否决时，当以原案表决。修正案及原案皆被否决时，该议题为宪法中不得废弃者，应依第 13 条之规定开审议会审议之。[2]

6. 表决。表决人数依《国会组织法》第 21 条之规定。凡与宪法无关的问题，仍以过半数的同意决之可否，同数取决于议长。议长欲行表决时，必须宣告应行表决的问题，经此宣告后无论何人不得再就议题发言。表决时议长应令以为可者起立，查对起立者之多少，宣告可否之结果。议员如有疑义，经说明理由后，有 20 人以上的附议，议长应令以为否者起立反证之。如仍有疑义，经说明理由后，有 30 人以上之附议，议长应令秘书长点唱议员席次，再行起立表决。议员对于点唱表决的结果，提起异议，经说明理由后有 40 人以上之附议，议长应令用记名或无记名投票表决之。议长认为必要或有议员 20 人以上的要求时，得不用起立的方法，以记名或无记名投票表决之。票数与议员数或名刺数不符者，应再行投票，但其不符之数与表决结果无关系者不在此例。凡表决时应封闭议场禁止出入。议员不得请变更

---

〔1〕《宪法会议规则》第 17—29 条。
〔2〕《宪法会议规则》第 30—35 条。

自己的表决。[1]

7. 审议会。审议会以本会全体议员组织之。审议会以参议院副议长为审议长。参议院副议长有事故时由众议院副议长代理之。开审议会时议长退居议席，审议长就秘书长席。审议会非两院议员各过半数出席不得开议，但议决时以出席员三分二之同意决之。审议会除上列各条外，适用《众议院规则》第 25 条至第 29 条的规定。[2]

8. 请假缺席及惩罚。议员非有正当之理由，不得请假，一月中请假满 3 次以上者，须付会议决定之。议员有缺席者应由议长劝告之。一月中缺席至 3 次者，应酌定次数停止其发言，一月中缺席至 5 次者应酌定次数，停止其出席。议员受停止出席之处分至 3 次时应即除名。议员携带凶器入议场者除名。议员有非礼之言动时，分别轻重依下列各款惩罚之。一、于公开会场谢罪。二、一定之次数内停止发言。三、一定之次数内停止出席。四、除名。惩罚事件得由议长提议其他惩罚事件，须由议员 10 人以上之提议。遇有前条提议时，应由议长指定惩罚委员 15 人审查后报告大会决定，始得于公开会场宣告之。请付惩罚的提议，必须在惩罚事件发生后 3 天内行之。本会议关于记录警卫纪律及旁听事项，俱适用《众议院规则》第 7、11、13 章的规定。[3]

(二)《宪法起草委员会规则》(1913 年 7 月 15 日议决)

1. 组织结构。本会设委员长一人，理事 6 人由委员互选之。委员长用无记名投票选举之，以得票最多者为当选，票同抽签定之。理事用无记名单记投票选举之，以得票较多者为当选，票同抽签定之。[4]

2. 委员长、理事职权。委员长主持本会一切事务，于会议时为

---

[1]《宪法会议规则》第 36—42 条。
[2]《宪法会议规则》第 43—47 条。
[3]《宪法会议规则》第 48—56 条。
[4]《宪法起草委员会规则》(1913 年 7 月 15 日) 第 1—3 条，吴宗慈编《中华民国宪法史》(前编)，第 20—21 页。

主席。理事整理本会议事录及一切文件,于委员长有事故时,以名次列前者代行其职务。[1]

3. 会议日期。本会会议日期由委员长定之,先日将议题通告各委员。[2]

4. 出席人数与表决。本会非有委员三分之二出席不得开议。本会的决议以委员总额半数的一致成立。表决方法准用《参议院暂行议事细则》第3章第4节的规定。[3]

5. 发言与修正案。会议时委员欲发言,须起立呼主席并报明席次。按报名先后顺序发言。委员有提起修正的动议者,需提出于主席。同一议题提出数个修正案时,其表决顺序以与原案相差最远者为先。委员长欲自与讨论时,应临委员席,该讨论问题未决以前,主席由理事代之。理事在会议时发言表决与委员同。

6. 请假。本会委员一月内无故缺席至3次以上或请假至7次者,应通知各院解职另补。[4]

7. 旁听与速记录。本会会议时两院议员得随时旁听。本会设置书记、速记各若干人,由委员长临时雇用。本会必须将速记录随时分配两院议员。[5]

1918年12月30日,第二届国会通过《修正宪法起草委员会会规则》,将第一条改为理事4人。第6条后增加"但由两院秘书厅调用人员得酌给津贴"。第9条规定本会的决议以委员总额半数之一致成之,表决方法准用《参议院暂行议事细则》第4章第5节的规定,但对于第60条及第61条所数均改为10人。[6]

---

[1]《宪法起草委员会规则》第4—5条。
[2]《宪法起草委员会规则》第7条。
[3]《宪法起草委员会规则》第8—9条。
[4]《宪法起草委员会规则》第15条。
[5]《宪法起草委员会规则》第16—17条。
[6]《修正宪法起草委员会规则》,《参议院要览》,"法令一",第83—84页。

六、国会组织法规的制定过程

(一)《国会组织法》

关于《国会组织法》的重要性,参议员刘崇佑认为:"国会组织法为本院第一重大案件。"[1]在南京临时参议院时期,1912年3月28日,起草员向院会提交了"国会组织法大纲"。主要内容:(一)采两院制,即定名为元老院、代议院;(二)元老院采取地方代表主义,各地人数均等;(三)代议员取人口比例主义;(四)两院同时开会闭会;(五)国会会期以4个月为限,但得延长;(六)代议院议员任期4年,元老院议员任期每两年改选三分之一;(七)国会的职权依约法,但预算、决算必须交代议院先议。[2]审议长李肇甫宣告先议"国会组织法大纲"。第一条议决原文(两议院定名缓待讨论);第二条议决删改为"元老院员数各地方均等";第三条、第四条议决原文;第五条议决"四"改为"六",末加"至一个月";第七、八条议决原文。[3]

北京临时参议院继续审议"国会组织法大纲"。1912年5月6日第二次会议,"国会组织法及选举法大纲"又重新提出,并决定先付全院委员会审议。全院委员会经过5月7、9、15、18、22、24、25日,6月6、14、15、18、21、22、25日共14次全院委员会会议,将大纲审议完毕。后又经过参议院第25、26、31、32次会议第二读会审议,在7月9日的第三十四次会议上,省略第三读会,审议完毕。

在5月6日第二次会议上,一派主张按照《临时约法》规定先议定"国会组织法"与"选举法",王振尧指出:"约法明明规定宪法由国会制定,使国会法选举法不定,国会何由成立。国会不成立,宪

---

[1]《参议院第三十二次会议速记录》(1912年7月6日),《政府公报》第84号,1912年7月23日,第631页。
[2]《参议院重要议案》,《民立报》1912年4月1日,转引自李学智:《民国初年的法治思潮与法制建设——以国会立法活动为中心的研究》,第124页,注1。
[3]《参议院议事录》,1912年4月3日,第187页。

法何由发生。故国会法选举法不成立,国会永无成立之一日。"[1] 另一派主张先议宪法草案,后议"国会组织法"与"选举法"。郭同认为此案可暂时不议,"国会法与选举法之根本旨在于宪法,必有宪法之根本法,而后始有可以发生国会法与选举法。现在宪法尚未成立,根本法尚未制定,何以能议国会法与选举法。"[2] 多数同意先议定"国会组织法"与"选举法"。关于是否沿用南京临时参议院的大纲,会议同意召开全院委员会讨论后再行起草。

在6月24日参议院第二十三次会议上,全院委员会提出"国会组织法大纲审议报告"。全院委员长谷钟秀称,第一条采两院制,按照国际惯例,"现在世界上各国土地无论大小,政体无论君主民主,都采用两院制度。采用一院制者居少数"。两院取名为参议院与众议院。第二条地方代表主义的说法不妥当,"因一用此主义近于联邦的制度"。所以讨论结果地方代表主义弃而不用,但是规定每省选出议员10人,其他蒙藏议员人数另行规定。华侨议员定为6人,中央教育会议员定为8人。第三条为众议院议员的名额。采取人口比例主义,虽然现在人口多寡未能查明,"今以四万万计,而又参酌各国名额,以五百名分配之,则每八十万人可得议员一人。"但是西北省份人口稀少,所以又补充规定人口"不满八十万人之省份,亦得选出议员十人"。第四条两院同时开会闭会的内容不变。第五条国会的期限,考虑到第一届国会议事非常繁多,可暂定为四个月,必要时得延长。第六条为众、参议员的任期。"众议员任期太短,致人民终年疲于选举之奔走",所以定为四年。参议员原来规定每两年改选三分之一,但是讨论认为"行使选举之手续有种种困难情形,兹改为任期六年,每三年改选二分之一"。第七条为两院职权,内容基本不变。[3]

---

[1] 《参议院第二次会议速记录》(1912年5月6日),《政府公报》,第11号,1912年5月11日第144页。

[2] 同上书,第143页。

[3] 《参议院第二十三次会议速记录》(1912年6月24日),《政府公报》第62号,1912年7月1日,第516页。

关于草案是否需要经过第二、三读会程序，议员们产生分歧。杨廷栋建议："先交起草员起草，功竣再提交大会。连开第二、三读会，以省时日而期速就。"宋汝梅要求立即召开第二读会。刘崇佑表示："要开第二读会与否，须先决此项组织法大纲是否成一正式议案。""则此大纲必先成为议案，然后起草员方有标准，故此大纲一案应决开二读会、三读会。"彭允彝强调："此大纲决非正式法案"，所以要等到起草员完成条文草案后再进行二读，否则会造成一案有两次二读会。[1]后多数赞成召开大纲的第二读会与三读会，再行起草。

在大纲审议过程中，争议的问题主要是众议院名额、任期、分配、职权等。1.众议院议员名额。一种意见是反对草案中的人口比例主义。针对大纲第三条关于众议院名额如何确定问题，刘崇佑认为："此条条文采人口比例主义，用意甚是。但中国调查户口究否可认为确当，各省户口不同之数究相差多少，此其难一。"[2]张联魁称："代议院额数可以规定某省几人，不必全采人口比例主义。"而且委员会议决不满800万的省份亦得选出10人，采取的又是相对人口比例，而不是绝对人口比例。"本员主张分二十二省为大省中省小省三等，规定大省选出几人，中少选出几人，小省选出几人。"[3]宋汝梅对张联魁的观点表示赞成，认为"八十万人选出议员一人，万不足以代表八十万人，调查既不实，则无一定理由无一定标准，不足八十万人者亦可虚报八十万之数。"[4]田骏丰也认为比例主义不可行，前清时代民政部中所有各省人口册均不能作为标准，而现在重新进行人口调查又不可行，"时间必长，最短亦须半载，而国会之成立转瞬即届。设使办理调查，则国会决不能定期召开"。还是应该根据人口、赋税、地方面积将各

---

[1]《参议院第二十三次会议速记录》（1912年6月24日），《政府公报》第62号，1912年7月1日，第517页。
[2]《参议院第二十五次会议速记录》（1912年6月27日），《政府公报》第67号，1912年7月6日，第547页。
[3] 同上。
[4] 同上书，第548页。

省分为大、中、小三种，确定各省议员名额。[1]

另一种意见是坚持人口比例主义。谷钟秀承认人口调查有许多问题，委员会在讨论时曾咨询内务部，后来内务部送来前清办理地方自治的户口表册，发现"有户无口"、"数省并户"等许多问题。所以委员会将议员大概名额定为500人，"若云四万万人数不确，则或三万万九千余万或八千余万，或多或少总与五百人不相上下"。此外，根据各国通例，女子是被计算入总人口数中。[2] 曹玉德称："以一人代表八十万人之意思已属过当，若再多至百万，本员绝对不赞成。"建议50万或60万选出议员1人。[3] 姚华称自己是贵州人，从历史、人口与面积来说，如何确定贵州是大省还是中省或小省。[4] 胡壁城表示一定要以人口为比例，"否则与各国众议院之原则不对，而与地方代表主义之原则亦复不对"。认为省份大小与人口比例原则并无反对，也是以人口多少为标准。[5]

第三种意见是折中方法。顾视高主张第3条下增加"如人口调查未确实以前，各省可假定人数若干人"。特别指出在1787年，美国第一次召开国会时也有此项规定。[6] 杨廷栋称内务部人口统计是不可信的，如江西人口只有50余万，而江苏有900多万。另行调查在短期内也不可行，所以人口比例主义无法适用。至于将各省分为大中小三等的看法，也是毫无根据的。"主张取历史上之标准，即以咨议局之名额分配之。"[7] 张联魁也表示赞成杨廷栋的建议，放弃自己原来的看

---

[1]《参议院第三十一次会议速记录》（1912年7月4日），《政府公报》，1912年7月20日，第81号，第605页。

[2]《参议院第二十五次会议速记录》，第547页。

[3] 同上书，第548页。

[4] 同上书，第549页。

[5]《参议院第二十六次会议速记录》（1912年6月28日），《政府公报》第68号，1912年7月7日，第558页。

[6]《参议院第三十一次会议速记录》（1912年7月4日），《政府公报》第81号，1912年7月20日，第607页。

[7] 同上。

法，至于人口比例主义，"第二期国会必以人口比例为是。"[1]原先支持张联魁的段宇清、田骏丰等人表示支持杨廷栋。

后多数表决通过"暂按照从前咨议局议员三分之一作为众议院议员员额。"[2]彭允彝表示："采取人口比例之标准，是一定不易之方法。此次因时间急迫，不得已而以各省咨议局议员额数三分之一为标准，但初次众议院议员选举可以如此办理，将来第二次之选举必仍采人口比例之标准，再不能采隐然以学额漕粮为标准之咨议局议员选举法。"[3]

2. 众议员任期。原案第六条众议院议员任期4年，参议院议员任期6年，每3年改选二分之一。王树声认为原案两院议员任期太长，"今日选举法是照前清咨议局议员额数之比例，选举法限于事实不能完全，即不能确信为正当之选举。若任期延长，恐不足以服一般人之心。"而且"参议院议员任期六年，本系仿照美国制度。"[4]谷钟秀、胡壁城建议按照原案参议院议员每二年改选三分之一。顾视高称如果改为每二年改选三分之一，"是各地方每二年办选举一次，非常之烦琐。"[5]张华润称"中国现在初次选举，国会议员所选出之人得当与否不得而知"，主张缩短两院议员任期，参议员定为4年，众议员定为2年。[6]籍忠寅主张缩短众议院议员任期，改为3年。"时局既未大定，而国民之心理亦未充分一致，今日所举出之议员只能代表国民今之心理，他日时局大定，一般国民之心理必为之变更，被为议员者其所代表之意见必不能适合多数国民之心理。"[7]后多数同意参议院议员任期6年，每两年改选三分之一。众议院议员任期3年。[8]

---

[1]《参议院第三十一次会议速记录》（1912年7月4日），《政府公报》第81号，1912年7月20日，第613页。
[2]《参议院第三十一次会议速记录》，《政府公报》第82号，1912年7月21日，第614页。
[3] 同上。
[4] 同上书，第619页。
[5] 同上。
[6] 同上。
[7] 同上书，第621页。
[8] 同上。

3. 众议院财政优先权。关于众议院财政优先权,《国会组织法大纲》第 7 条规定,宪法未制定以前,国会职权暂依约法,其两院职权不平等之点,除预算决算须众议院先议。曾有澜表示对于众议院的先议权,有两种反对意见。一是"就法理言,既采两院制,则不能两院平等。""若下院先议,上院后议,后议即可否决并可修正。若分为先后,即为不平等。"二是"就政治上论,亦不能两院平等"。因为政党内阁是由下院多数党组织的,"若上院反对党居多数,则对于下院之议决一定反对,则政党内阁定然可以推倒"。[1]

王树声赞成两院职权的划分。"所以预算案要下议院先议者,是采英国下议院制,因英国国王所用之钱均取之于下等社会,故预算案不能不注重于下议院之议。"[2] 后多数同意张耀曾的意见,"宪法未制定以前,国会之职权暂依约法,但预算决算须众议院先议之"。[3]

4. 众议员名额分配。讨论主要集中于蒙藏众议员名额问题。主要有两种看法。一是主张蒙藏地区应在众议院中有议员。如宋汝梅表示:"五族一家,一视平等,为约法所载明,人民所共认,何以众议院议员专以各省所选出者为限,而蒙藏不与其列。"[4] 刘崇佑也强调根据约法有关中华民国主权、领土、人民权利的规定,"现在之参议院既有蒙藏参议员之定额,何以将来之国会上院有蒙藏议员,而下院无蒙藏议员"。认为反对者的看法与过去满清以汉人程度不足不能速开国会的借口相同,是对蒙藏人民的歧视。

另一种意见是蒙藏地区不应有专门名额。曹玉德表示由于蒙藏参议员多是王公世爵,与蒙藏地方关系甚浅,并不能代表地方全体人民。"必要于蒙藏普通人民中选出之议员归入众议院议员,然后始能

---

[1]《参议院第三十二次会议速记录》(1912 年 7 月 6 日),《政府公报》第 85 号,1912 年 7 月 23 日,第 623 页。
[2] 同上书,第 629 页。
[3] 同上书,第 631 页。
[4]《参议院第四十三次会议速记录》(1912 年 7 月 20 日),《政府公报》,1912 年 8 月 5 日,第 472 页。

引起蒙藏人民政治上之观念。"只有这样现代文明才能进入蒙藏地区，民国根基方能巩固。赞成蒙藏一律选举众议院议员。[1]谷钟秀认为大家的讨论均从理论上着想，而未从现实上考虑。从法律执行来说，"则普通选举法之于蒙藏，事实上无论如何必做不到"。强调在制度没有变更之前，蒙藏地区与内地不同，只能暂时特殊对待。"待政治改良，迷信破除之后，然后一律与内地人民同有选举权被选举权。"[2]

刘星楠建议将条文修改为"众议院由全国人民选出之议员组织之"。彭允彝说按照日本关于北海道地区选举的规定，英国关于爱尔兰地区选举的规定，都是事实上不同。"蒙藏应选举众议院议员固是原则，但选举法无法规定。"[3]王树声赞成审查报告意见。"可先以众议院资格而论，一年纳直接税二元以上，试问蒙藏人能否直接纳直接税。二有值五百元以上之不动产，蒙藏人逐水草而居，如何能有不动产。且选举区如何分割？"[4]

汤化龙提出修正意见，"众议院以各地方人民所选举之议员组织之"。因各地方三字包括全国。赞成蒙藏地方应有选举权，"蒙藏确与内地情形不同，即可以用特别选举法"。[5]多数赞成蒙藏地区应有议员，并赞成汤化龙的修正意见。[6]

5. 副总统兼任参议院议长。司徒颖认为按照美国宪法副总统应为参议院议长。"现在民国副总统制既舍法而取美，则宜仿美制，使副总统当然为参议院议长。"[7]王树声、张伯烈等人皆表示赞同。张伯烈还提出修正案："参议院议长以副总统任之，副议长由议员互选之。"

---

[1]《参议院第四十三次会议速记录》（1912 年 7 月 20 日），《政府公报》，1912 年 8 月 5 日。第 472 页。

[2] 同上书，第 473 页。

[3] 同上书，第 474 页。

[4] 同上书，第 474—475 页。

[5]《参议院第四十四次会议速记录》（1912 年 7 月 23 日），《政府公报》第 98 号，1912 年 8 月 6 日，第 481 页。

[6] 同上。

[7]《参议院第四十五次会议速记录》（1912 年 7 月 24 日），《政府公报》第 101 号，1912 年 8 月 9 日，第 499 页。

但遭多数议员否决。[1]

6. 宪法会议程序。关于宪法会议形式与议决人数的讨论。主张分开表决理由主要是上议院与下议院平等，如果合并计算，则下议院人多，上议院人少，仍不平等。李国珍称对出席人数三分之二，议决人数四分之三的标准有异议。"以为如此则两院太不平均。"由于下院人数为上院的两倍，所以在表决人数时，同样取四分之三，"下院议决权未免太重"。[2] 他主张应该分开表决。刘显治指出既然此条规定两院合会时非两院各有总议员三分二以上之不能开议，"两院人数既分别规定，则表决之时，人数亦应分别计算"。[3] 王家襄称："即以平常法律案而论，必宜经上议院过半数之通过，下议院过半数之通过，方能成立。宪法乃国家根本法之一，若非经四分三以上之同意不可。则下议院全体赞成，上议院亦非有多数赞成不能通过，反不若平常法案之慎重。"赞成分开表决。[4] 刘兴甲指出下议院600人，上议院300人，共有900人，四分之三多数为675人，"如此计算则下议院虽全体赞成，上议院亦非经半数之同意不能通过，万不能以为下议院权过于上议院"。[5]

赞成原案合议制的陈景南指出两院合议，第一可以省时间，"如两院分议，则上议院会议需要时间，下议院会议亦需费时间，时间多费尚不知能否通过"。"照各国历史言之，凡宪法之制定须有一特别之机关，今中国委之于国会，而国会又系两院制度。"第二是事实上的问题。中国不同于其他国家，上下议院都是民选产生，"上议院议员既无子子孙孙终身充当议员之观念，万不致将议院所有权限均趋重于上议院，而下议院即无所用其反对争议。两院合同一致制定宪法，既

---

[1]《参议院第四十五次会议速记录》(1912年7月24日)，《政府公报》第101号，1912年8月9日，第500页。
[2]《参议院第四十六次会议速记录》(1912年7月25日)，《政府公报》第101号，1912年8月9日，第506页。
[3] 同上书，第506—507页。
[4] 同上书，第507页。
[5] 同上。

无极大之争议发生，且可得慎重立法之本意"。[1]

谷钟秀指出表决人数四分之三有许多不便之处，赞成三分之二的标准。赵世钰提出反对意见，指出按照出席人数的规定，两院至少须有600多名议员出席，其中众议员400多名，参议员200多名，以四分之三计算，应有450多名议员同意方能通过，假使众议院全体同意，还须有50名以上参议员同意。"若改作三分二，则无须参议员之同意即可通过，多数压制少数在议院中甚为危险。"[2] 籍忠寅赞成合议分计，认为表决合议制违反两院制的精神，"应各有三分二以上之同意方可作为议决"。合议制可以避免两院之间彼此加以修正或彼此反复可决否决，"以为能议决通过一条，则宪法即成立一条"，否则"宪法之颁布必无日矣"。[3] 但是分议制、合议分计制、三分之二表决人数标准等提议均遭多数否决，原案合议制获得通过。

(二)《议院法》

1. 预算权。原案第32条规定，预算案交委员会审查后，限30日内提出报告。蒋义明提出修正案，要求规定预算案提出日期最迟需在开会后一个月以内。主要理由有三点，一是国会有监督政府的职权，"若明定日期,则政府对于预算案即不敢拖延"。二是从现实政治考虑，"若无限期则往往迟延不办，此实人情之常"。三是从立法来说，"亦当然规定凡议案提出皆有读会审查之程序"。"如提出尚无日期，则审查报告之日期亦等于虚设，所以由本法上言，尤不可不规定提出日期。"[4] 朱兆莘担心事实上办不到，因为会计年度还没有规定，"而国会开会期间与会计年度不对，亦事实上所困难"。[5] 程莹度称，提出

---

[1]《参议院第四十八次会议速记录》(1912年7月29日),《政府公报》,1912年8月19日，第111号，第523页。

[2] 同上。

[3] 同上书，第524页。

[4]《参议院第二十九次会议议事录》(1913年7月3日),《参议院公报第7册》,第23—24页。

[5] 同上书，第24页。

预算案时期，各国迟早不同，有在国会开会前提出，有在会期中提出。预算案的提出必须有一定的限期，不过"当规定于宪法与会计法，不应规定于院法"。[1]蒋举清认为预算案提出时间应规定在宪法上，不应规定在院法内，"各国宪法内对于预算提出皆有规定，其提出之期或于国会开会之日即行提出，或一月之内提出"。至于会计年度则应当规定于会计法中，"院法只为院内院外之关系"。后蒋的意见被否决，多数赞成原案。[2]

原案第33条规定，预算案再审议时，议员提起修正的动议，非有20人以上之赞成不得成为议题。王家襄认为预算案提出修正案连署人数应与普通修正案连署人数不同，"若任少数人自由发起动议修改数目，则一字之变更必引起全体数目之变更，且其中调查之手续非常困难"。所以应该提高修正案连署人数至30人。"即可以有详细之调查，既已调查确实，而后具案则易于审查。"[3]向乃祺也认为："预算案察查时各方面调查非常困难，若任意修改是于进行有碍。"后多数赞成原案。[4]

2. 弹劾权。关于第7章弹劾权的规定，张金鉴主张全章删去，因为这一规定超出院法规定的范围，"弹劾大总统与国务员系约法中所应规定，无规定于院法中之必要"。[5]朱兆莘反对删去第7章，称根据"临时约法"的规定，弹劾权为民国议会的职权，"但前参议院为一院制，现在为两院制，则所定之弹劾手续，必有不同，当然规定于议院法中"。[6]汤漪也反对删去第7章，认为现草案中关于弹劾的人数、表决方式与通过办法，"无非根据约法之规定，为一种行使之手续而已，皆在院法范围之内，并未牵涉及宪法范围"。[7]后少数赞成删去第7章，修正案被否决。

---

〔1〕《参议院第二十九次会议议事录》(1913年7月3日)，《参议院公报第7册》，第25页。
〔2〕 同上书，第26页。
〔3〕 同上书，第29页。
〔4〕 同上。
〔5〕 同上书，第30页。
〔6〕 同上。
〔7〕 同上书，第31页。

关于第 34 条弹劾大总统案，"各院非有总议员五分一以上之连署，弹劾国务员案各院非有总议员十分一以上之连署不得提出"的规定，方圣征建议删去"各院"二字，因各国均是下院专有弹劾权，上院专有裁判权，"我国将来宪法规定参议院是否有弹劾权，尚属一问题，倘无弹劾权，而现在规定在院法之中，岂非与将来之宪法冲突"。[1] 龚焕辰认为在民国宪法未制定以前，弹劾权应该依据"临时约法"的规定，"但约法所载系一院制，现在既为两院，则弹劾权之行使不能不研究"。[2] 但是根据王家襄的解释，龚的疑问不成问题。根据《国会组织法》第 14 条规定，民国宪法未定以前临时约法所定参议院之职权为民国议会的职权。"所谓民国议会，即参众两院。"所以"参议院可以提出弹劾案，众议院亦可以提出弹劾案。盖民国议会职权本两院同时行使也"。[3] 后多数赞成原案。

原案第 36 条规定弹劾大总统案可决后，即日将全案通告最高法院，限 5 日内组织特别法庭审判之。陈善主张删去此条："本院只有提出弹劾案之权，并无干涉提出弹劾后如何裁判之权。"此外本条文仅规定大总统弹劾，并无规定国务员弹劾处理办法。[4] 向乃祺虽然同意删去此条，但理由与陈善不同，"以为院法之根据惟在临时约法，既然根据约法，故凡于手续上只可补充不能有所重复冲突"。"临时约法"第 41 条已经规定组织特别法庭一节，所以本条规定与约法相重复。[5]

张我华反对删除第 36 条，强调此条要点在限定日期一层，与约法并不重复。弹劾大总统通过后，就应该通知最高法院组织特别法庭审判，"倘无限定日期，则延搁时日，遗误机宜，在所不免"。[6] 杨永泰也认为："此条对于约法第四十一条限定日期。一则限即日，一则

---

〔1〕《参议院第二十九次会议议事录》(1913 年 7 月 3 日)，《参议院公报第 7 册》，第 32 页。
〔2〕同上书，第 33 页。
〔3〕同上。
〔4〕同上。
〔5〕同上书，第 34 页。
〔6〕同上。

限五日内,以免延搁。本系一种手续之规定。"所以与约法规定并不重复。[1] 韩玉辰虽然赞成第 36 条的规定,但是认为"五日内组织特别法庭审判之一语可以删去。盖因法律因守法律之系统,限五日内组织特别法庭审判之规定乃系刑事诉讼法之性质。审判手续之性质自不能列入院法"。[2] 后多数赞成原案。

3. 议员惩戒。原案第 82 条规定,惩戒之动议非有议员 20 人以上之赞成不得提出,但关于前二条惩戒事件之动议得由议长提起之。惩戒之动议须于应行惩戒事件发生后 5 日内行之。

蒋曾燠认为前两条惩戒事件得由议长提议的规定不妥,建议改为"应由议长提议",理由是"得字甚为活动,不如应字为妥"。"又请付惩戒之提议须于应行惩戒事件发生后五日内行之,以本员之见经议长提议,临时即可表决可以不付审查。"[3] 王家襄指出:"得字系指议长一人而言,至其他惩戒事件议长亦可以议员名义列名并无窒碍。"蒋曾燠称:"所谓议长一人提议者,乃关于前两条之惩戒也,二十人之提议者,乃其他惩戒事件也。""得字不妥之故,则以得字为其他二字拘束。"王家襄称:"本员以为非用得字不可,盖前两条惩戒事件可以由议员提议,不过议长亦可以提议。至于其他惩戒事件均是由议员提议。若议长要提议亦当以议员资格提议,并非限定仅由议长提议。而议员于前二条不能提议也。"[4]"如将得字删去,则议员不能提议矣。"[5] 杨永泰认为两人之争主要是因为条文有疵病,"只须将条文略一颠倒,两方面意见均可调剂。盖条文之弊即在其他二字,今本员修正其文为惩戒事件须由议员二十人以上提议,但前二条惩戒事件得由议长提议。"后多数通过杨永泰修正案。[6]

---

[1] 《参议院第二十九次会议议事录》(1913 年 7 月 3 日),《参议院公报第 7 册》,第 35 页。
[2] 同上书,第 36 页。
[3] 《参议院第三十一次会议速记录》(1913 年 7 月 8 日),《参议院公报》第 7 册,第 93 页。
[4] 同上。
[5] 同上书,第 94 页。
[6] 同上书,第 95 页。

4. 国会经费。原案第九十二条，两院经费其款目如下。一、议员岁费及公费，甲岁费每年五千元。议员得辞岁费全部或一部。乙交际费，议长每年五千元，副议长每年三千元。丙旅费，依道路之远近交通之情形以别表定其数目。二、秘书厅及警卫经费。三、预备费。

主席吴景濂指出："对于本条提出之修正案共二十件，大概分两部分，其一部分系就岁费公费言者，其一部分系关于议长副议长交际费。现先解决岁费，岁费问题解决后再解决其他问题。对于岁费之主张，计有五种，第一主张完全删去，第二主张二千元，第三主张二千四百元，第四主张三千六百元，第五主张六千元。有此五种主张，即请就五种主张以内发言，但先当讨论其最远者，即完全删去之说，由少数讨论至最多数。"[1]

解树强称："现在各国虽亦间有采取无给主义，而其实采取此主义者绝无而仅有，地球各国亦仅一二国而已。""国会为最高之立法机关，议员之俸给规定过低，于立法之性质上不免启人以轻视之渐。""倘岁费过少，则将来改任官吏者必益加多。"只有保持优厚的待遇，议员"专尽其职，职任既专，即可希望其专心致意于立法上之研究"。[2]向乃祺表示各国国会制度关于议员俸给分为三种，一是无给主义，如英国、意大利、葡萄牙、西班牙等国；二是岁给主义，如日本、法国、美国、俄罗斯等国；三是日给主义，如普鲁士、奥地利等国。"此外，既采岁费兼采日费者，亦有数国，如日本于闭会后，每次审查会委员会出席受费五元。"主张岁费主义，数目为六千元。至于财政困难问题，"要知财政困难亦一时之现象，而此立法乃永久之规模"。[3]

蒋曾燠提出岁费六千元的主张，认为如果岁费过低，"恐因是而立法部之人才皆趋入行政司法部中，则将来立法部必有乏人才之叹"。[4]蒋还进一步指出，"立法部之议员及以下各职员，每岁所需之

---

〔1〕《参议院第三十二次会议速记录》（1913年7月9日），《参议院公报》第8册，"第一次国会"，第8页。
〔2〕 同上书，第11—12页。
〔3〕 同上书，第13页。
〔4〕 同上书，第19页。

经费，不过行政部十分之一耳"。"如谓国家财政困难，则当各机关经费一律裁减，不能以议员岁费减少而财政即不困难。是以议员岁费之多寡，与财政困难问题并无关系。"[1]汤漪也主张岁费六千元，"国家设立法行政二部，各有所事，不能偏重。何以对于行政部之局长、秘书、佥事等之薪俸定为三百六十元，最少者亦在二百元以上，而对于国家最高立法机关反加减削。""汇一国中优秀人才于此立法机关，必使其经济足以维持，不至为行政部吸收殆尽。"曾留学美国的汤漪提到美国国会议员的收入情况，现在每年已从建国初期的五千美元增加到现在的九千美元，是总统年薪的五分之一。而且国会还承担议员的书记员（立法助理）薪俸，每会期并发给议员240美金阅报费。[2]

陈光焘主张岁费三千六百元，认为议员与行政官员不同，"就对己言之，为行使其权利。世未有行使自己之权利而须国家厚给报酬者。就对国言之，又为应尽之义务。是不可规定过多也"。[3]岳云韬强调与瑞典、比利时、法国、美国比较，"今中国定为六千元，除比美国略少外，其余皆较为加多"。主张三千六百元岁费。[4]

杨永泰提议岁费与日费兼而有之。其中日费是根据议员出席情况，"议院为立法机关，议员尽其职务，即可给以报酬，不尽职务，即不给以报酬"。[5]后多数不赞成岁费内有日费，同意岁费六千元。[6]

七、《众议院规则》的中日比较

民国《众议院规则》在内容方面，与当时日本国会的《众议院规则》

---

[1]《参议院第三十二次会议速记录》（1913年7月9日），《参议院公报》第8册，"第一次国会"，第20页。
[2] 同上书，第21—23页。
[3] 同上书，第20页。
[4] 同上书，第24页。
[5] 同上书，第14页。
[6] 同上书，第24页。

有众多相似之处。

1. 集会、开会与议长、副议长选举。日本《众议院规则》规定，议员当于召集敕谕指定之日午前9时集会于众议院。集会议员应将当选证书及名刺交与事务局。书记官当将各员当选证书与当选人名簿对照。至午前10时集会已满全院议员三分之一，议员当行选举候补议长。候补议长的选举以无名投票，连记候补者3名。议员应答点名，即将投票投入议长席前所设投票匦，并将名刺投入名刺箱。议员投票毕，书记官长宣告闭锁投票匦，宣告闭锁之后不许投票。投票毕，书记官长与书记官，在议员面前，计算投票数。如投票数过于名刺数，必须重新投票。投票检点毕，书记官长将各候补者得数报告议员，以得投票过半数者为当选人。无得投票过半数者，或得过半数者不满三人，则就得投票最多数者，依应选举的定员数，加倍取之。再举行决选投票，以得多数者为当选人。同数者如二人以上，则取年长者，同年月，则抽签定之。当选人有辞当选者，当再行选举。候补议长选举结束，举行候补副议长的选举。候补副议长的选举同候补议长选举。候补议长，得被选举为候补副议长。如因选举有疑义，书记官长谘已集会之议员决之。候补议长候补副议长已定之后，书记官长当经由内阁总理大臣上奏。议长副议长任命之明日午前9时，议员当集会于议场。书记官长在议院为议长及副议长介绍，引议长临议长席。议长临议长席后，使书记官抽签，定议员的议席及部属。议员的议席，每会期定之，各席俱编号数。议员之部属，每会期定之，各席俱编号数。总议员分为9部，如不能平均，自第一部以下，每部可加一员。议长、副议长不入部员之中。临时会可继续前会的议席及部属。议席及部属定后，议长将议院成立情况，通报政府及贵族院。议员一任期中之第二会期以下，至召集期日午前10时，议员已到总数三分之一，议席及部属已定，将议院成立情况，通行政府及贵族院。[1]民国《众议院规则》第1—13条的内容基本相同。

2. 委员会职权与种类。日本《众议院规则》规定，委员之审查

---

〔1〕 日本《众议院规则》第1—18、23—24条。

不得涉于议院委托事件之外。委员在委员会于同一事件得数次发言。委员长整理委员会之会议，保持秩序。委员会议事，以出席委员过半数决定。可否同数，则依议长所决。委员长如欲自与于讨议之列，可在委员中指出代理者，使临委员长的席位。日本众议院委员会分为全院、常任与特别委员会。[1]

民国《众议院规则》第14—19条关于委员会职权与种类，除与日本众议院内容相同外，另外还有所增加。如《修正众议院规则》（1918年10月7日议决）第16条加一项，委员会必须有委员过半数的列席，始得开议。新增第17条，全院委员会必须有三分之一以上的列席，常任及特别委员会须有委员过半数的列席，始得开会。

3. 全院委员会。日本《众议院规则》规定，全院委员长的选举，以无名投票行之。得过半数者为当选人。没有过半数者，则以得投票最多数者二人，再行决选投票。如同数者有二人以上则以抽签决定。如因选举有异议，议长咨议院定之。全院委员长有事时，则第一部长行其职务。第一部长亦有事时，顺次第二部长以下行之。全院委员会由议长或议员10人以上发议，不用讨论，以议院的决议召开。已议决开全院委员会应当即时开会。如议决即时不开会，议长当预定开会日期载入议事日程。召开全院委员会时，议长当退席。书记官长的席位充作委员长席。全院委员会的动议，有一人以上赞成，即可作为议题。全院委员会不得自行议决规则。全院委员会议事结束，委员长请议长复席，将其结果报告议院。全院委员会不得自行延会。倘议事不能终局，委员长当请议长复席，将议事经过报告议院。于此之时，议长当再定开会期日，载于议事日程。在全院委员会，如有违议院法或议院规则，紊乱议场秩序者，议长不待委员长的请求，得复席解散委员会。如有全院委员会不得议决的事件发生，委员长当退席，请议长复席。在全院委员会，则书记官担任书记官长职务。[2] 民国众议院相关规定基本相同。

---

〔1〕 日本《众议院规则》第25—29条。
〔2〕 日本《众议院规则》第30—41条。

4. 常任委员会。日本《众议院规则》规定，议院在每次会期开始时，选举常任委员如下。一、预算委员63人；二、惩罚委员27人；三、请愿委员36人。其他依议员的动议，议院认为必要者。常任委员由各部以无名投票，就总议员中选举之。得最多数者为当选人。同数者如有二人以上，则以抽签决定。选举各常任委员，依议院之命，各部于同一日时行之。各部当选既定，部长当报告于议长。当选数部之选举者，作为该所属部当选人，于所属部之外，当选数部之选举者，则按部号的次序作当选人。因前条或其他事故，导致委员有缺员的时候，由其选举之部行补缺选举。被选举为委员者，无正当事故不得辞任。委员长以无名投票互选之，得最多数者为当选人。同数者如有二人以上，则以抽签决定。委员会以无名投票，由委员中互选1名或数名为理事。使掌委员会会议录及其余文书之事，委员长有事故，则理事为其代表，但会议录及其他文书之事，得使书记官掌之。议院不指定委员会期日，则委员长决定。委员会不得于议院会议中召开。但得议院的许可，则不在此限。议员关于其受委托事件，如有意见，委员会得从其意见。议员请阅览委员会议录及其他的参考文书者，苟无碍委员会之审查，可许之。但不许携出议院之外。委员会审查结束，当制作报告书，由委员长提交于议长。依委员会的决议，委员长得以口述报告，但议院得请以文书报告。委员长经委员会之决议，得将其报告付托于他委员。除议长特认为机密者外，凡委员会的报告书，当印刷预行配付于议员。议院得定期限，使委员会完成审查报告。委员会无故迟延报告，议员得另行选任他委员。在委员会欲将以少数被弃的意见提出于议长者，如有出席委员三分之一，得将其意见书与委员会报告，一起提出。委员会当作委员会议录，记载出席者姓名、表决数、决议要领及其余重要事件。委员会议录由委员长及理事署名，保存于事务局。除应行送还政府的文书，及有所有主者外，其他供委员使用的文书，俟其任务完毕后，保存于事务局。预算委员及请愿委员，为办事迅速起见，得分为数科，于此之时，各科互选主查。各科主查，得在议院补助委员长的报告。[1]

民国众议院常任委员会规定除基本相同内容外,还规定在每年会期开始选举左列各项常任委员:一、法典委员35人,二、预算委员71人,三、决算委员71人,四、外交委员21人,五、内务委员27人,六、财政委员35人,七、军政委员21人,八、教育委员21人,九、实业委员21人,十、交通委员25人,十一、请愿委员37人,十二、惩戒委员21人,十三、院内审计委员21人。常任委员用限制连记记名投票选举之,以得票比较多数者为当选,票同以抽签定之。限制人数照原额三分之一。常任委员会得于会内分设数科,各科互选审查主任一人,整理该科事务。凡一事件有联合审查的必要时,得联合二项以上的委员会审查之。其开会时以本规则第30条前列的委员长为主席。委员一个月内5次不出席会议者,委员长可以通知议长另行选举。常任委员会审查议案时,其他议员可到会陈述意见,但不得参与表决。1918年10月第二届国会又将各常任委员会委员人数修改为:一、法典委员25人,二、预算委员49人,三、决算委员49人,四、外交委员15人,五、内务委员19人,六、财政委员25人,七、军政委员15人,八、教育委员15人,九、实业委员15人,十、交通委员17人,十一、请愿委员25人,十二、惩戒委员15人,十三、院内审计委员15人。

5.特别委员会。日本《众议院规则》规定,特别委员人数9名,但根据委托事件的种类,得以议院的决议增加。特别委员,在议院中以无名投票连记选举。得最多数者为当选人,同数者如有二人以上,则以抽签决定。议院付托特别委员的事情,如有系连于此的事件,得一并付托之。议院受特别委员报告之后,得再将该事件付托同一委员,或付托其他委员。[2]民国众议院特别委员会的相关内容基本相同,但是特别委员的产生方法与日本众议院不同,民国众议院特别委员由议

---

[1] 日本《众议院规则》第42—61条。
[2] 日本《众议院规则》第62—65条。

长指定，以首列者为委员长，但院法第八条所规定应以得票最多数的1人为委员长。

6. 议员资格审查。日本《众议院规则》规定，议员有对他议员之资格，申立（申请之意）异议者，当作异议申立书及副本通，署名提出于议长。议长将申立书交付审查资格委员，将其副本送达被告议员，决定日期使其提出答辩书。被告议员如能证明因天灾事变及疾病，不能在规定期限内提出答辩书，议长得再定日期，使其提出答辩书。议长受被告议员的答辩书，则交付审查资格委员，期以时日使审查之。被告议员，如不于定期内提出答辩书，审查资格委员得行报告审查的结果。审查资格委员认为必要时，得经由议长将申立议员及被告议员，唤召讯问。委员既将审查报告，提出于议长。议长配付各议员之后，交付院议。被告议员在议院得自行辩明，或托其议员代为辩明。[1]

民国众议院议员资格审查的内容基本相同，而且进一步标明审查日期与审查会人数。议员对于他议员之资格，认有异议时，应作成异议书两份提出于议长，由议长分交审查委员会及被议议员。被议议员受异议书后，应于5日内提出答辩书。1918年10月7日的《修正众议院规则》补充规定，到会议员应将当选证书送交本院由议长指定审查员9人组织审查会审查。

7. 开议散会及延会。日本《众议院规则》规定，会议通常自午后1时起。议事日程所载议事结束，议长不咨议院宣告散会。议事虽未结束，已到午后6时，议长得宣告延会，但紧急议事不在此限。到议事开始时，议长临席报告一切来信，然后宣告开议。议长未宣告开议之间，无论何人不得就议事发言。出席议员倘不足数，议长使过相当之时间计算之。计算两次，仍不足数，可宣告延会。议长宣告散会延会及中止后，无论何人不得就议事发言。[2] 民国众议院的相关规定基本相同，而且进一步明确每周开会时间，即本院议事每星期三次间日行之。

---

[1] 日本《众议院规则》第67—72条。
[2] 日本《众议院规则》第73—77条。

8. 议事日程。日本《众议院规则》规定，会议终，议长当将下次议事日程报告议院。凡应付议院会议事件及其次序，并开议之日时，当载于议事日程。议事日程，当刊登在官报配付各议员。议事日程所定会议某议案的时刻已至，议长中止会议中议事，移于预定会议时刻的事件。纵有载于议事日程的事件，因紧急事件，有作开议的动议者，或议长自认为紧急事件，得不用讨论，咨议院更改议事日程。议事日程指定之日，如不能会议所载事件，或会议不能终局，议长当再决定日程。[1] 民国众议院的议事日程规定相同，只是最初没有规定议事日程刊登于政府公报，后来《修正众议院规则》补充规定，议事日程应登公报并先期分配于议员。

9. 记录。日本《众议院规则》规定，议事录记载左列事项。一、关于议院成立及开会闭会的事项，并其年月日时；二、开议延会中止及散会的月日时；三、出席国务大臣及政府委员姓名；四、敕语及敕旨。五、议长及委员长报告之件。六、已付会议的议案题目。七、已作为议题的动议及动议者姓名。八、决议的事件。九、已计算表决及可否之数,则其数若干。十、议院认为必要的事项。议员对议事录所载事实，如有异议，议长当使书记官长答辩，议员不服其答辩，或不服议长的处置，议长可不用讨论，取决于议院。议事录必须由议长及整理当日会议的副议长或代理议长，及书记官或代理书记官署名。议事速记录用速记法记载议事。议长已命取消的发言，不能记载于速记录。演说议员再配付速记录日午后 7 时以前得请改正，但只准改正字句，不得更改演说旨趣。对速记录的改正，有申立异议者，议长待有赞成的人可不用讨论取决于议院。[2] 民国众议院议事录记载内容除与日本相同外，另外增加两项内容：每次会议议员到会之数及请假缺席议员姓名以及交付委员会审查事件。

10. 受理请愿。日本《众议院规则》规定，议院非记明请愿者住所、

---

[1] 日本《众议院规则》第 78—83 条。
[2] 日本《众议院规则》第 135—140 条。

身份、年岁，各自署名捺印的请愿书不受理。请愿者不能自署名，托他人代署者，代署人当附记缘由，署名捺印。法人的请愿书，代表者署名捺法人印章。请愿书当用普通国文，如不得不用外国语之时，当附注解。介绍请愿的议员当于请愿书表面，书介绍议员某。请愿委员当依请愿提出的顺序审查之。议员以简短说明书，对一请愿事件，请议院急行审查之时。议长可不用讨论，取决于议院，限时日付托于请愿委员。请愿文书表，当记请愿之旨趣，提出年月日，请愿者住地、身份、职业、姓名、介绍议员姓名。请愿者如有数名，当记请愿者某某及外几名。请愿文书表，议员命印刷之，每周配付议员一次。请愿委员于审查的结果，当从左之区别，记其大要，报告议院：一、应付议院会议者；二、无需付议院会议者。请愿委员于应付议院会议的请愿，当作特别报告。请愿委员对无需付议院会议的报告，一周间之内，议员如无要求交付会议者，议院可不用讨论决之。请愿书虽交付会议，亦不朗读，但议员有要求朗读者，议院则不用讨论决之。[1]民国众议院规定基本相同。

11. 请假缺席及辞职。日本《众议院规则》规定，议员有事故时，数日间不能出席议院者，当开具理由与时间，预先提出请假书，呈请许可。因公务或疾病或一时不得已事故，不能出席于议院之时，当开具理由，差出缺席届书。得议院许可，离议院所在地者，于出发及归着之时，当届出于议长。议员至得请假许可之日限，因有事故，仍不能出席于议院者，当开具理由，定日数，再差出请假书，呈请许可，但因临时事变，不能行此手续者，日后当将其理由申告，请议院承认。已得请假许可的议员，请假期限内如出席于议院，则失请假许可之效。议员欲辞职，当差出辞表于议长。议长使朗读辞表，不用讨论，可议决许否，在闭会中议长得处分之，于次会期开始报告议院。辞表如有认为不敬或无礼之语，议长得禁止朗读，将其要领报告议院。在前条之时，得将其辞表交付惩罚委员使审查。[2]民国众议院的相关规定基本相同。

---

[1] 日本《众议院规则》第147—158条。
[2] 日本《众议院规则》第159—166条。

12. 警卫及纪律。日本《众议院规则》规定，议长指挥守卫警察官吏，施行议院内部的警察权。守卫司议事堂内警察，警察官吏司议事堂外警察，但议长有特命警察官吏，可行议事堂内警察。院内的防火、上灯、导水、暖炉及扫除等事，守卫监督之。议院内部如有重罪轻罪的现行犯人，守卫及警察官吏可请议长命令逮捕，但在议场，不候议长命令不得逮捕。议员入议场，除礼服羽织裤外，不得穿一切略服或作奇异服装。进入议场者不得携带外套伞杖等物，不得戴帽。议场内不得吸烟。议事时除为参考者外，不得阅读新闻纸及书籍。无论何人，议事中不得发赞声否声或喧噪，妨害他人的演说朗诵。当散会时，议员非议长退席后不得退席。议长鸣号铃声时，无论何人，俱当沉默。凡秩序问题，议长决之。但议长得咨议院决之。[1] 民国众议院警卫及纪律的内容基本相同。

13. 惩戒。日本《众议院规则》规定，在会议中，如有惩罚事犯的时，议长得中止会议，或使犯人退出议场。在委员会，如有惩罚事犯之时，委员长得中止委员会。各部有惩罚事犯之时，部长处分之，同委员长例。委员长及部长，不认为惩罚事犯事件，委员及部员，亦不失依议院法第98条提出惩罚的动议于议院之权。惩罚事犯的议事，采用秘密会议。议员对于自己惩罚事犯的会议，不得列席，但经议长许可，得自行辩明，或托他议员代为辩明。惩罚委员得经由议长，唤召询问本人及关系议员。有不从议长之制或及取消之命者，议长依议院法第87条处分之外，得作为惩罚事犯，交付惩罚委员。欲使在公开议场，自表谢辞之时，惩罚委员当拟辞谢要领，并报告提出于议长。抵抗议院的命令或侮辱议长者，及一会期中被谴责三次，复犯应谴责之事犯，得停止其出席。停止出席不得过两周间。被停止出席者，如系委员，即作为已解任者。被停止出席者，在停止期内，如入议场，议长立命其退出。如不从命，当行必要处分，再交付惩罚委员。凡可酿议院的扰乱，或污议院体面的行为，其情重者，得

---

[1] 日本《众议院规则》第167—178条。

停止出席，或除名。议院既议决惩罚，议长在公开议场宣告之。议长认为惩罚事犯之言论的一部或全部，得禁其宣告。议院已议决为惩罚事犯，议长的命令自归于消灭。[1]民国众议院的相关规定基本相同，而且进一步明确停止出席以10日为限。

14. 旁听。日本《众议院规则》规定，旁听席分为皇族席、外国交际官席、贵族院议员席、公众席及新闻记者席。外国交际官有请旁听者，依外务省照会，书记官长承议长指挥，限其员数。将旁听券送付该省。官吏有请旁听者，依所属官厅照会，书记官长承议长指挥，限其员数，将旁听券送付该官厅。公众请求旁听者，由议员介绍。书记官长承议长指挥，预定公众旁听券的员数，送付部长，部长配付各部员。在东京的日刊新闻社，每一会期给旁听券25张。在各地方的日刊新闻社，每一会期给旁听券10张，由各社协议分派。议事开始后，过一时间，旁听席如尚有空位，有请议员介绍者，书记官长承议长指挥得给以旁听券。议员介绍旁听人之时，旁听人、介绍人姓名，俱当记于旁听券。旁听人将旁听券示守卫，就守卫指示的席位。凡在旁听席者，当遵守左列各项：一、应着羽织裤或洋服；二、不得戴帽着外套；三、不得携带伞杖等物；四、不得饮食或吸烟；五、对议员言论不得表可否；六、不得涉于喧扰妨害议事。携带兵器凶器及酒醉者不得入议场。无论有何事故，旁听人不得入议场。如决议开秘密会议，或因旁听席扰乱，使旁听人全行退去之时，议长可使守卫执行其命令。[2]民国众议院旁听规定基本相同，只作了少许修改，如规定本院旁听券分一次及长期两种；旁听人非执有本院旁听券不得入席，但参议院议员佩有徽章者不此限；旁听席分特别席、普通席、新闻记者席三种。

通过比较还进一步发现，中日《众议院规则》在章节结构方面，几乎完全相同（详见下表）。不同之处仅是少数章节，如日本《众议

---

[1] 日本《众议院规则》第191—207条。
[2] 日本《众议院规则》第179—190条。

院规则》第六章第六节"预算会议"、第八章"质问"、第九章"上奏建议及议案之奏上"、第十五章"对贵族院之关系"。民国《众议院规则》第十章"秘书厅"、第十四章"附则"。

中日《众议院规则》章节结构比较表

日　　本	民　　国
第一章成立	第一章集会及开会
第二章议员	第二章委员会
第一节通则	第一节通则
第二节全院委员	第二节全院委员会
第三节常任委员	第三节常任委员会
第四节特别委员	第四节特别委员会
第三章议员资格之审查	第三章议员资格之审查
第四章开会散会及延会	第四章开议散会及延会
第五章议事日程	第五章议事日程
第六章议事	第六章议事
第一节动议及发议	第一节提案及动议
第二节读会	第二节读会
第三节讨论	第三节讨论
第四节修正	第四节表决
第五节表决	第五节修正
第七章议事录及速记录	第七章记录
第一节议事录	第一节议事录
第二节速记录	第二节速记录
第十章请愿	第八章请愿
第十一章请假及辞职	第九章请假缺席及辞职
第十二章警察及秩序	第十一章警察及纪律
第十三章旁听	第十三章旁听
第十四章惩罚	第十二章惩戒

在条文内容方面，上文经过比较也表明民国《众议院规则》很多内容是直接引用日本，语句也基本相似。如议事日程录记载内容的规定，除有个别项目不同外，其他几乎完全相同（详见下表）。

中日《众议院规则》议事日程条款内容比较表

日本《众议院规则》（第七章第一节）	民国《众议院规则》（第七章第一节）
一、关于议院成立及开会闭会之事项，并其年月日时。	一、关于本院集会及开会闭会之事项，并其年月日时。
二、开议延会中止及散会之月日时。	二、开议延会议事中止及散会之月日时。
三、出席国务大臣及政府委员姓名。	四、出席国务员及政府委员姓名。
四、敕语及敕旨。	
五、议长及委员长报告之件。	六、议长及委员长报告事件。
六、已付会议之议案题目。	七、已付会议之议案题目。
七、已作为议题之动议及动议者姓名。	八、已作为议题之动议及动议者姓名。
八、决议之事件。	九、决议事件。
九、已计算表决及可否之数，则其数若干。	十、表决可否之数。
十、议院认为必要之事项。	十一、本院认为必要之事项。

总的来说，在国会组织法规制度建设方面，还是富有成效的。

一是国会组织法规内容较为完备。从临时参议院，到第一、二届国会，共制定与修正各类国会组织法规37件，内容涵盖国会立法制度、立法技术、立法权力、组织结构、内部管理等各个方面，相当完备。

二是国会组织法规不断修正完善。如与南京临时参议院制定的议事细则内容相比较，第一届国会制定的议事细则在讨论、表决程序规定得更加详细，惩戒制度也进一步完备，还把原议事细则中委员会制度内容改为《参议院委员会规则》单行法规，并且在内容方面将原议事细则中的审议会改为全院委员会，审查会改为常任委员会，并且增加各常任委员会及人数，进一步完善委员会议事规则。第二届国会参议院议事细则与第一届国会相比较，又有一处修改，有议员认为原议事细则第80条"议员出席须有出席证"的规定，并无实际作用，而且上届国会并未实行，建议删去。考虑到本届参议院人数为168人，较之上届国会274人，总数减少三分之一以上，所以有人建议参议院委员会规则应相应减少各常任委员会的委员人数。以上提议均获通过。[1]

三是参众两院组织法则互相借鉴，取长补短。如《众议院规则》在参议院组织法规制定经验的基础上，内容涵盖议事细则、议长副议长互选规则、委员会规则、旁听规则、秘书厅组织规则、警卫处组织规则等内容。众议院秘书厅、警卫厅组织规则内容也有多处借鉴于参议院相关规则。《众议院秘书厅办事规则》与《参议院秘书厅组织规则》与《参议院秘书厅办事通则》的内容多数相同，不同之处一是组织机构略有不同，增加速记技士类职位，从事速记工作；二是并将参院文牍科改为文书科，将公报科并入到文书科；三是将议事科议员住址及其转移之登载的职责划归文书科；四是将庶务科发给旁听券的职责划归文书科。[2]《众议院秘书厅及警卫厅支给规则》与《参议院经费支给规则》内容基本相同，不同之处有三点：一是第二条把相当于参议院科长、科员的秘书俸给分为五级，第五级调高为90元；二是增加第三条速记技士俸给的内容，五级分别为180、150、120、90、60元；三是增加第五条内容，即"印刷处缮校月给二十四元至四十元"。[3]

值得一提的是，即使是在国会风雨飘摇的最后时期，国会仍然在加强组织制度建设方面努力不懈，当时仍然能够提出《参议院审判委员会组织规则案》、《参议院审判法案》，希望进一步规范弹劾权行使程序。

﹝1﹞《第二次会议速记录（1918年8月27日）》，《参议院公报》第1期第1册，第41—57页。
﹝2﹞《众议院秘书厅办事规则》，《参议院要览》，"法令二"，第75—81页。
﹝3﹞《众议院秘书厅及警卫厅支给规则》，《参议院要览》，"法令二"，第72—75页。

第五章 国会与行政法规的制定

民国初年行政法规的制定主要是在民国临时参议院时期，共制定行政法规65件，其中又以行政组织类法规居多，文官制度、行政行为等方面也有所涉及，但是行政诉讼类法规则是空白。第一届国会在行政法规制定方面建树不多，第二届国会主要是在文官制度法规制定方面较有成就。在历届立法机构中，以北京临时参议院成就最大，不仅制定了文官制度、行政行为方面的法规，而且还修正了南京临时参议院时期的一些行政组织法规，初步构建了民国初年中国的行政法制格局。本章拟就这一时期代表性的行政法规内容及其制定过程作一分析。

一、行政组织法规的制定

（一）各部官制通则

《各部官制通则》经南京临时参议院时期议决，于1912年3月12日议决通过。其要点包括以下四个方面。

1. 总则。规定本通则，凡外交、内务、财政、陆军、海军、司法、教育、农林、工商、交通各部均适用。

2. 总长职权。各部总长对于主管事务应负其责。事务主管不分明，牵涉二部以上时，得提出国务会议定其所主管。各部总长对于主管事务有认为重要者，得商承国务总理开国务会议。各部总长于其主管事务或特别委任范围内得发部令，或发谕令于地方官，并于必要时得停止地方官的命令处分或取消之。各部总长统辖所属职员，并分别任免。

3. 组织结构。各部设立承政厅，负责掌管机要，典守印信，编制统计，记录所属职员进退的册籍，纂辑保存并收发各项公文函件，管理本部经费及一切预算决算，稽查会计，管理官产官物及所有不属于各司事务。各部分设各司，各司分设各科，分掌事务。其中次长1人为简任，参事、秘书长、秘书、司长、科长为荐任，科员、录事为委任。此外各部依据需要设置工监、工正、工师、工手、副官、司务、编纂、主计、视察、审查等职员。工监为简任，工正、工师、副官、司务、编纂、主计、视察、审查为荐任，工手为委任。

4. 属官职权。次长辅佐总长处理部务。总长有故不能视事时，除列席国务会议副署法令及发布部令外，得代理其职。参事承总长之命掌理审议及草拟稿案事务。秘书长承总长之命总理承政厅事务。秘书承总长之命分掌承政厅事务。司长承总长之命主管一司事务，并指挥监督科长以下各职员。科长承上官之命掌理一科事务。科员承上官之命分掌科务。录事承上官之命，缮写文件经理庶务。工监、工正、工师、工手皆承上官之命掌理技术事务。副官、司务、编纂、主计、视察、审查分别掌管整理补助事务、专门事务、编纂记录事务、会计事务、视察及调查事务、审查学艺事务等。[1]

1912年2月6日"各部官制通则草案"第一读会通过后交付法律审查会，要求三日内报告。[2] 实际时间一直拖延到3月11日，才召开第二读会。当日议决将第一条中"均通用之"改为"均适用之"。[3] 同日下午开始议决第3条到第26条，将第3条增加内容"第三条事

---

[1] 《各部官制通则》，张国福选编《参议院议事录、参议院议决案汇编》，北京大学出版社，1989年。

[2] 《2月6日议事录》，《参议院议事录、参议院议决案汇编》，第26页。

[3] 《3月11日议事录》，《参议院议事录、参议院议决案汇编》，第106页。

务主管不分明牵涉二部以上时得提出内阁会议定其所主管";第 4 条"指示训令"改为"谕令";第 12、13 条"上官"改为总长;第 5 条"并分别任免之"改为"掌其吏事";第 7 条议决删改条文为"各部设承政厅其所掌事务如下:(一)掌管机要,(二)典守印信,(三)统计,(四)记录所属职员进退之册籍,(五)纂辑保存并收发各项公文函件,(六)管理本部出入经费编及一切预算决算,(七)监查会计,(八)管理官产官物及所有不属各司事务,但海陆军部得依便宜变通此例。"[1]第三读会将第 3、4 条中"内阁"改为"国务";第 5 条"掌其吏事"仍改为"并分别任免之";第 17 条"料理"改为"经理"。[2]

《各部官制通则》的修正是在北京临时参议院时期,并于 1912 年 7 月 18 日公布。与原案相比较,第 1 至 4 条中,适用范围规定相同。关于总长职权,有变化的是第 5 条,修正为"各部总长就主管事务于地方长官之命令或其处分,认为违背法令或逾越权限者得停止或撤销之"。第 6 条增加"简任官荐任官之进退,会同国务总理呈请大总统行之。委任官之进退由总长专行之"。在第 11 条内容中,裁撤秘书长、录事职位,增设佥事(荐任)、主事(委任),分别是承长官之命分掌总务厅及各司事务、助理总务厅及各司事务。详细规定职位人数。如参事 2 至 4 人,秘书 4 人,佥事不得超过 8 人。其他应设置专门技术官有特别职员,由各部官制定之。为缮写文件及其他庶务得酌用雇员。删去原案第 15、16、17、18、19、20、21、22、23、24 条有关专门技术、管理庶务等官员职权的规定。[3]

整个审议过程非常顺利,只是在第二读会上讨论草案第 8 条时,俞道暄认为第四项"记录职员进退之册籍"表述有语病,"大凡记录,皆不能无册籍"。[4]汪荣宝称不应要"册籍"两字,"应改为记录职

---

[1]《3 月 21 日临时会议事录》,《参议院议事录、参议院议决案汇编》,第 107—108 页。
[2]《3 月 12 日议事录》,《参议院议事录、参议院议决案汇编》,第 111—112 页。
[3]《各部官制通则》,《政府公报》,法律,第 80 号,1912 年 7 月 19 日,第 381—383 页。
[4]《参议院第二十八次会议速记录》(1912 年 7 月 1 日),《政府公报》,6 月份,附录,第 570 页。

员之进退"。多数表决通过汪的修正意见,其余条款众议员均无异议。[1]

(二)国务院行政组织法规

《国务院官制》的制定是在南京临时参议院,1912年4月4日议决通过。

1. 组织机构。国务院以国务员组织之,以国务总理为首领,承宣机宜,统一行政。国务院设置承宣厅。秘书长1人为简任,承国务总理之命,综理承宣厅事务,参与机要,保管机密文书,进退国务院所属委任官。秘书8人为荐任,承国务总理或秘书长之命,分掌宣达法令,收掌公文,保管图书,典守印信,草拟文牍,编纂记录,整理庶务。主计2人为委任,承上官之命,掌管会计事务。录事为委任,承上官之命,缮写文件,经理庶务。[2]

2. 国务总理职权。凡临时大总统公布法律及发布关于一般行政的命令,国务总理及各部总长均副署之。但法律命令之关于一部或一部以上者,由国务总理及主任总长副署之。国务总理对其职务或特别委任范围内,得发布院令,于必要时对于巡警总监及地方官得发布谕令。国务总理于必要时得中止各部总长之命令处分,交国务会议裁决。国务总理于地方官之命令处分认为违背法令,侵害公益,逾越权限时,得停止或撤销之。国务总理监督所属各官署,对于直辖事务应负其责。国务总理有事故时,得呈明大总统以其他国务员代理其职。[3]

3. 国务会议。下列各项事务必须召开国务会议:(1)法律案;(2)预算决算案;(3)预算外的支出;(4)军队的编制;(5)国际条约及重要外交事项;(6)官制及官规;(7)执行法律或基于法律委任的命

---

[1]《参议院第二十八次会议速记录》(1912年7月1日),《政府公报》,6月份,附录,第570页。

[2]《国务院官制》第1、2、12、13、14、15、16条,《参议院议事录、参议院议决案汇编》,第79—81页。

[3]《国务院官制》第3、6、7、8、9、10、11条。

令；(8)各部权限争议；(9)简任官及一级荐任官的任免黜陟；(10)参议院咨送的人民请愿案；(11)各部主管事务关系重要的案件；(12)国务总理认为应交国务会议的案件。此外，还规定各部总长得随时商承国务总理开国务会议。[1]

《国务院官制》审议过程顺利，只是第二读会时将第14条中"发布"改为"宣达"；第15条"主事"改为"主计"，"分掌科务"改为"掌管会计事务"。[2]

《国务院官制》修正是在北京临时参议院时期，修正后12条，于1912年6月26日公布。主要修正内容有三点。

1. 组织机构。国务员为国务总理及外交、内务、财政、陆军、海军、司法、教育、农林、工商、交通总长。国务总理为国务员首领，保持行政的统一。国务总理于各部总长之命令或其处分，认为有碍前条规定者得中止之取决于国务会议。

2. 国务总理职权。国务总理就所管事务对于地方长官得发训令及指令。关于副署权，"临时大总统公布法律发布教令及其他关于国务之文书，关系各部全体者由国务员全体副署，关系一部或数部者，由国务总理会同该部总长副署，其专属国务总理所管者由国务总理副署"。

3. 国务会议。国务会议议决事项，取消官制与官规事项，将重要外交事项明确为宣战媾和，增加一级荐任官任免事项。[3]与原案不同的是，不再规定国务院直属机构的设置与职权。

修正国务院官制的审议过程较为激烈。在第一读会上，政府提出官制修正案，政府特派员提出的一个重要的修正理由是："政府得撤销或停止其他官吏命令处分之权限，不免范围太广，如原案国务总理对于各部总长于必要时得撤销或停止各部总长之命令处分，又各部总长对于各省地方行政官于必要时亦得撤销或停止其命令处分。此等监督权在行政系统上当然必需规定，而实则必要二字之范围太广，并

---

[1]《国务院官制》，第4、5条。
[2]《4月4日临时会议议事录》，《参议院议事录、参议院议决案汇编》，第195页。
[3]《国务院官制》，《政府公报》第58号，1912年6月27日，第515—517页。

非有一定之界限。"此外，在各部官制中，原案规定各部总长得任免其所属官吏，"而各官吏之任免方法又有简任、荐任委任之别"。所以修正案建议，简任、荐任各官在分司以上者应由大总统下令。委任各官在分司以下者应由各部总长下令。[1]

陈时夏关于佥事、主事名称问题提出质问，称南京临时参议院改为科长科员，"其最大理由在中国从前各官署积习，每多位置私人，佥事主事无定额，则无论何人皆可安置"。"第十八条谓佥事主事每司不得逾十人，试问各司有多少佥事，且主事无定额，以主事可管庶务，将来更不知安置多少人。"[2] 政府特派员答复："科长系荐任，科员系委任，荐任者须经过高等文官考试，故委任官升荐任官非常艰难。若佥事则当科长亦可，当科员亦可。"关于主事人数问题，将来会以命令形式作出详细规定。[3]

在第二读会上，审查长张耀曾报告审查结果："在南京时国务总理任命后，始行将国务院官制制定。""始行提出议决时，又南京政府北迁在即，时日又非常匆促，故官制案大抵照原文议决，并无十分修正。"[4] 审查报告认为，因国务院官制第 1 条规定国务院由国务员组成，所以国务院承宣厅的设置不符合此项规定，承宣厅官制应该另行提出。"其一在第六条改列于第三条之后作为第四条。其故为第三条各种条件之规定，原为保持行政之统一，而所以能达保持行政统一目的之方法，则在于第六条国务长得中止各部总长之命令处分，故第六条之作用实纯为施行其保持行政统一之目的而设，与第三条有密切之关系，故将其第六条改为第四条，而列于第三条之后。""其二则在第八条法律教令由国务总理与各部总长副署之。副署者非副署其法律之后，非

---

[1]《参议院第十二次会议速记录》（1912 年 5 月 28 日），《政府公报》，6 月份，附录，第 317—318 页。
[2] 同上书，第 319 页。
[3] 同上。
[4]《参议院第十八次会议速记录》（1912 年 6 月 11 日），《政府公报》，6 月份，附录，第 382 页。

对于法律负责任，实法律为大总统所颁布副署之，以代负其责任。"[1]虽然多数赞成即开第二读会，但是有议员提出"特是法律案理应另开第二读会，方与法律手续相合"。[2]

第二读会开始逐条讨论，第1条国务院组织、第2条国务员构成，有议员提议毋须讨论，多数表决通过。[3] 第3条原文为"国务总理为国务首领，保持行政之统一"。围绕国务总理决策权，以及与大总统的权力关系，参议员与政府委员展开争论。彭允彝认为："修正案第三条说是国务总理对国法须负责，而对于法律上权限又不分明。"这一条文原本是日本内阁官制，"查日本内阁官制条文上载有承宣机密字样，此机密二字定属于政治上而言，无活动之余地，且日本制度，中国现时本不可采，既采用日本制度，设无此规定，仅有保持行政之统一一句，本员以为断乎不可"。"因有此规定，即无活动之可言。如国家政治有活动之余地，责任恐无所归。要知国务员于政治上法律上均应负有责任，但兼采日本制度，亦嫌为偏至于政治上之行动，以为法律不应为之规定。"建议改为"国务总理为国务院首领，定全国大政之方针。"[4]

政府委员在回应时称原文保持行政之统一，"是政治上负有责任，非法律上负有责任"。因为法律已经明文规定国务总理违法行为。中国与日本国体不同，"承宣机密乃承君主之机密，与此毫无关系。至于定大政之方针，在共和国乃大总统之权限"。但是根据《临时约法》的规定，大总统不负责任，负责任的是国务总理，国务总理之所以负责任，"是因受大总统之任命而施行其政令，"但是如果国务总理因为保持与大总统政令统一，有失职违法之处遭受议会弹劾而辞职，国务院必须解散，并进行重组，"设大总统之政令尤如从前，所有国务员必不肯受任命"。"总之，大总统不负责任，保持行政之统一，其责任

---

[1]《参议院第十八次会议速记录》（1912年6月11日），《政府公报》，6月份，附录，第382页。
[2] 同上书，第383页。
[3]《参议院第二十次会议速记录》（1912年6月17日），《政府公报》6月份，附录，第392页。
[4] 同上书，第392—393页。

者当然系国务总理。使以定大政之方针属于国务总理之职权,则大总统何所事事?"[1]

彭允彝不赞同政府委员所谓行政可以包括政治的看法,认为"政治非仅指行政一种,行政绝对不能包括政治"。"不赞成者政府委员谓政治上可以活动也,所谓活动,须根本于法律之活动,不能于政治上有活动,如说定大政之方针者属一人,负责任者又属一人,共和国恐无此办法。"[2]

政府委员表示并非说政治即是行政,"是谓保持行政之统一,于政治上负有责任,于法律上不负责任也"。按照三权分立的原则,国务院仅是行政权力机关,国务总理应负的法律责任,法律已有明文规定。关于决策与责任分离问题,坚持两者并不冲突。根据《临时约法》的规定,国务员辅佐大总统负其责任,国务员副署权也是这样规定。"如定方针负责任全属之于国务总理,不但大总统不能总揽政务,公布法律,即世界各共和国亦无此制度。"[3]

杨永泰指出:"定大政之方针,本席以为不属于大总统亦不属于国务总理,是属于国务院。"认为"保持行政统一"的说法是妥当的。[4]陈时夏也不赞成彭允彝的看法,认为"彭君所说定大政之方针,是立法的,而保持行政之统一是行政的,将何能使之混合?"[5]李国珍对彭与政府委员的说法皆不赞成,认为"保持行政之统一,纯然是政治上的关系,而法律上的关系则甚少"。至于政府委员所说大政方针是由大总统定,"是本美国制度而言,美国本是由大总统定。今中国是采取法国制度,应归国务院定者"。所以保持行政之统一而定大政方针,"意义自在其中,不必标明出来画蛇添足也"。[6]

---

[1]《参议院第二十次会议速记录》(1912年6月17日),《政府公报》6月份,附录,第393页。
[2] 同上。
[3] 同上书,第394页。
[4] 同上。
[5] 同上。
[6] 同上书,第394—395页。

当议长提出"先以动议付表决,于保持行政之统一加定全国大政之方针一句"。刘成禺提出"先决原文"。议长表示:"先以动议付表决是各国之通例。"赞成者少数未通过。[1] 赞成原文者多数通过。[2]

在法案文字修正方面,如在第 5 条讨论时,审查会将原案中"主管"改为"所管","谕令及指令"改为"训示"。战云霁、谷钟秀建议总统的"教令"名称,将"训示"改为"谕令"。审查委员张耀曾称:"大总统之教令是对于一般人民而言,确有命令之性质,至国务总理不能对于人民而颁布命令,而颁布命令是对于地方长官之陈情批复等类。确系训示之意,而无命令之性质。"以上意见表决时均未通过。[3] 后张耀曾建议"改谕令及指令为训令及指令",多数赞成。[4]

(三)内务行政组织法规

《内务部官制》制定是在南京临时参议院时期,1912 年 4 月 3 日公布。其修正是在北京临时参议院时期,并于同年 8 月 8 日公布。

1. 内务总长职权。内务总长管理警察、卫生、宗教、礼俗、户口、田土、水利工程、公益善举、著作出版及地方行政,并选举事务,监督所辖各官署及地方官。

2. 组织结构。内务部职员,除各部官制通则所定者外,置有参事 4 人、秘书长 1 人、秘书 9 人、司长 6 人,以及科长、科员、录事、工正、工师、工手等若干人。内务部设有民治、职方、警政、土木、礼教、卫生 6 司,并分别规定各司所掌事务。

3. 民治司掌管事务:(1)关于地方行政事项;(2)关于地方自治团体及公共团体行政事项;(3)关于选举事项;(4)关于保息荒政及公益善举事项;(5)关于调查及编制户籍事项;(6)关于各省人民移植事项;(7)其他不属于他司的民治事项。

---

[1] 《参议院第二十次会议速记录》(1912 年 6 月 17 日),《政府公报》6 月份,附录,第 395 页。
[2] 同上书,第 396 页。
[3] 同上书,第 396—397 页。
[4] 同上书,第 398 页。

4. 职方司掌管事务：（1）关于核定地方疆理及土地统计事项；（2）关于监理官民土地事项；（3）关于编审图志事项。

5. 警政司掌理事务：（1）关于行政警察事项；（2）关于高等警察事项；（3）关于监理著作出版报章事项。

6. 土木司掌管事务：（1）本部通辖土木工程事项；（2）地方公共土木工程事项；（3）修理河川、道路、堤防、港湾及调查事项；（4）关于收用土地事项。

7. 礼教司掌管事务：（1）关于宗教寺庙祀典行政事项；（2）关于监理僧侣教士道士事项；（3）关于改良礼制及整饬风俗事项；（4）关于保存古迹事项。

8. 卫生司掌管事项：（1）关于预防传染病地方病及其他公共卫生事项；（2）关于船舶检疫事项；（3）关于监理医师药师及卖药业事项；（4）关于卫生会及医院事项。[1]

南京临时参议院在审议过程中，只是将第1条"各署"改为"各官署"；第5条"事宜"改为"事项"；第10条"发布"改为"公布"。[2]

北京临时参议院完成了《内务部官制》的修正工作，其要点如下。
1. 内务总长职权。内务总长管理地方行政、选举、赈恤、救济、慈善、感化、人户、土地、警察、著作、出版、土木工程、礼俗、宗教及卫生事务，监督所辖各官署及地方长官。

2. 组织结构：内务部职员除各部官制通则所规定外，署职员如下：技正荐任，技士委任。技正4人、技士10人承长官之命执掌技术事务。内务部设民政司、职方司、警政司、土木司、礼俗司和卫生司。改民治司为民政司，礼教司为礼俗司。

3. 民政司掌管事务：将公益慈善事项进一步细化，分为5项职责。（1）关于贫民赈恤事项；（2）罹灾救济事项；（3）关于贫民习节所、感化所、盲哑收容所、疯癫收容所的设置废止及管理事项；（4）关于

---

[1]《内务部官制》，《参议院议事录、参议院议决案汇编》，第57—60页。
[2]《3月29日议事录》，《参议院议事录、参议院议决案汇编》，第167页。

育婴恤嫠及其他慈善事项；（5）关于征兵及征发事项。

4. 联方司掌管事项与原先规定基本相同，重新表述为：（1）关于地方区划事项；（2）关于官地收放事项；（3）关于民地调查事项；（4）关于土地图志事项。

5. 警政司掌理事项不变，表述也相同。

6. 土木司掌管事项：增加"关于本部直辖工程经费及补助地方工程经费之调查事项"。

7. 礼俗司与原礼教司掌管事务相同，表述也基本相同。

8. 卫生司掌管事项将"关于船舶检疫事项"改为"车船检疫事项"。[1]

在《内务部官制》修正前，1912年5月，曾发生大总统咨请官制通则内务部加次长一人事件。

在审议大总统议案的第一读会上，政府特派员章宗祥称，内务部现将蒙回藏事宜归并本部，"该部事务本甚繁赜，诚恐次长一人不敷辅佐，故再增加一人"。[2]针对政府提案，先后有9位参议员发言，均持反对意见。一种意见认为是没有必要。有参议员提出，在前清时代，也只有一位次大臣，而没有听说有两位次大臣，"何以前清时代足以辅佐，此时反嫌不足"。[3]李国珍认为，蒙回藏事务繁多，只能增加科长科员，不能再增加次长，"因一部之总长次长不过提纲挈领任监督之责，凡事必当委之于科长科员，断不能事事躬行。即断无增加次长之理由"。一种意见认为法律程序存在问题。[4]阮庆澜"质问总统以咨文而忽然变更参议院议决案，并无提出修正案，在法律上已不正当"。[5]张伯烈认为有两个理由不能增设次长："其一则各部皆一次长，而独内务有二次长，官制上不免冲突。其二则因内务有二次长，他部亦皆可以藉口。"

---

〔1〕《内务部官制》（1912年8月8日），《政府公报》，1912年8月9日。
〔2〕《参议院第一次会议速记录》（1912年5月4日），《政府公报》第10号，1912年5月10日，附录，第125页。
〔3〕同上。
〔4〕同上书，第126页。
〔5〕同上书，第125页。

所以只能加设专科。[1] 最后议长决定将此案交付法制股审查。

在第二读会上，法制股审查报告的意见也是否决增设次长案。虽然报告称根据最新学理，每部可设两位次长，其中一位次长管理事务工作，"但政府并未说明事务权限"，更重要的是"事实上亦并未将蒙藏事务专划归于该次长管理。即该次长专管蒙藏事务，亦必增设蒙务司藏务司等附属机关。如此则有各司各科专办蒙藏事宜，即一次长已足辅佐总长，又何必再增设一次长？"此外，考虑到蒙藏事务与内务事务的不同，以及蒙藏事务的重要性与特殊性，为达到谋蒙藏同胞幸福，实现五族平等的目的，建议另设直属国务总理的蒙藏事务局特别机关，管理蒙藏事务。[2]

对于审查报告的意见，殷汝骊虽然同意另设一局，但是并不赞成属于国务总理，认为还是应当属于内务部，"因其事与全国内务有关，一方面特设机关以精通蒙藏事务之人理其事，一方面可与内务行政联络"。[3] 还有李国珍对于政府意见、审查报告意见以及殷汝骊的意见均不赞成，特别是审查报告的意见，他认为国务院直属各局设立的原因，是因为与各部都有关系，"凡各部无所归宿之事，均容纳于国务院附设之数局内。"[4] 蒙藏事务显然与此不同。他建议仿照英国设立爱尔兰部的做法，专设一个蒙藏部。副议长汤化龙总结说，此案表决应分两次，第一次为是否增设次长，第一次为不设次长，应否设特别机关及其组织问题。但有议员提出先表决审查报告。最后议长决定分三次表决。多数赞成审查报告不设次长的意见。[5] 后来第三读会通过否决案。[6]

---

[1]《参议院第一次会议速记录》(1912年5月4日),《政府公报》第10号,1912年5月10日,附录,第125页。
[2]《参议院第三次会议速记录》(1912年5月7日),《政府公报》第12号,1912年5月12日,附录,第173页。
[3] 同上书,第174页。
[4] 同上书,第176页。
[5] 同上书,第177页。
[6]《参议院第四次会议速记录》(1912年5月8日),《政府公报》第14号,1912年5月14日,附录,第212页。

（四）蒙藏地方事务组织法规

《蒙藏事务局官制》是有关蒙藏地方事务的法律案，1912年7月24日公布。

1. 组织结构。蒙藏事务局直隶于国务总理，管理蒙藏事务。事务局设简任官两种，为总裁、副总裁；荐任官3种，分别为参事、秘书、佥事；委任官2种，为主事、执事官。

2. 职责。总裁1人，综理局务监督所属职员。副总裁1人，辅助总裁整理局务；参事2人，承总裁之命掌拟订及审议法律命令案事务，秘书2人承总裁之命掌理机要事务。佥事8人，承总裁之命分掌局务。主事12人，承长官之命辅助佥事分掌局务及翻译事务。执事官4人，承长官之命掌接待及传译语言事务。以及为缮写文件及其他庶务得酌用雇员。附设蒙藏研究会负责研究调查蒙藏一切事宜。[1]

在大总统交议蒙藏事务局官制的第一读会上，政府特派员称："蒙藏两处与内地情形大相悬殊，当在前清时代之时有理藩部以管理此事。现在专部不设，而事情又甚重要，所以得设特别局。"[2]阮庆澜询问："局长各处都设一人，何以再有副局长一人？"政府特派员称事务局与各局不同，许多地方需要调查，有时需要局长亲自调查。这样设置副局长"意在局长外出调查之时，副局长得代行其职务，使局事不致废驰"。[3]战云霁称，官制中还有研究会的设置，其职能是负责调查蒙藏事宜，"据委员陈说局长亦有调查之责任，第一层先问研究会中有官否，如果系局长即任研究会职务，则副局长一层尚可言也。如果研究会另设官职，则局长自有职任，而副局长万无设置之理由"。[4]曾有翼持同样看法。王树声则认为事务局由于是直属国务总理，"即局长有事故时，亦可由国务总理兼理。如日本内阁总理之兼任大藏省大

---

[1]《蒙藏事务局官制》，《政府公报》，法律第86号，1912年7月25日，第553—554页。
[2]《参议院第十九次会议速记录》（1912年6月12日），《政府公报》，6月份，附录，第385页。
[3] 同上。
[4] 同上。

臣",所以没有增加副局长的必要。[1] 政府委员称,关系重大的事情必须由局长亲自前往处理,所以研究会不过是顾问性质。至于国务总理与事务局的关系,是直接监督的关系,并非是内部行政计划的关系,"故局长之事务为局长之专职,并非国务总理亦有管理蒙藏事务之专责"。至于日本兼任现象,主要是近年来日本大藏大臣的财政计划往往不能与内阁总理保持一致的缘故,所以由内阁总理兼任。[2]

战云霁质问第3条"局长一人总理局务,监督所属职员",其职责如何规定？第4条副局长职任又应如何规定？政府委员称,第3条所谓总理局务者,已可见概括一切。所以调查一层可以毋庸规定。[3] 陈时夏提出参事设置问题。"查理由书第二项蒙藏地方应施特别法规,关于此项法规之审议起草,故设参事四人,是参事专为审议起草特别法规而设,其性质确系暂任之官,何必以常任授之。"政府委员:"所谓特别法规起草事件,于表面观之似属一时之职务,而特别法规亦往往有随时发生者,故政府之意特置参事四人,以专责成。"[4] 后决定交付审查。

第二读会主要也是围绕参事人数问题展开辩论。政府委员强调蒙藏事务的特殊性,所谓参事人选"不独仅熟悉蒙藏情形,并须精通蒙藏文字",因此还是需要设置4人。但多数议员认为蒙藏事务单一,参事2人足够。多数同意审查报告设置2人的意见。[5]

(五) 财政行政组织法规

《财政部官制》在1912年11月2日公布。

1. 财政总长职权。财政总长总辖国家之财务管理、会计出纳、

---

[1]《参议院第十九次会议速记录》(1912年6月12日),《政府公报》,6月份,附录,第386—387页。
[2] 同上。
[3] 同上书,第386页。
[4] 同上。
[5]《参议院第四十次会议速记录》(1912年7月17日),《政府公报》,8月份,附录,第441—442页。

租税、公债、货币、政府专卖、储金、保管物及银行事务监督，所辖各官署及公共团体的财务。

2. 组织结构。财政部所辖职员除各部官制定外，另设置驻外财政员（简任）、编纂（荐任）、技正（荐任）与技士（委任）。驻外财政员一人承总长之命驻扎外国，掌调查各国财政及办理汇兑公债各事务。编纂8人承长官之命掌编纂关于财政书籍事务。技正3人、技士6人承长官之命负责技术事务。财政部设以下各司：赋税司、会计司、泉币司、公债司、库藏司。财政部主事员额至多不得逾120人。

3. 赋税司职权。（1）关于国税的赋课及征收事项。（2）关于国税的管理及监督事项。（3）关于土地清册事项。（4）关于赋税的调查稽核计算事项。（5）关于财政部所管的税外一切收入事项。（6）关于地方公共团体收入事项。（7）其他关于赋税一切事项。

4. 会计司职权。（1）关于总预算决算事项。（2）关于特别会计的预算决算事项。（3）关于主计簿之登记及各计算书的检查事项。（4）关于编制岁入岁出现计划事项。（5）关于支付预算事项。（6）关于预备金的支出事项。（7）关于金钱及物品会计事项。（8）关于公共团体岁计事项。（9）其他关于会计一切事项。

5. 泉币司职权。（1）关于整理币制事项。（2）关于调查货币事项。（3）关于货币计算事项。（4）关于金属货币及生金银出入的事项。（5）关于监督造币厂事项。（6）关于监督银行事项。（7）关于发行纸币事项。（8）关于稽核准备金事项。（9）关于国内外金融事项。（10）其他关于币制及银行一切事项。

6. 公债司职权。（1）关于公债募集发行事项。（2）关于公债出纳管理事项。（3）关于公债偿本及付息事项。（4）关于公债注册更名事项。（5）关于公债簿籍之登记及公债计算书调制事项。（6）关于整理公债事项。（7）关于地方公债稽核事项。（8）关于财政部证券事项。（9）其他关于公债一切事项。

7. 库藏司职权。（1）关于国库运用出纳事项。（2）关于发款命令稽核事项。(3)关于国库出纳管理事项。(4)关于国库出纳计算书事项。(5)关于国库簿登记事项。(6)关于监督金库事项。(7)关于监督出纳官吏事项。(8)关于政府各种基金事项。(9)关于储金保管物事项。(10)其他关于一切出纳事项。[1]

在第一读会上,政府委员(刘颂虞)介绍修正案主要内容有三点:"一关于驻外财政员,二关于会计赋税财务三司,三关于特别局所。"[2]考虑到与各国财政机构的关系,建议依照日本做法设立驻外财政员,"且须简任以大其权,而便于办事"。过去前清时共有五司,现合并为三司,会计赋税司未改动,主要是改革财务司,将公债司、币制司并入。再设立币制局、盐务监督署、金库、制币厂、印刷局、造纸厂、国税司等特别局所。[3]

曾有翼提到国税司设置问题,因现在国家税并没有划分清晰,如何知道何种为国家税,何种属于地方税,"所设国税司是否虚设?"并且目前地方官制还没有颁布,"将来之地方税是否另设一特别机关?"政府委员称,目前中央政府财政困难,必须设立国税司征集国税。至于税种划分,可以参照前清时的经验办理,并没有太大的困难。[4]秦瑞阶质疑驻外财政员设立的必要性,"调查各国财政,各国均设有公使,公使即可以调查"。至于日本的做法,因日本与中国不同,"日本在外国可以直接发行公债,办理汇兑,而中国在外国尚未设有银行,无发行公债之信用"。[5]

胡壁城提及"驻外财政员之职掌系往来各国,随时调查各国"。设置面临可操作性问题,"各国金融变动甚速,驻外财政员今日往欧洲,明日往美洲,再明日往亚洲东西各国,往返调查亦颇难"。[6]王家襄、胡

---

[1]《财政部官制》,《政府公报》,法律第186号,1912年11月3日,第299—302页。
[2]《参议院第二十一次会议速记录》(1912年6月19日),《政府公报》,6月份,附录,第408页。
[3] 同上书,第408—409页。
[4] 同上书,第409页。
[5] 同上。
[6] 同上书,第410页。

壁城质问印刷局、造纸厂设立的必要性,谷钟秀更是尖锐地指出这些地方都是安插私人的地方。政府委员只是解释"财政部职掌关系重要,所以用人较多"。[1]后决定交付法制审查会审查。此后第二、三读会顺利通过。

(六)教育行政组织法规

《教育部官制》在1912年8月2日公布。

1. 组织结构。教育总长管理教育学艺及历象事务,监督全国学校及所辖各官署。教育部职员除各部官制通则所定外,另设视学、技正、技士职位,前两种为荐任,后一种为委任。视学16人,承长官之命掌学事的视察。技正2人、技士8人,承长官之命掌技术事务。教育部设置普通教育司、专门教育司与社会教育司。教育部主事员额至多不得逾80人。

2. 总务厅职责。教育部总务厅除各部官制通则所定外掌管事务包括:(1)关于直辖学校及公立学校职员事项;(2)关于教育会议事项;(3)关于审查及编纂事项;(4)关于学校卫生事项;(5)关于学校图书馆博物馆等修建事项;(6)关于教育博览会事项。

3. 普通教育司掌管事务:(1)关于师范学校事项;(2)关于中学校事项;(3)关于小学校及蒙养园事项;(4)关于普通实业学校事项;(5)关于盲哑学校及其他残废等特种学校事项;(6)关于与以上相等的各种学校事项;(7)关于学龄儿童就学事项;(8)关于检定教员事项。

4. 专门教育司掌管事项:(1)关于大学校事项;(2)关于高等专门学校事项;(3)关于与以上相等的各种学校事项;(4)关于外国留学生事项;(5)关于历象事项;(6)关于博士会事项;(7)关于国语统一会事项;(8)关于医士药剂士考试委员会事项;(9)关于各种学术会事项;(10)关于授与学位事项。

5. 社会教育司掌管事项:(1)关于厘正通俗礼仪事项;(2)关

---

[1] 《参议院第二十一次会议速记录》(1912年6月19日),《政府公报》,6月份,附录,第410页。

于博物馆图书馆事项；（3）关于动植物园等学术事项；（4）关于美术馆美术展览会事项；（5）关于文艺音乐演剧等事项；（6）关于调查及搜集古物事项；（7）关于通俗教育及演讲会事项；（8）关于通俗图书馆巡行文库事项；（9）关于通俗教育的编辑调查规划等事项。[1]

在第一读会上，郑万瞻质问宗教教育。郑认为中国与西方国家不同，并没有固定的宗教，为何将宗教事务归于教育部？政府委员称归入教育部的主要理由是"盖所谓宗教者，往往无国家思想，然而日本之强盛，受佛教影响甚大，以其能利用佛教也，中国此时亦宜用一种积极主义，利用宗教使人民俱有国家思想"。[2] 曾有翼询问职数问题，如司法部参事数量增加到 6 人的理由是什么？关于主事职位数量，司法部至多不得超过 72 人，教育部至多不超过 80 人，农林部至多不超过 92 人，工商部至多不超过 50 人，"既加以限制，何以又有至多之名称？"[3] 李国珍有两点质疑理由："一即并置技正技士名目，此项司员在工商农林二部或尚有不得不设立之理由。至司法部实不得添置此项司事之必要。二司法部专管司法行政，官制中已分各司，为民事司、刑事司及监狱司，何以复有第十条关于司法行政得设特别局所之规定。"[4] 后多数赞成付法制股审查。

在第二读会上，刘盥训表示，宗教教育归入教育部职能，与约法规定人民有信教的自由并不矛盾，"教育部应提倡宗教之真精神，而破除宗教之迷信"。此外对于官制草案第 1 条"教育总长管理教育学艺宗教及历象事务中"管理"两字使用非常不妥，"管理乃内务部之事务，教育部不能加以管理"。[5] 俞道暄指出："各国对于宗教均取消极主义，我国亦应取消极主义，当然归内务部不能归教育部。"强

---

[1]《教育部官制》，《政府公报》，法律第 95 号，1912 年 8 月 3 日，第 69—71 页。
[2]《参议院第十七次会议速记录》（1912 年 6 月 10 日），《政府公报》，6 月份，附录，第 372 页。
[3] 同上书，第 373 页。
[4] 同上。
[5]《参议院第三十九次会议速记录》（1912 年 7 月 16 日），《政府公报》，8 月份，附录，第 436—437 页。

调教育事务主要包括国家教育、国民教育与科学教育,而且按照西方国家政教划分的原则,宗教教育与国家教育是互相反对的。[1]李国珍赞成审查报告将"宗教"两字删去。丁世峄认为提倡宗教教育,是教育行政事务的内容,"以今日国家而论教育,万不可不改良宗教"。如果宗教行为有违法现象,内务部当然有干涉的权力。[2]彭允彝从中国国情出发,特别举蒙古与西藏的政教状况为例,认为宗教不利于国家的前途;主张将宗教教育事务划归内务部,"凡有邪教或惑众者,内务部以警察之力当然可以干涉"。宋汝梅认为中国下等社会人民知识水平低下,容易产生迷信,"使任其自由而不设法救济之,以破除迷信,诚为一大不好事"。至于蒙藏独立的危险归咎于宗教,表示不赞成,认为"盖全是误于迷信,并非信仰宗教之过"。[3]谷钟秀赞成加入宗教二字,一方面可以改良宗教,一方面可以破除迷信。段宇清也赞成政府修正案,"宗教实为改良社会之根本"。胡壁城同意审查报告意见,"宗教实为国家之一种手段,非教育行政一部分"。[4]后多数赞成审查报告。第三读会也顺利通过。

(七)军事行政组织法规

代表性法规是 1912 年 8 月 31 日公布的《陆军部官制》与《海军部官制》。《陆军部官制》要点如下。

1. 组织结构。陆军总长管理陆军军政,统辖陆军军人军属,监督所辖各官署。陆军部总务厅掌管事务:(1)关于机密及陆军文库事项;(2)关于典守印信事宜;(3)关于征发物件表格报告及统计事项;(4)关于各项公文函件的纂辑保存及收发事项;(5)关于部内文官任用事项;(6)关于部内风纪事项;(7)其他不属于各司事项。陆军部设立

---

[1] 《参议院第三十九次会议速记录》(1912 年 7 月 16 日),《政府公报》,8 月份,附录,第 437 页。
[2] 同上书,第 438 页。
[3] 同上书,第 438—439 页。
[4] 《参议院第四十一次会议速记录》(1912 年 7 月 18 日),《政府公报》,8 月份,附录,第 455 页。

8司：军衡司、军务司、军械司、军学司、军需司、军医司、军法司、军马司。

2. 军衡司掌管事项：（1）关于陆军军官军佐及军用文官任免转补事项；（2）关于调查各兵科人员事项；（3）关于考绩表、兵籍、战时名称及军用文官名簿事项；（4）关于保管军官军佐军用文官及战时职员表事项；（5）关于编纂年格、名簿事项；（6）关于赏赉、叙勋、记章、褒章及赏给各事项；（7）关于休假事项；（8）关于废兵处置事项；（9）关于陆军军人结婚事项；（10）关于养瞻事项。

3. 军务司掌管事项：（1）关于陆军建制及编制事项；（2）关于整旅计划之准备执行事项；（3）关于戒严及征发事项；（4）关于军队配置事项;（5）关于战时各项规则事项；（6）关于各军队军纪风纪事项；（7）关于陆军军旗事项；（8）关于陆军礼节服制徽章事项；（9）关于各兵科及军乐队事项；（10）关于各兵科军官军士以下人员调用及其补充事项；（11）关于征募召集及解兵退伍事项；（12）关于军队内务卫戍勤务及宪兵服务事项；（13）关于练兵场及射击场事项；（14）关于要塞兵备各事项；（15）关于重炮兵设置及分配事项；（16）关于运输通信电气电信气球飞行器事项；（17）关于水陆交通事项；（18）关于要塞建筑及其用地并要塞地带事项；（19）关于要塞司令处陆地测量部及交通各队事项。

4. 军械司掌管事项：（1）关于军用枪炮弹药制式筹划支给交换及检查事项；（2）关于要塞备炮事项；（3）关于技术审检院、兵工厂、军械局事项；（4）关于军用器具材料制式筹划支给交换事项；（5）关于军队通信用及铁道气球飞行器用的器具材料支给交换事项；（6）关于攻城守城交通所用兵器具材料的备办事项；（7）关于各项器具材料的经理及检查事项；（8）关于军火各禁令事项。

5. 军学司掌管事项：（1）关于所辖各学校一切章程的制定及其筹办事项；（2）关于拟定所辖各学校教育纲领计划并审查各教科书事项；（3）关于所辖各学校职员奖罚事项；（4）关于所辖各学校学生奖

罚及考试事项；（5）关于留学生一切事件并选派高等专门学员事项；（6）关于拟定各兵科操典及教范事项；（7）关于军队教育训练改良事项；（8）关于全国军队校阅及特种兵学习事项；（9）关于编辑及印刷事项；（10）关于编订军语军队符号及各军用图籍表事项；（11）关于其他教育训练等一切事项。

6. 军需司掌管事项：（1）关于军服的经理及检查事项；（2）关于军服粮秣及马匹等给与规定事项；（3）关于平时战时粮秣供给与准备事项；（4）关于战时炊具及洗马器具事项；（5）关于军服粮秣的制造购买事项；（6）关于军队用具消耗品及埋葬用物料等的准备事项；（7）关于军人祠宇及军用坟地事项；（8）关于军需运用事项；（9）关于各军需官勤务事项；（10）关于各军需处人员的教育考绩及其补充事项；（11）关于经费出纳并预算决算一切事项；（12）关于编制整旅预算事项；（13）关于会计稽复事项；（14）关于各军需处事项；（15）关于规定俸给及旅费一切事项；（16）关于各种给与及军需规定的审查事项；（17）关于管掌出纳官吏等事项；（18）关于与财政官署有关系事项；（19）关于陆军用地及建筑事项；（20）关于管理陆军所属官产事项；（21）关于规定军用金钱箱柜及行李事项。

7. 军医司掌管事项：（1）关于军医兽医各种诊疗事项；（2）关于体格检查事项；（3）关于伤病等差的诊断事项；（4）关于防疫及卫生试验事项；（5）关于卫生材料及蹄铁事项；（6）关于战时卫生勤务各种规则事项；（7）关于军医司药兽医所属各项人员的勤务教育考绩及其补充事项；（8）关于卫生报告统计及调查事项；（9）关于红十字会及恤兵团体事项。

8. 军法司掌管事项：（1）关于陆军军法事项；（2）关于陆军司法官及监狱职员的考绩及其补充事项；（3）关于陆军监狱事项；（4）关于赦免及罪人之处置事项；（5）关于高等军法会议审判事项。

9. 军马司掌管事项：（1）关于军马监及牧场管理事项；（2）关于军马供给喂养保存及征发事项；（3）关于改良马种及购买军马事项；（4）

关于蹄铁术的教育事项；(5) 关于军牧人员教育考绩及其补充事项。[1]

在第一读会上，覃振关于陆军部官制草案中设置总务厅长提出异议，认为与各部官制通则不符合，不应设立。王家襄也认为，日本陆军部官制也没有总务厅的设置。张耀曾认为"诸位研究厅长一节是近于逐条讨论，与应须研究此案之能成立与否，并无关系，尚请就大体讨论"。[2]

第二读会还是围绕是否设置总务厅长，议员们产生分歧。殷汝骊称，查各部官制，均未设有总务厅，而且本来就有次长，次长原本就是事务官，可管理一切事项。刘声元赞成设立，理由一是可以管理陆军部一切庶务，二是可以联络各司。与其他各部事项多属于平时不同，"陆军部事项属于战时者多"，在战时，总长精力有限，需要次长辅佐，所以由次长代理总务不可行。[3]

有意思的是政府特派员也不赞成设置总务厅长职务，并不需要设置厅长联络各司，"大凡各部司长均可直接总次长"，"次长辅助总长整理部务，原为各部官制通则所规定，不能谓陆军部事务重大即不能与各部平行，以致失统系不整齐"。"盖设与不设，权在贵院，本委员不敢参议"。后多数赞同裁去设置陆军部总务厅厅长的规定。

在此后的第二读会上，秦瑞阶又提出副官是否即各部之参事？政府特派员解释说："副官是军人做的，与各部参事不同，不能改为参事。"[4] 关于军马司设置又起争议。谷钟秀认为中国与日本不同，马政尚不发达，不必另设专司。段宇清则从经费考虑，反对设置。彭允彝赞成设军马司，不同意设置马政局。蒋举清也认为"陆军以军马为要"，不可不设军马司。张伯烈认为："军马关系重大，其于种种改良，

---

[1]《陆军部官制》，《政府公报》，法律第 124 号，1912 年 9 月 1 日，第 5—13 页。

[2]《参议院第五十八次会议速记录》(1912 年 8 月 12 日)，《政府公报》，9 月份，附录，第 670 页。

[3]《参议院第六十一次会议速记录》(1912 年 8 月 15 日)，《政府公报》，9 月份，附录，第 703 页。

[4] 同上书，第 703—704 页。

种种喂养供给事宜,务须力求发达,然其性质不在陆军部官制之内,可以另设马政专局。"[1]后多数反对裁撤军马司。第二读会通过后,在8月22日第三读会上全案通过。

《海军部官制》要点如下。1. 组织结构。海军总长管理海军军政,统辖海军军人军属,监督所辖各官署。海军部总务厅掌管事务:(1)关于机密及海军文库事项;(2)关于典守印信事宜;(3)关于征发物件表格报告及统计事项;(4)关于各项公文函件的纂辑保存及收发事项;(5)关于部内文官任用事项;(6)关于部内风纪事项;(7)其他不属于各司事项。海军部设置5司:军衡司、军务司、军械司、军需司与军学司。科员员额至多不超过100人。

2. 军衡司掌管事项:除原陆军部军衡司事项外,又将陆军部军法司主要职权并入,并增加"关于战时捕获审检所事项"。

3. 军务司掌管事项。除增加内容外,又将陆军部军医司职权并入。根据海军兵种特色,增加的职权包括:(1)关于海军航路及属于海军运船、义勇舰等航路事宜;(2)关于测绘江海各线路、军港、要港等事项;(3)关于调制颁布航路图志及航路通则等事项;(4)关于领海界限事项;(5)关于万国航行通语事项;(6)关于调查沿江沿海灯塔、灯杆、浮桩事项;(7)关于航海保安及颁布航路警告等事项;(8)关于航行应用时表测器图籍置备分配事项;(9)关于航路人员之考绩事项。

4. 军械司职权也体现兵种特色。(1)关于沿江、沿海、水雷、鱼雷、要塞、炮台及各舰队枪炮配置事项;(2)关于海军台垒、厂坞、营库、桥梁、码头、灯塔、灯杆、浮桩等建筑修理及管理事项;(3)关于海军枪炮、水雷、鱼雷、火药、子弹及其他一切军械之制式支给交换检查事项;(4)关于海军所需机器用具材料之制式支给及交换事项;(5)关于海军通信用、气球用器具材料及其支给交换事项;(6)关于各项器具材料的经理及检查事项;(7)关于造船坞的设配及管理事项;(8)

---

[1]《参议院第六十一次会议速记录》(1912年8月15日),《政府公报》,9月份,附录,第706页。

关于舰艇制造修理事项；（9）关于舰艇购买监察等事项；（10）关于海军各军械制造修理购买等事项；（11）关于海军各项器具材料制造修理购买等事项；（12）关于军械人员考绩事项。[1]

第一读会：政府委员称："海军部原置五司，兹添置三司，共为八司。"原来的五司主要是仿照日本海军部官制办法。为什么中国海军没有日本强大，反而要多设置三司，政府委员的理由是日本除海军部外，另外还有海军教育等独立机构。中国似乎没有必要设立独立的海军教育机构，"可直归海军部管理，所以比较日本海军部官制则添置三司。其经费则有减而无增"。[2]

刘崇佑质问军防司的设置理由，"军防司之所以增设，其理由在乎沿江沿海之台垒要塞。既然归在海军部管理，仅于军务司内设科掌理，实属不敷，于是有军防司之设"。但是现在沿江沿海的台垒要塞是否划在海军部管理，还没有明确，这样增设军防司的前提就不存在了。[3] 多数赞成原案交付审查。

后审查委员会提出审查报告，审查长张耀曾称政府修正案八司太多，考虑到财政困难，海军在短期内又不可能发展起来，于是仍然改为五司，将修正案中八司职权再重新归并。[4]

在第二读会上，周珏称关于总务厅厅长职位，陆军部既然取消，海军部也应该取消。多数赞成。又有议员提出取消编纂科长职务，因为陆军部没有。但是政府委员反对，认为海军如果扩张，"所有之应用书籍非常紧要也。"谷钟秀建议由海军军学司负责编纂应用书籍。[5] 后表决多数赞成取消编纂科长职务。后又有议员质问视察职务性质问

---

[1]《海军部官制》，《政府公报》，法律第125号，1912年9月2日，第37—42页。
[2]《参议院第三十九次会议速记录》（1912年7月16日），《政府公报》，7月份，附录，第431页。
[3] 同上书，第432页。
[4]《参议院第五十八次会议速记录》（1912年8月12日），《政府公报》，9月份，附录，第695页。
[5]《参议院第六十二次会议速记录》（1912年8月16日），《政府公报》，9月份，附录，第710—711页。

题，如苗雨润提到："视察究竟为何事而用，必先将职权分明，然后可定人数。"[1] 政府委员答复："视察之职在调查舰队造船及其他军事侦探之事。"关于视察官员人数问题又起争执。有的认为应该无定员，有的认为定额是2人，有的认为定额是4人，有的认为定额是8人，有的认为定额是原案的16人，后多数表决通过定额为8人。[2]

二、文官制度法规的制定

（一）文官考试法规

1.《文官高等考试法》（1919年8月27日公布）。（1）考试资格。中华民国男子年满25岁以上，有左列各款资格之一者得与文官高等考试：1）本国国立大学或高等专门学校修习各项专门学科3年以上毕业得有文凭者；2）经教育部指定外国大学或高等专门学校修习各项专门学科3年以上毕业得有文凭者；3）经教育部认可本国公私立大学或高等专门学校修习各项专门学科3年毕业得有文凭者；4）文官普通考试及格分发学习期满者。有左列各款情事之一者，虽具有前条各款之资格不得与文官高等考试。1）褫夺公权或停止公权尚未复权者；2）受破产之宣告尚未复权者；3）有精神病者；4）亏欠公款尚未清结者；5）其他法令有特别规定者。凡应试人关于考试有不正当之行为或违背考试规则者均不得与试。考试及格后发现前项情事有确证者，应撤销及格资格追缴及格证书。（2）考试内容。文官高等考试分为第一试、第二试、第三试、第四试，第一、二、三试以笔试行之，第四试以口试行之。四试平均合取者为及格，给与及格证书。前项笔试应用中国文字，但考试科学技术专门各学科有必要时，得用他

---

[1]《参议院第六十二次会议速记录》（1912年8月16日），《政府公报》，9月份，附录，第715页。

[2] 同上书，第714页。

国文字。第一试试国文一道。第二试、第三试就各项专门学科分门考试，各项专门学科应试科目另以附表定之。附表所列应试科目由典试官临时指定，每试至少以4项为准。第四试以典试、襄校3人以上出席，就应试人曾经笔试各学科口试之。（3）考试录用。考试及格者按照所考科目分发京外各官署，学习期间以2年为限，学习期满其成绩优良者，经甄别后作为候补，由国务院铨叙局注册备案，归各该长官以相当职缺，按照荐任职任用程序呈请任用。（4）考试时间与地点。文官高等考试每三年举行1次，如遇有必须延长期限或暂缓举行时，得由国务院酌量情形呈请大总统先期公布。文官高等考试于中央政府所在地举行。[1]

此外，《文官高等考试第二试、第三试科目表》还详细规定了考试科目。其中第二试、第三试共分为政治、经济、法律、文学、物理、数学、测量、化学、地质、采矿、冶金、机械、造船、船机、土木工程、建筑、电工、机织、染色、制药、商业、农学、农艺化学、林学、水产、兽医等专科。每一专科第二试、第三试又分设若干考试科目。以政治学科为例，第二试科目有：行政法规、政治学、经济学、财政学、统计学、政治史、民法概论、刑法概论、地方行政制度、中国历代政治大要。第三试科目有：外交史、国际公法、国际私法、经济政策、社会政策。[2]

2.《文官普通考试法》（1919年8月27日公布）。（1）考试资格。中华民国男子年满20岁以上具有左列各款资格之一者，得与文官普通考试：①有应文官高等考试资格之一者。②经教育部指定或认可的技术专门学校毕业得有文凭者。③修习政治经济法律专业与专门学校毕业有同等学力经甄录试及格者。④曾任委任文职1年以上者。有左列各款情事之一者虽有前条各款资格不得与文官普通考试：①褫夺公

---

[1]《文官高等考试法》，《政府公报》，法律第7号，1919年8月28日，第1279号，第287—288页。

[2]《文官高等考试第二试、第三试科目表》，《政府公报》，1919年8月28日，第1279号，第289—300页。

权或停止公权尚未复权者。②有破产宣告尚未复权者。③有精神病者。④亏欠公款尚未清结者。⑤其他法令有特别规定者。凡应试人关于考试有不正当行为或违背考试规则者均不得与试。考试及格后发见前项情事有确证者，应撤销及格资格追缴及格证书。(2)考试内容。文官普通考试分为第一试、第二试、第三试，第一、二试以笔试行之，第三试以口试行之。三试平均合取者为及格，给与及格证书。第一试试国文一道。第二试分行政职、技术职两种分别考试。考试行政职科目：①宪法大纲，②现行法令的解释，③策问，④文牍，考试技术职就考试所需技术按照应试人之学业分别考试之，至少以四题为限。第三试以典试、襄校三人以上出席，就应试人曾经笔试的各学科口试之。(3)考试录用。考试及格者按照所考科目分发京外各官署，学习期间以2年为限，学习期满其成绩优良者，经甄别后作为候补，由国务院铨叙局注册备案，归各该长官以相当职缺，按照委任职任用程序呈请任用。(4)考试时间与地点。文官普通考试于文官高等考试后一年行之。其取录名额于举行考试前由大总统以命令定之。举行文官普通考试的地点与典试的组织以教令定之。[1]

3.《外交官及领事官考试委员会官制》(1912年4月4日公布)。(1)组织结构。①外交官及领事官考试委员受外交总长的监督。②外交官及领事官考试委员，由下列人员组成：委员长1人，由外交次长担任，委员6人，包括外交部外政司长、商务司长、编译司长、高等文官考试委员（1人）、官立大学教授（1人）、私立大学教授（1人）；临时委员无定额，得斟酌情形增置。③关于考试之庶务，得置书记掌理，以外交部委任官充任。此外，还规定考试委员除外交部官吏外，得与以年额200元以内津贴。[2]

4.《外交官及领事官考试令》(1912年4月4日公布)。(1)外交官及领事官考试于外交部举行，考试日期于试期一月前公告。应试

---

[1]《文官普通考试法》，法律第8号，《政府公报》，1919年8月28日，第1279号，第300—302页。

[2]《外交官及领事官考试委员会官制》，《参议院议事录、参议院议决案汇编》，第65页。

者为本国男子年龄在25岁以上有完全公权者。(2)欲应试者须同本人亲笔书写志愿书、履历书及论文,并将其论文翻译成英法德日文一种,呈于考试委员。考试委员审核认为有应试资格者,即将其姓名榜示,并须具备身体检验合格证书,始能参加预试。(3)考试分为两场,第一场考试合格者,方得应第二场考试。第一场考试科目为国文、公文摘要、口述要领之笔记、外国文及外国语。第二场考试科目必试科目包括临时约法、各国宪法、国际公法、国际私法、经济学与殖民政策。以上为必考科目。选择科目由应试者从下列科目中任选两种:行政法、刑律、民律、商律、刑事诉讼律、民事诉讼律、财政学、商业学、外交史、商业史。第二场考试分为笔试和口试,笔试合格者方得参加口试。(4)凡考试时有违章舞弊经委员发觉者,不得参与本期考试。考试合格后始行发觉者,其合格证书作为无效。(5)考试合格的有效期限,除合格后任为外交官及领事官外,其期限为2年。[1]

5.《外交官领事官考试法》(1919年8月27日公布)。(1)外交官领事官考试与文官高等考试合并行之。(2)外交官领事官考试典试适用文官高等考试典试令各条的规定。典试官以文官高等考试典试官兼充,襄校官就外交部遴选各员中呈请大总统派充。(3)应试资格:①文官高等考试法高等文官应试资格中毕业学生专业为政治经济法律专科者;②本国或外国国立或公私立专门以上学校,修习政治经济法律各项专科或各国语言文字,得有毕业文凭或证明书者。(4)应外交官领事官考试者,先经外交部甄录试验及格,由外交总长咨送考试。前条甄录试验以甄录委员会行之。委员长1人以外交部次长兼充,委员6人到8人由外交总长遴选。(5)外交官领事官考试分为第一试、第二试、第三试、第四试,四试平均合取者为及格,给予及格证书。(6)第一试科目:①国文。②英法德俄日本等一国以上文字。第二试科目:①宪法,②国际公法,③国际私法,④外交史。以上考试为考试主科不得取舍。第三试科目:①行政法规,②刑法,③民法,④商法,⑤

---

[1]《外交官及领事官考试令》,《参议院议事录、参议院议决案汇编》,第67—69页。

刑事诉讼法，⑥民事诉讼法，⑦政治学，⑧经济学，⑨财政学，⑩殖民政策，⑪商业史。第四试科目：1. 约章成案，2. 外交事件，3. 草拟文牍，4. 外国语。第一、第二两款先笔试后口试，第三款用国文及第一试曾经考试的外国文试之。应试人如通英法德日本等一国以上文字之外，兼通其他外国文字者于第一试、第四试一并试验。(7) 外交官领事官考试及格者由外交部分派驻外使馆各馆，学习期间以2年为限。学习期满由使领馆长出具考语咨报外交部，其成绩优良者作为候补，由外交部咨行国务院铨叙局注册备案，归外交部准用荐任文职任用程序规定，以荐任职缺呈请任用之。[1]

（二）文官等级法规

代表性法规是1912年10月16日公布的《中央行政官官等法》，主要内容如下。(1) 分等。中央行政官除特任官外分为九等，第一等、第二等为简任官，第三等至第五等为荐任官，第六等至第九等为委任官。(2) 简任官。简任官属于国务院或直隶于国务总理者，其任免叙等由国务总理呈请大总统行之。属于各部或直隶于各部者，由各部总长商承国务总理呈请大总统行之。在本法附录的《中央行政官官等表》中，国务总理与各部总长均为特任官。国务院秘书厅秘书长、直属法制局局长、蒙藏事务局总裁、临时稽勋局局长、各部次长可为一等或二等简任官。而铨叙局局长、印铸局、蒙藏事务局副总裁只能为二等简任官。(3) 荐任官。荐任官属于国务院或隶属于国务总理者，其任免叙等由各该长官呈由国务总理呈请大总统行之。属于各部或直隶于各部总长者，由各部总长经由国务总理呈请大总统行之。《中央行政官官等表》中国务院秘书厅秘书、直属局参事、审议员、纂修、各部秘书、参事、佥事、司长、技正等可为荐任三等、四等或五等。但各部秘书四等以上仅限1人。(4) 委任官。委任官任免叙等由各该长官

---

[1]《外交官领事官考试法》，《政府公报》，法律第9号，1919年8月28日，第1279号，第302—304页。

行之。《中央行政官官等表》中国务院秘书厅主事、直属局主事、技士、执事官、事务员、各部主事、技士、科员等为委任官，从六等到九等。（5）初任官职级。初任官者等必须为官等表中所定各该官最低等阶，任者亦同。有荐任官资格的人任为委任官者，其初任官官等分为六等，应文官高等考试初试及第的人任为委任官者自七等始。（6）转任官职级。转任者如其前官的官等高于其转任官最低等者必须从其前官的官等。（7）复任官职级。已退官者如复任时，必须依前官官等或前官官等以下等，但任前官时在官已逾2年者得进前官一等。（8）晋升。各官官等非在官2年以上，受至各该官官等最高级之俸者，不得叙进一等。前项规定于秘书不适用之。[1]

在"大总统交议中央行政官等法与官俸法及技术官官俸法草案"第一读会上，政府特派员说明八点理由。一是分等原则。"本案分简任官为一、二等，荐任官为三、四、五三等，委任官为六、七、八、九四等。"二是分级原则。"在东西各国，虽属同等之官，而阶级官俸亦各不同。"所以除特任官不分等级外，其余皆分等级，如一、二等官的官俸分为三级，三、四、五等官的官俸分为七级等。三是叙等。"官吏升等必须有一定之资格，必任官几年而后可以升任。如各部佥事初任五等者，必要历两年之年格，在五等俸之最高者，而后始可以升四等。"四是年功加俸。对于官员来说，"久于其职，始能办事精敏，而久职亦不可不与以奖励。"如简任官任职在5年以上者，可以有700元以内的年功加俸。五是秘书叙等。考虑到秘书与总长共进退，所以秘书不采年功加俸制度。六是俸额。"各国制度，总理总长除得官俸外，其官邸支用及因公应酬之费用，概由公家支出。"七是官等与官俸的关系。"本案所采之制度，在表面观之，仿佛仅以官定俸与官等定俸之两者，而其实则职务定俸之制。"如法制局长为一等简任官，而印铸局长则为二等，原因即是法制局长非专门人才不可，而印铸局长非

---

[1]《中央行政官官等法》，《政府公报》，法律，1912年10月17日，第169号，第473—474页。

专门人才亦可。八是技术官官俸单列。因技术官与普通官不同，必须要有专门学问知识，所以有必要专设技术官官职。[1]

在第一读会审查报告中央行政官等法草案时，张耀曾提出审查报告，认为政府草案妥当，只作文字修正。如第1条"聘任之"删去，因根据现在官制规定，没有聘任官。后多数赞成交付二读。[2] 在第二读会上，议员们对第1至5条均无异议，只是对荐任官官等晋升、国史馆馆长地位发生较小的争议。[3]

（三）文官薪酬法规

《中央行政官官俸法》于1912年10月16日公布，要点如下。（1）特任官。特任官国务总理官俸为月俸1500元，各部总长为1000元。（2）简任官、荐任官与委任官。简任官与委任官，同一官等之官其俸额有数级者，由该长官视其事务的繁简、学识的短长、执务的勤惰定之，并以次进之。但非执务半年不得进一级。简任官进至各该官最高等，受至最高之俸满5年以上，确有功绩者得给以700元以内之年功加俸。荐任官进至各该官最高之等，受至最高级之俸满5年以上，确有功绩者得给以500元以内年功加俸。委任官进至各该官最高之等，受至最高之俸满5年以上，确实勤劳者得给以200元以内的年功加俸。简任官月俸从600到400元不等。荐任官月俸从360到200元不等。委任官月俸从150到50元不等。（3）休职退官。休职退官及死亡时仍给以本月的全俸。退官者仍在续办公事，清理余务时照常给俸。休职者在休职期间中仍给俸三分之一。凡在官于1年之内因病不能执务过90日，或因私事不能执务30日者，须计其1年应得之俸，减其四

---

[1]《参议院第十七次会议速记录》（1912年6月10日），《政府公报》，6月份，附录，第374—375页。

[2]《参议院第八十二次会议速记录》（1912年9月30日），《政府公报》，10月份，附录，第776页。

[3]《参议院第八十四次会议速记录》（1912年10月2日），《政府公报》，11月份，附录，第776页。

分之一，但因公致疾及服丧不在此限。[1]

在第一读会上，张耀曾提出《中央行政官俸法》审查报告，大体赞成。虽然有人指出第一条国务总理月俸2000元，各部部长月1200元，均较日本为多，但还是多数同意交付二读。[2]

在第二读会上，张华润指出，对第1条规定，认为中国官俸不能参照英美标准，"英美之官数倍于中国，其生活程度之高亦数倍于中国，""我国规定官俸应按进款之多寡，及生活程度之高低以为标准，不得以英美为比例"。可参照日本，虽然日本政府进款与生活程度也比中国高。但是现在的草案规定却是比日本高一倍。主张总理月俸1000千元，总长700元。至于有论者认为高薪可以去除官员纳贿。张认为："贪鄙之人纳贿，乃其天性贪得无厌，予取予求断非加厚俸金所能填其欲壑。"[3]李国珍也反对第1条，他特别指出政府所称日本内阁总理年俸12000元、美国各部总长年俸10000美元的说法不实。查日本法令指南，日本内阁总理年俸实为9600元，各省大臣年俸为6000元。美国各部总长虽然年俸是10000美元，约合2万中国元，所以国务总理年俸比美国各部总长还多4000元。国务总理建议年俸12000元，各部总长建议年俸9600元。[4]徐传霖反对以上看法，认为"盖官俸之多少，关乎国家之体面"。而且考虑到内阁制的特点，一旦国务总理或总长任职仅三到四个月，"一经解任，即无俸给"。谷钟秀则认为"国务总理年俸在二万四千元，本员以为尚不及洋行中刚百度（即"买办"的音译）一年之所入，实不为多"。[5]最后议决总理月俸1500元，总长月俸1000元。

---

[1]《中央行政官俸法》，《政府公报》，法律，1912年10月17日，第169号，第481—482页。

[2]《参议院第八十二次会议速记录》(1912年9月30日)，《政府公报》，10月份，附录，第776页。

[3]《参议院第八十六次会议速记录》(1912年10月4日)，《政府公报》，11月份，附录，第744页。

[4] 同上书，第745页。

[5] 同上书，第746页。

在第三读会上，汪荣宝建议第 3 条"受"字改"进"字。刘显治认为第 3 条"升"字不雅，建议改为"进"字。刘显治还建议第五条"须"字可以删去。以上建议均多数表决通过。[1]

三、行政行为法规的制定

（一）《行政执行法》（1913 年 4 月 8 日公布）

1. 总则。该管行政官署因维持公共安宁秩序、保障人民之自由幸福及执行法令，或本于法令的处分认为必要时，得行间接或直接强制处分。

2. 间接强制处分。间接强制处分区别如下：一、代执行。二、怠金。前项各款处分非预为告戒不得行之。但应行第一款处分时认为有紧急情形者不在此限。代执行由官署自为之，或命人为之。向义务者征收费用，怠金为 30 元以下。该管行政长官署非认为有左列第 1 款事项，不得行间接强制处分。非认为有左列第 2 款或第 3 款事项不得行怠金的间接强制处分。一、依法令或本于法令之处分，本人负有行为义务而不为者。二、依法令或本于法令之处分，本人负有行为义务而不为，其行为非他人所能代行者。三、依法令或本于法令之处分，本人负有不行为义务者。前条应征之费用及应科的怠金，均依国税征收方法征收之。

3. 直接强制处分。直接强制处分区别如下：一、对于人得为管束；二、对于物得扣留使用处分或限制使用；三、对于家宅及其他场所得侵入搜索。该管行政官署非认为有左列事项之一不得行直接强制处分。一、酗酒泥醉，非管束不能救护其生命身体之危险，及预防他人生命身体之危险者。二、疯人发狂，非管束不能救护其生命身体之危险，

---

[1]《参议院第八十六次会议速记录》（1912 年 10 月 4 日），《政府公报》，11 月份，附录，第 767 页。

及预防人生命身体之危险者。三、意图自杀，非管束不能救护其生命者。四、暴行或争斗之人，非管束不能预防其伤害者。五、其他认为须救护或有害公安之虞，非管束不能救护或不能预防危害者。六、军器凶器及其他危险物品，或有危险之虞之物品，非扣留不能预防危害者。七、遇有天炎事变，及其他交通上、卫生上或公安上有危害情形，非使用或处分其土地、家屋、物件并限制其使用不能防护者。八、人民之生命身体财产认为危害迫切时，非入其家宅或其场所不能救护者。九、认为有赌博，及其他妨害风俗或公安之行为，非入其家宅或其场所不能制止或逮捕者。前项物的扣留，除依法律应没收，或应变价发还者外，期间至长不得逾30日。前项家宅及其他场所的侵入，除旅店、酒肆、茶楼、戏团并其他公众出入地方外，以日出后日入前为限。该管行政长官署非认为不能行间接强制处分，或认为紧急时不得行直接强制处分。非经行政官署许可，不得私有之物件归于官署保管时，该物件如未经官署许可，其所有者其所有权属于国库。被扣留之物件于1年内无人请求发还者亦同。[1]

（二）《戒严法》(1912年12月13日公布)

1. 总则。遇有战争或其他非常事变对于全国或一地方必须用兵备警戒时，大总统得依本法宣告戒严或使宣告之。戒严之情事终止时应即为解的宣告。戒严于解严宣告后失其效力。

2. 戒严地域。戒严之地域分为两种：警备地区与接战地区。警备地区为遇战争或其他非常事变之际应警戒地域。接战地区为因敌之攻击或包围应攻守之地域。戒严宣告之地域应时机的必要得改定之。

3. 临时戒严。战争之际要塞海军港海军造船所及其他镇守地方遭受包围或攻击时，该地司令官得临时宣告戒严。出征司令官因战略上必须临机处分时亦同。遇有非常事变必须戒严时，由该地司令官呈请大总统行之。若时机切迫且通信断绝，无由呈请时，该地司令官得

---

[1]《行政执行法》，1913年4月8日，《政府公报》，1913年4月9日。

临时宣告戒严。司令官以军长、师长、旅长、要塞司令官、警备队司令官、分遣队队长或舰队司令长官、舰队司令官、军港镇守长官或特命司令官为限。临时宣告戒严时必须将戒严之形状及事由迅速呈报大总统及其所隶属之长官。

4. 戒严权力。在警备地域内，该地方行政及司法事务限于与军事有关系者，以其管辖权移属于该地之司令官。于前项情形地方行政官有司法官须受该地司令官之指挥。在接战地域内，该地方行政及司法事务之管辖权移属于该地之司令官。于接战地域内与军事有关系的民事及刑事案件同军政执法处审判之。接战地域内无法院或与其管辖法院交通断绝时，虽与军事无关系之民事及刑事案件，亦由军政执法处审判之。对于有关审判不得控诉及上告。戒严地域内司令官有执行左列各款事件之权，其执行所生之损害不得请求赔偿。1. 停止集会结社或新闻杂志图书告白等之，认为与时机有妨害者。2. 凡民有物品可供军需之用者，或因时机之必要禁止其输出。3. 检查私有枪炮弹药兵器火具及其他危险物品，因时机之必要时押收或没收之。4. 拆阅邮信电报。5. 检查出入船舶及其他物品或停止陆海之交通。6. 因交战不得已之时得破坏毁烧人民之动产不动产。7. 接战地域内不论昼夜得侵入家宅建造物船舶中检查之。8. 寄宿于接战地域内者得时机的必要得令其退出。[1]

（三）《服制》（1912年10月3日公布）

1. 男子礼服。男子礼服分为大礼服、常礼服两种。大礼服式用本国丝织品，色用黑。常礼服分为两种。甲种用西式常服，乙种为传统袍褂，料用本国丝、麻织品。色用黑。遇丧礼服时，于左腕围以黑纱。男子礼帽分为大礼帽、常礼帽两种。礼靴分为两种，分别与大礼服、常礼服配套。凡有公职者，于应服礼服时，不适用常礼服的乙种。关于大礼帽及常礼服的用料，如本国有相当的毛织品得适用之。2. 女

---

[1]《戒严法》，《政府公报》，法律，1912年12月16日，第229号，第275—277页。

子礼服。女子礼服用长与膝齐的对襟长衫,用领、左右及后下端开衩,周身得加绣饰,下身着裙;遇丧礼时,于胸际缀以黑纱结。[1]

政府委员在提案说明中称,提出服制案主要有两点考虑:一是仿照西制,以趋向世界之大同,一是崇尚国货,以发达国民经济。所以礼服的形式采用欧西之制,而质料则以丝织为主,毛呢为辅。此外,又以当时秩序未复,经济尚未发达,如骤然全行新服制,太事纷更,故提出凡西式礼服均可适用,旧式长袍马褂亦暂时适用,不必遽行更换。[2]

服制案讨论的中心问题是式样和质料。关于礼服样式,在第一读会上,曾有澜提出,《服制》新制定了一种礼服,又规定凡西式礼服,中国旧有的袍褂均可适用,这就有三种礼服,"世界各国凡礼服必只定一种样式,今分三种,一定不妥"。他主张"不改服式则已,改服式则纯然仿照西洋,何以又定一种不中不西之礼服?"政府委员称此服制并非定三种礼服,不过根据中国现在情势,难于改定一种礼服,故将西式礼服与旧式袍褂暂时通用,以图改革之便利。西式礼服各国间亦有不同之处,现不过参酌各种式样,取其一种而已,并非不中不西。[3]

庶政委员会报告自民国成立,首改用阳历,即以世界大同势难独异。冠裳系观瞻之所在,尤不能独自为制,而原案所定男子礼服限于不中不西之弊,故对原案进行了较大的改动。首先将礼服分为大礼服和常礼服。大礼服即西式礼服,在举行大典时服用。常礼服分为甲乙两种,甲种为普通西服,乙种为中国传统之长袍马褂。公职人员应服礼服时必须服甲种常礼服,乙种礼服主要为方便一般民众起见。其次,在所用质料方面,为促进国民经济之发达,强调了用丝织品和国产毛泽织品。再次,关于丧服之制,考虑到国人向重浮文,礼制亦颇为复杂,所以修正案对此未作规定。只是规定凡遇丧礼应服大礼服或

---

[1]《服制》,《政府公报》,1912年10月4日,第157号。
[2]《参议院第三十七次会议速记录》(1912年7月9日),李强选编:《北洋时期国会会议记录汇编》第二册,国家图书馆出版社,2011年,第29页。
[3] 同上。

常礼服时，于左腕围以黑纱。

在第二读会讨论草案第 2 条"质料"时，江辛称服大礼服者并非一般普通人民，均系公职人员，布服"不足以壮观瞻"。赞成用丝织品与毛织品。[1] 曾有翼表示棉织品之中本国棉织品甚少，而外国棉织品甚多，"名为提倡国货，而仍不能提倡"。中国本系羊毛出产之地，将来自然希望织呢事业发达，全国均可以用自织的毛织品，"否则不能提倡而徒在遏止"。想用此法遏止外货不可取，这样做"不独外货遏止不住而已，并中国固有之毛织品亦永不发达"。[2] 梁孝肃认为正因为中国毛织品不发达，始应有毛织品之规定，用以推动毛织品生产。[3] 谷钟秀认为维持国货之说不成立。"试问刻下服西服、中服之人其衣之原料为洋货乎？为中国货乎？目之所睹实洋货居大多数。"[4]

汪荣宝主张将"毛织品"三字删去，因为中国现在织呢事业极不发达，从前中国服式所需之材料大多是丝织棉织，从保存国货起见，应改为"丝织品或棉织品"。张华澜要求删去"毛织品"改为"棉织品"。现在中国织呢事业非常弱小，"断不能供全国人民之需用"。而且使用毛织品会影响中国固有的丝织品，"必致经济上生极大之危险"。再考虑到丝织品价格比较昂贵，"礼服又必需普通一般人民均需服用，故主张加入棉织品，使经济稍为困难之人亦可以服礼服"。[5] 刘兴甲认为要删去毛织品，如果规定，其实就是提倡，这样"不但于将来之经济大有关系"，对现在的商业也大有影响。[6] 在表决时，在场 63 名议员，34 人赞成删去"料用本国丝织品或毛织品"一条中"或毛织品"四个字。[7] 常礼服用料一条改为"料用本国丝织品或棉织品或麻织品"，

---

[1] 《参议院第五十一次会议速记录》（1912 年 8 月 1 日），《政府公报》，1912 年 8 月 24 日，第 116 号，第 546 页。
[2] 同上书，第 546—547 页。
[3] 同上书，第 547 页。
[4] 同上书，第 548 页。
[5] 同上书，第 546 页。
[6] 同上书，第 548 页。
[7] 同上书，第 549 页。

而且在后面还增加"大礼服及常礼服之用料如本国有相当毛织品,得适用之"的规定。[1]

在样式上,不少议员反对保留长袍马褂为礼服。江辛指出马褂为前清之服制,为各国耻笑。如为一般人民经济起见,可保留长袍,不用马褂,以示断绝与前代之关系。张华澜主张废去马褂,理由有四。一是马褂未脱前清关系。二是马褂违背大同主义。世界服制分为长短两种,欧美各国多尚短,亚洲各邦则尚长,"从无有以短服着于长服之上者"。所以马褂这种不中不西不古不今不欧不美不亚的怪服,如果列为礼服一种,会招致外人轻视。三是马褂不卫生。这是指夏天穿马褂容易中暑。四是马褂不便于贫民。"无马褂则制一衣即可作礼服,有马褂则须制二衣,实与贫民大有不便。"[2]杨永泰认为各国礼服本只求其大略相同,而修正案规定大礼服必须用开领,用开领就必须有硬领、有领带、有坎肩、有衬衣等四五种物件,既费时间,又无端耗去许多金钱,于国民经济上有种种之妨害。[3]

曾有翼称考虑到人民习惯,只穿长袍,不穿马褂,似乎于礼未备,立法应斟酌社会习惯。[4]徐伟霖称礼服与便服不同,大礼服与常礼服又不同,现在中国穿大礼服的人少,穿常礼服者居多,多为经济方面的考虑。长袍马褂作为一种常礼服是适用的。谷钟秀也以经济为由,认为长袍马褂作为常礼服有合理性。[5]赞成不用马褂者共20人居少数,提案未能通过。[6]

总的来说,国会制定的行政法规,具有四个特点。一是数量众多,行政法规约占法规总数的8成,位居各类法规之首。二是政府各部组

---

[1] 《参议院第五十四次会议速记录》,1912年8月6日,《政府公报》,1912年8月21日,第121号,第577—578页。
[2] 《参议院第五十六次会议速记录》,1912年8月8日,《政府公报》1912年8月31日,第123号,第587页。
[3] 《参议院第五十一次会议速记录》,第547页。
[4] 《参议院第五十六次会议速记录》,第587页。
[5] 同上书,第588页。
[6] 同上书,第589页。

织法规比较完备。从国务院官制到中央观象台官制，应有尽有。三是继承了清末修律仿照德日大陆行政法系的做法，有力地推动了近代中国行政组织机构从封建集权向资本主义分权体制的演变进程。行政法规的特点。四是有的部类不够齐全。如缺少文官考铨、行政监察、行政诉讼等门类法规。

在法制建设方面，有关文官制度法规的研究表明，其取得的成就主要有六个方面的内容。1. 确立了两官分途与事务官常任的原则。北洋政府时期的文官分特任、简任、荐任、委任四种类型。其中特任官属于政务官系列，包括国务总理、各部总长、驻外全权大使、平政院院长、大理院院长、各省巡按使等，由大总统特令作用，不受资格限制，更不需要考试，也不适用于文官制度的各项法律。而简任、荐任、委任官吏属于事务官系列，一切文官制度的法令只是针对事务官而言。此外议员不得任行政官。2. 实施了公开考试制度，规定了考试机构、考试种类、考试资格、考试程序、考试科目、考试纪律。3. 确定了文官任用资格并对现有官员进行甄别。4. 建立了初步的文官分类和等级、薪酬体系。5. 建立了文官保障制度。6. 法制化的文官惩戒制度。[1]问题主要集中在制度设计的缺陷。1. 两官分途的问题。"北洋政府的文官制度尽管对政务官和事务官做了明确区分，但却没有禁止事务官参与政治活动的规范（仅限制包括平政院评事在内的司法官参加政治社团），从而使这种区分在某种程度上失去了意义。"2. 考试程序，需要同乡荐任以上京官的保结。3. 官员工资收入差距太大。4. 考核制度缺失。[2]

值得一提的是，行政诉讼法规未能得到国会重视，并及时制定。当时学界已经认识到行政诉讼的目的"为令行政作用适合法规一事，得确实之保障。而对于其违反法规者，则得矫正之也"。[3]《临时约法》

---

[1] 参见李俊清：《现代文官制度在中国的创构》，生活・读书・新知三联书店，2007年，第32—40页。

[2] 同上书，第301—302页。

[3] 白鹏飞编《行政法总论》，商务印书馆，1927年，第263页。

第 10 条也规定人民对于官吏违法损害权利之行为，有陈诉于平政院之权。第 49 条规定法院以法律审判民事诉讼及刑事诉讼，但关于行政诉讼及其他特别诉讼，别以法律定之。《行政诉讼法》的制定是在第一届国会非法解散后袁世凯北京政府制定的。这对于拥有立法权的临时参议院与第一届国会而言，不能不说是一个遗憾。

第六章 国会与财经法规的制定

民国国会议决通过的财经法规数量不多,主要集中在民国临时参议院时期,两届国会时期几乎没有建树,仅是众议院单方面通过《契税法》。

一、南京临时参议院时期的财经法规

这一时期重要的财政经济法规主要有《暂行印花税法案》、《暂行印花税法施行章程》,其他多是有关借款、公债发行等经济事务方面的决议案。

(一)《暂行印花税法案》(1912年4月2日公布)

1. 总则。凡人民之财产货物当授受买卖借贷之时,所有各种契约簿据可用为凭证者,均须遵照本法贴用印花,方为适法之凭证。凡关于国家或地方自治所用之契约簿据均可不贴印花。[1]

2. 税率等级。各种契约簿据分为两类。第一类二十种,分为提货单、发货单、银钱收据、收存货件及文契的凭据、租赁各种物件的

---

[1]《暂行印花税法案》第1、3条,张国福选编《参议院议事录、参议院决议案汇编》,北京大学出版社,1989年。

凭据、抵押货物字据、预定买卖货物的单据、佃户承种地亩字样、当票、延聘人员雇用工匠的合同、各项承揽字据、铺户所出各项货物凭票、租赁地址房室的字据、保险单及镖局揽单、各项保单、收存款项的凭据、公司股票、支取银钱货物的凭据、各种贸易所用的账簿，规定此类契约簿据，除保险单及镖局揽单单面银钱数合10元以上，贴印花2分，以及支取银钱货物的凭折、各种贸易所用的账簿，按册收取外，其他价值银元10元以上，贴印花1分。第二类五种，分为汇票、期票、借款字据、铺户或公司议订合资营业的合同、田地房室典押买卖契约。前四种纸面银行数十元以上未满100元者，贴印花1分，百元以上未满五百元者，贴印花2分，五百元以上未满一千元者贴印花5分，一千元以上未满五千元者贴印花1角，五千元以上未满一万元者贴印花2角，一万以上未满五万元者贴印花5角，五万元以上者贴印花1元，至此为止不再贴。后一种除向例契税外另贴印花，照上四种贴法但银钱比价，权以钱一千文，或银七钱二分为1元。[1]

3. 贴用方法。凡契据应贴之印花，责成立契据人在于受授前贴用加盖图章，或画押于印花票与纸面骑缝之间，如系合同两造各缮一纸，依本法各贴印花盖章画押，然后交换收执。凡账簿凭折应贴之印花，责成立账簿凭折人于使用前贴在开首，向写年份之处，将某年字样半写于印花票面，再行照第4条加盖图章或画押，每本每个以1年为限，如过1年仍旧接写，应再贴印花作为新立账簿凭折。[2]

4. 印花票种类。印花票种类如下：赫色1分、绿色2分、红色1角、蓝色5角。[3]

5. 契约失效。凡应贴印花之件，如立契据凭折人并不依本法贴用印花或不盖章画押者，受警应即退还，责令依本法办理。倘任意收受遇有讼案牵涉官不为理，如受者临时自愿遵照第8条罚章补贴印花盖押者不在此例。凡应贴印花的账簿，如不依本法贴写盖章画押者，

[1]《暂行印花税法案》第2条。
[2]《暂行印花税法案》第4、5条。
[3]《暂行印花税法案》第9条。

遇有讼案牵涉呈官查验时，不足为凭，如立账簿人临时自愿照第8条罚章补印花盖章画押者不在此例。[1]

6. 罚则。凡应贴印花之件，如不依本法贴用，或贴用之时未曾盖章画押过，讼经官查出，按照偷漏税数目罚金百倍，倘前项应贴印花之件，已贴印花盖章画押而所贴之票不足定数者，照应补之数罚金50倍。业经贴用之印花，不准揭下再贴，违者照偷贴之数罚金二百倍。应贴花之件，如不依本法贴用，遇讼经官自宜照第8条惩罚，但旁人不得挟嫌告发，官亦不得派人查验。伪造或改造印花票者按律惩办。[2]

7. 施行手续。此项税则由部制造印花颁布各省行用，各省地方以奉到部发印花30日后为施行之期。财物成交在本法施行以前者，免贴印花，但遇有诉讼时，仍按照第2条税额补贴印花。各项印花嗣后如必须改造新式印花票，应由财政部随时斟酌办理。[3]

《暂行印花税法案》，原名称为《筹措军需印花税案》，在1912年2月6日第一读会上，财政部交议《筹措军需印花税案》，决定交付财政审查会审查，限三日内完成审查报告。2月22日，宣布审查印花税案报告。从3月7日开始列入议事日程，开第二读会。但是一直到3月25日、3月27日两次会议才通过。3月29日第三读会通过。

（二）《暂行印花税法施行章程》（1912年4月2日公布）

1. 主管机构。印花税事务由财政部赋税局管理，不设专局。印花票花纹式样，由财政部制定印造颁发。各省发售印花税事宜，即由各省财政司赋税科管理，遇有报部公件由司径呈财政部。[4]

2. 发售方式。各省每县应招总发卖若干人，承办发售印花，由总发卖人发卖于各分售人，由分售人发售于需用者。总发卖人须殷

---

[1]《暂行印花税法案》第6、7条。
[2]《暂行印花税法案》第8、10—12条。
[3]《暂行印花税法案》第13—15条。
[4]《暂行印花税法施行章程》第1—3条，张国福选编《参议院议事录、参议院决议案汇编》，北京大学出版社，1989年。

实商家，取具地方商会切实保结，由地方官查明，请该管财政司核准发给承售印花执照。各分售人必须殷实铺户，由总发售人承招，呈报地方官存案。发售印花照，票面价值提百分之七作经售人费用，此百分之七费用总发售人应得百分之三，分售人应得百分之四。凡经售印花除照第9条外，无论总发卖人、分售人，除支经售费用外，概应先缴票价。领售印花税一次在二千元以上者，如有确实担保，准其展限至6个月为缴款之期。总发卖人或分售人缴价领取印花票后6个月内，如未能售罄，不愿接续经营者，准具将余票缴官，领还原缴之价，不准有丝毫折扣。倘遇印花式样更改，旧式印花归于无用，亦准其于改用新式印花后1年之内，将旧式印花缴官，领还原缴之价或换取新式印花亦，不准有丝毫折扣。倘经营人误将未售的印花票破捐染污，票面尚可认识并无弊混，准其随时缴官，照票面值减去百分之十，领还票价或折合换取新票。各县之城镇村市所招总发售人及分售人之人数多寡，及如何分配区域，随时由地方官呈由财政司核定报部存案。各省地方官奉到部发印花后5日内，须将将印花税税则及种类式样、开办日期于城镇村市详细出示晓谕。[1]

二、北京临时参议院时期的财经法规

（一）《兴华汇业银行则例》（1912年11月26日公布）

1. 总则。兴华汇业银行为股份有限公司。兴华汇业银行分行分号于重要各项文书均必须签字，其汉字文书并须加盖图章。兴华汇业银行关照本则例另订章程，由股东总会议决呈请财政部立案其修正增删亦同。[2]

---

[1]《暂行印花税法施行章程》第4—12条。
[2]《兴华汇业银行则例》第1、28—29条，《政府公报》，1912年11月27日。

2. 组织结构。兴华汇业银行设总行于上海,并于国内外贸易上必要之处开设分行分号,且得与他银行订立代理或汇兑契约,但分行分号之或设或废,及与其他银行代理或汇兑契约之或结或解,均由该行职员会核定呈明财政部立案。兴华汇业银行设董事 5 人以上 11 人以下,任期 2 年,由股东总会就 50 股以上的股东中选出,呈明财政部存案,其期满再被选出时亦同。但由财政总长特别任命者可无股份数目的限制。兴华汇业银行设行长及副长各一人,均由董事互选呈明财政部存案。财政总长认为必要时,得于前两条额定职员外,命中国银行总裁或副总裁兼兴华汇业银行副长或董事。兴华汇业银行行长副长及董事之责任权限另以章程定之。兴华汇业银行每年于总行所在地开通常股东总会两次,议决本行章程所定之事项,如有特别事故,随时得开临时股东总会,股东总会出席者以会期 60 日以前已经注册之股东为限。股东之议决权另以章程定之。兴华汇业银行行长董事及其他行员,如有违犯则例者处以 10 元以上百元以下之罚金,其因此损及本行营业者仍责令赔偿。[1]

3. 经营年限。兴华汇业银行营业年限自开业之日起算满 30 年为期,但经股东总会议决得向财政总长呈请展期。[2]

4. 融资方式。兴华汇业银行资本定一千万元,分十万股,每股一百元,如欲增减资本,须经股东总会议决,呈明财政总长批准。兴华汇业银行股东限于中华国民。兴华汇业银行股票概用记名式,凡买卖让与另以章程定之。兴华汇业银行得以低息随时向中央银行通融款项,但其数以一千万元为限。[3]

5. 营业范围。兴花汇业银行之营业如下:一、国内外汇兑及货物押汇。二、各种存款及保管贵重物件。三、放款。四、各种期票之买入或卖出,但其限制由行长随时开职员会议定之。五、代表有交易之公司银行商号收取各种票据的款项。六、兑换外国货币及买卖生金

---

[1]《兴华汇业银行则例》第 2、16—20、30 条。
[2]《兴华汇业银行则例》第 3 条。
[3]《兴华汇业银行则例》第 4—7 条。

生银。七、其他国际银行应有的营业。兴华汇业银行酌量营业情形得买卖公债证券。兴华汇业银行遵政府命令经理在国外的公债及公家款项。兴华汇业银行除前三条所载外,不得更作他种营业。兴华汇业银行除左列事项外,不得买入或承受不动产股票货物等件。一、银行营业应用地基房产。二、清还欠款由债主交出变卖或由审判断定营业。兴华汇业银行不得买入或押受本行股票,但债主欠款久不清偿付,或无力归还时以此作抵或以此清欠不在此限。承受不动产股票及其他物件时限6个月内售出,倘因时价不当未能售出时,得呈请财政总长批准延期。[1]

6. 准备金。兴华汇业银行对于活期存款之应付,应置四分之一以上之相当准备金。[2]

7. 利润分配。每半年分配盈余时,应先将分配成数,呈请财政总长认可。[3]

8. 公积金。每半年须提盈利十分之一以上作为公积金,以备左列各项之用。一、填补资本的亏损。二、补充股息的不足。放款过期不还将归损失时,必须量其损失的数目,于前条规定外提存盈利为公积金。[4]

9. 政府监管。兴华汇业银行于营业上受损失至资本的半额以上,或违背则例时,财政总长得停止其营业或令其解散。依股东总会议决,经政府许可得随时解散,但股东总会必须得股东总数二分之一以上与股本总额二分之一以上股东出席,且依议决权三分之二以上方可议决。兴华汇业银行若违背则例时,财政总长得制止或令改选董事。财政总长特委监理员1人,监察兴华汇业银行一切业务。兴华汇业银行必须服从财政总长命令,呈报关于营业上的计算报告书。[5]

---

〔1〕《兴华汇业银行则例》第8—14条。
〔2〕《兴华汇业银行则例》第15条。
〔3〕《兴华汇业银行则例》第21条。
〔4〕《兴华汇业银行则例》第22—23条。
〔5〕《兴华汇业银行则例》第24—27条。

《兴华汇业银行则例》草案审议非常顺利。在第一读会上，政府委员提出："盖有汇业银行，而后始可以整顿币制，自由募债，调剂金融，预储现金。"主要有两个特点，一是对于政府的义务，一是对于政府的权利。"中国向来借债全委托外国银行经理，偿还之时磅值涨落及汇价低昂，全操纵于外国银行之手，致中国历来经济上受其损夫。""故政府以其既仿照日本正金银行之办法，则政府宜以日本政府对待正金银行之特权予之，以助其发达也。"多数同意交付财政委员会审查。[1]

　　在第二读会上，关于董事任期，刘彦认为1年太少，可以改为2年。孙钟认为董事人数5人以上似乎毫无限制，建议改为5人以上10人以下。李国珍认为"照董事制，人数不应双数，应为单数"，建议改为5人以上11人以下。汪荣宝建议行长、副行长推选改为互选，增加"财政总长认为必要时，得于前两条额定职员，命中国银行总裁或副总裁兼兴华汇业银行副行长或董事"。李国珍与汪荣宝的意见均多数通过。[2] 最后第三读会完成是在1912年11月18日。

（二）《中国银行则例》（1913年4月15日公布）

　　1. 总则。中国银行为股份有限公司。中国银行须照本则例主旨详定章程，付股东总会议决，呈请财政总长核准，遇有必须改订增损时亦同。本则例关于股东之规定自招满一万股时发生效力。[3]

　　2. 融资方式。中国银行股本总额定为银元六千万元，计分六十万股，每股银元一百元，政府先行认垫三十万股，余数由人民认购，认购总额超过三十万股时，得由政府酌量情形，将认垫股分分期宣布售与人民。中国银行若有增加股本之必要时，得由股东总会议决，经财政总长核准后再行添招。国币发行后，银元应遵照币制则例换算，倘生奇零之数得追向股东增减之。中国银行由政府先交所认股三分之

---

〔1〕《参议院第九十次会议速记录》（1912年10月14日），《政府公报》，1912年12月3日，第216号，第751页。

〔2〕《参议院通过汇业银行案》，《申报》，1912年11月14日，第3版。

〔3〕《中国银行则例》第1、28条，《政府公报》，1912年4月16日。

第六章 国会与财经法规的制定

一以上开始营业,一面招募商股,招股章程另定之。中国银行股票概用记名式,除中华民国人民外,无买卖转让之权利。[1]

3. 组织结构。中国银行设总行于中央政府所在地,各省会及商业繁盛地方得斟酌情形,设分行或分号,或与他银行订阅代理合同或汇兑契约,但必须经财政总长核准。政府视为重要的区域,得商令总行增订分号或代理处。中国银行设总裁1人,副总裁1人,董事9人,监事5人。总裁、副总裁简任,董事监事由股东总会选任。非有50股以上的股东不得充任董事及监事。总裁、副总裁以5年为一任,董事以4年、监事以3年为一任,但得连任。总裁、副总裁任期内除汇业银行,及币制事宜外,不得兼他项职务。董事监事任期内,不得兼充他银行或公司职员。中国银行之股东总会分为左之两种:一、通常股东总会;二、临时股东总会。通常股东总会每年于总行所在地开会一次,由总裁招集之。总裁认为有重要事件必须召开会议时,可招集临时股东总会。总裁遇有董事或监事全体,或股东总会会员50人以上,并占有股份全额百分之一以上者,因重要事件请示会议,可招集临时股东总会。股东总会闭会时必须自开会之日起算,在60日以前注册继续有10股以上的股东,始有会员资格得列会议。股东总会会员的投票权,每10股有投1票之权,百股以上每50股递增1权。股东总会会员因有事故不能到会时,其委托代理人以会员为限。凡一会员之代理投票权不得超过10票。总分行号及代理处应行报告事件及其程式,由银行呈准财政总长另订详细章程办理。[2]

4. 经营年限。营业年限自总行开业之日起算,满30年为期,期满时得由股东总会议决展限,但必须经财政总长核准。[3]

5. 公积金。每年营业所得的净利总额内,须提十分之一以上作为公积金后,始得摊派股利。前项提公积金摊派股利,须经股东总会议决,呈由财政总长核准。前项公积金之用途如下:一、填补资本之

---

[1]《中国银行则例》第2、3、5条。
[2]《中国银行则例》第4、15—25条。
[3]《中国银行则例》第6条。

损失。二、维持股利之平均。[1]

6. 营业范围。中国银行营业之种类如下：一、国库证券、商业确实期票及汇票之贴现或买入。二、办理汇兑及发行期票。三、买卖生金、生银及各国货币。四、经收各种存款，并代人保存证券票据及其他一切贵重物件。五、代表有交易之银行、公司、商号及个人收取各种票据的款项。六、以金银货及生金银作抵押为借款。七、以上公债证书，或政府发行证券，或政府保证之各种证券作抵押为定期或活期贷款，但其金额及利率须经总裁副总裁董事监察随时议决，并财政总长之核准。以上各种营业之限制及名词的解释另定之。中国银行得买卖公债证书，但必须经财政总长核准。中国银行除前两条揭载各种营业外，不得经营左列诸项及其他各种事业。一、此受不动产及各种银行或公司之股票作借款的抵押品。二、收买本银行股票，并以本银行投票作借款的抵押品。三、除关于营业上必需用的不动产外，买入或承受不动产。四、直接间接经营各种工商事业。中国银行发行兑换券，但必须遵守兑换券则例。兑换券则例以法律定之。前项法律未施行以前，得依照财政部规定暂行章程办理。中国银行受政府的委托，经理国库及募集或偿还公债事务。中国银行有代国家发行国币之责。[2]

7. 政府监管。财政总长对于中国银行一切业务，如认为有违背本则例及本行章程，或不利于政府的事件时皆得制止之。财政总长得派监理官1人，监视中国银行一切事宜。[3]

(三)《印花税法》(1912年10月21日公布)

1. 总则。凡财物成交，所有各种契约簿据可用为凭据者，均须遵照本法贴用印花，方为适法之凭证。国家所用之契约簿据不贴印花，但有营业性质的各种官业仍依本法贴用。[4]

---

[1]《中国银行则例》第7—8条。
[2]《中国银行则例》第9、10—14条。
[3]《中国银行则例》第26—27条。
[4]《印花税法》第1、3条，《政府公报》，1912年10月22日。

2. 税率等级。各种契约簿据分为两类。第一类15种,分为发货票、寄存货物文契的凭证、租赁各种物件凭证、抵押货物字样、承种地亩字样、当票、延聘或雇用人员契约、铺户所出各项货物凭据、租赁及承顶各种铺底凭据、预定卖买货物单据、租赁土地房屋字样、各项包单、银钱收据、支取银钱货物凭折、各种贸易所用账簿。前7种价值银元10元以上,贴印花1分,后8种,除支取银钱货物凭折每个每年、各种贸易所用账簿每册每年贴印花2分外,其余均是价值银元10元以上,贴印花2分。

第二类11种,分为提货单、各项承揽字样、保险单、各项保单、存款凭单、公司股票、汇票、期票、遗产及析产字据、借款字据、铺户或公司议订合资营业合同。以上11种纸面银数十元以上未满一百元者,贴印花2分。百元以上未满五百元者,贴印花4分。五百元以上未满一千元者贴印花1角。一千元以上未满五千元者贴印花2角。五千元以上未满一万元者,贴印花5角。一万元以上未满五万元者,贴印花1元。五万元以上者,贴印花一元五角,至此为止不再加贴。[1]

3. 贴用方法。契据应贴的印花,由立契据人于授受前贴用,加盖图章或画押于印花票与纸面骑缝之间,如系合同两造各缮一纸,依本法各贴印花盖章画押,然后交换收执。账簿凭折应贴的印花,由立账簿凭折人于使用前贴在开首,向写年份之处,将某年字样半写于印花票面,再依规定加盖图章或画押。每本每个以一年为限,如过一年仍旧接写,应再贴印花作为新立账簿凭折。[2]

4. 印花票种类。印花票种类如下。一、赭色,1分。二、绿色,2分。三、红色,1角。四、紫色,5角。五、蓝色,1元。[3]

5. 契约失效。应贴印花的契据凭折,如不依本法贴用或不盖章画押者,对手人必须即退还,责令照章办理。若任意收受该契据及凭折,于法庭上无合法凭证的效力,但对手人愿依本法规定,补贴印花

---

[1] 《印花税法》第2条。
[2] 《印花税法》第4条。
[3] 《印花税法》第9条。

盖章画押者不在此限。应贴印花的账簿,如不依本法贴写盖章画押者,该账簿于法庭上无合法凭证的效力,但立账簿人愿依本法规定,补贴印花盖章画押者不在此限。[1]

6. 罚则。应贴印花之件,如不依本法贴用,或贴用时未曾盖章画押者,按照应贴数目罚贴印花百倍。如已贴印花盖章画押,而所贴不足定数者,照应补之数罚贴印花五十倍。业经贴用的印花票,不准揭下再贴,违者照偷贴之数罚贴印花三百倍。伪造或改造印花票者,按照刑事伪造纸币例处罚。[2]

7. 施行手续。印花由财政部颁布各省行用,各地方以奉到部发印花后30日为本法施行之期。京师施行本法时期由财政部定之。财物成交在本法所定印花施行以前者,免贴印花,但遇有诉讼时,仍按照第2条税额补贴印花。[3]

与其他财经法规相比较,印花税法草案讨论得较为激烈。在第一读会上,政府委员说明理由,表示印花税法在南京时已提交参议院。印花税的历史发展表明,"印花税由荷兰发始,以至今日欧美各国无不实行印花税。盖印花税实一种精良之税法,国家收入之大宗"。民国成立不久,各项建设均需要财政投入,"则不可不谋筹款方法"。参照各国先例与中国实情,"今本法案规定凡价值十元以上征收千分之一或千分之二,"与英法两国的印花税率相比较,"中国之印花税,实不可与二国同日语也"。[4] 后多数同意将会审查。

财政委员会在2个月后才在第二读会上提出审查报告,殷汝骊在审查报告中指出:第1条凡财产成交所有各种书籍账簿可用为凭证者等字句甚不明了,实不如在南京时所议决的《印花税法》第1条,"故本审查会将第一条改用在南京时所议决之印花税法第一条"。关于

---

[1] 《印花税法》第6条。
[2] 《印花税法》第8、10—11条。
[3] 《印花税法》第12—13条。
[4] 《参议院第三十九次会议速记录》(1912年7月16日),《政府公报》,8月份,附录,第434—435页。

第 2 条,只是将原案条文第 2 类中的银钱收据移在第 1 类之内。"因为第一类中有支取银钱货物之凭折,与银钱收据之手续相同。"第 8 条罚贴倍数。"原案如不照章贴用或贴用时未曾盖章或画押者,照应贴数目罚贴印花税三百倍。"通过研究各种税则,罚金达到数百倍,未免太重,建议改为一百倍。关于已贴花盖章画押而所贴之票不足定数者,原案规定罚贴百倍,审查会研究结果认为稍多,改为五十倍。第 10 条偷贴印花,罚贴五百倍,审查会认为未免稍多,改为三百倍。第 12 条地方施行期 1 个月的规定,认为中国地方阔大,1 个月为施行期各省万难一体奉行,改为 50 天,"核计比较原案多二十日,此二十日之时间即作为由省城市颁发到各州县之时间"。此外还作了一些文字上的修改。[1] 接下来的审议主要围绕 6 个问题展开。

1. 关于当票征收印花税的问题。梁孝肃主张删去此条:"第一当票若贴印花,于负担上失其公平。第二当票若贴印花,税率上失其正当。""系当物之人,既非常贫苦,若再令其贴印花,于租税之原则实属不合。"[2] 政府委员声明"在政府定此项税则,本取简便主义,以养成人民贴用印花之习惯为前提。当票一则即最足养成普通一般人民贴用印花之习惯"。[3] 张华润认为:"国家之租税必须斟酌普通一般人民之能力,印花税之税率虽信甚轻,然其种类最属繁颐,恐实行以后人民将不胜其繁。"[4] 谷钟秀指出:"凡十元以上之当票始行征税,凡贫寒之人有十元以上之当票者极少,此款可以不删去。"后多数赞成保留原案。

2. 关于铺户所出各项货物凭据征收印花税的问题。秦瑞阶质问政府委员,"此种与第一种发货票本属同一性质,同为发货人。一

---

[1]《参议院第七十六次会议速记录》(1912 年 9 月 13 日),《政府公报》,1912 年 10 月 9 日,第 162 号,第 726 页。
[2]《参议院第八十七次会议速记录》(1912 年 10 月 7 日),《政府公报》,1912 年 11 月 22 日,第 205 号,第 753 页。
[3] 同上书,第 754 页。
[4] 同上。

方面纳税何以第一种贴印花一分,而此种贴印花花二分?"[1]政府委员称:"发货票与货物凭单不能划同,大抵发货单之价值低,货物单之价值高,所以贴一分、贴二分。"秦瑞阶又指出:"二种以文面观之,似乎并无分别。发货票注重在发货一方面,货物凭单亦注重在发货一方面。"政府委员表示:"发货单纯为发货时所开发货之票,货物凭单与发货票亦稍有不同,此以凭单领取者,故谓之货物凭单。"秦瑞阶强调:"发货票为铺户送货物之票,而货物凭单则买货物领取货物之票。此性质既已不同,文字上应有显异之区别。将来三读会必须修正。"谷芝瑞认为:"发货票为货物已经发出之票,货物凭单则开单时货尚未发出,将来购货者持此凭单至铺户取货之意。"[2]后多数赞成原案。

3. 关于第二类中的提货单规定问题。秦瑞阶认为:"提货单就是领取货物凭单,本是同一性质,本法既规定于第一类,又规定于第二类,不免失之重复。"李国珍不同意秦瑞阶的看法。"第一类领取货物凭单,其货物本存店铺之中,买货物者持单往取即可,以凭单发货,纯为店铺中自己发出之货物。至第二类的提货单,则买货物与卖货物之人,并不在同时间同地。譬如北京有人须至上海办货,不必亲往上海,只须汇款至上海某铺,该铺即照其所办之物运往海关,至海关签字,然后以此提货单寄上,待至货速到后持单往领。"所以两者性质不同应该分别规定。后多数赞成原案。[3]

4. 关于各项承揽字样的表述问题。秦瑞阶提出承揽与各项包单的区别何在?政府委员:"承揽为承揽工程之单。包单为包其坚固之单。"秦瑞阶又提到:"印花税法本来均指有价证券而言,办法本有一定。现在本法案并非民国新定,全是抄袭前清度支部印花税章程而来,其合于外国有价证券者,固有重复颠倒者亦复不少。"段宇清认为:"此

---

[1]《参议院第八十七次会议速记录》(1912年10月7日),《政府公报》,1912年11月22日,第205号,第755页。

[2] 同上。

[3] 同上。

表面观之，包者自包揽者。自揽实则包揽二字。""皆中国方言习惯不同，始生出此种区别，实则承揽包揽还是一样，不能区别其有二种性质。"秦瑞阶建议删去此条，"因包即揽，揽即包，意无区别"。刘彦表示同意。汪荣宝表示："不如但就此类各项承揽字据改为各项工程包单，以显示与第一类之区别。"杨策指出："包单是指小事，而言承揽字据系指大工程而言，大小虽有所区别，不如改作一条以免重复。"谷钟秀表示同意杨策的看法，"将第一类之各项包单移置于各项承揽字据之下可也"。李兆年指出："包单是包运送之单，在民法上为一种请负业。承揽字据是承揽工程之字据。"两者有所区别，不能互为代替。最后多数赞成原案。[1]

5. 关于印花税率。战云霁称："盖以原案一千以上以至于一万，无五千之阶级。而百元至千元内有五百元之阶级，既百元至千元循序渐进，何以由千至万而不循序渐进乎？"[2] 张华润提出修正案，十元以上未满一百元者，贴印花 2 分。百元以上未满五百元者，贴印花 4 分。五百元以上未满一千元者贴印花 1 角。一千元以上未满五千元者贴印花 2 角。五千元以上未满一万元者，贴印花 5 角。一万元以上未满五万元者，贴印花 1 元。至此为止不再加贴。[3] 但是多数赞成审查报告。

6. 关于罚则问题。原案规定应贴印花之件，如不依本法贴用，或贴用时未曾盖章画押者，按照应贴数目罚贴印花百倍。如已贴印花盖章画押，而所贴不足定数者，照应补之数罚贴印花 50 倍。金鼎勋指出：处罚规定太重，关于印花税，我国国民多不知为何物，建议修改为不贴者罚 10 倍，贴不足者罚 5 倍。张华润还认为，"应贴不贴者系不知误犯，应少罚贴，不足者应多罚贴，系明知故犯也"。不贴者罚三十倍，贴不足者罚一百倍。谷钟秀认为罚金不多，审查报告规定

─────────
〔1〕《参议院第八十七次会议速记录》(1912 年 10 月 7 日)，《政府公报》，1912 年 11 月 22 日，第 205 号，第 756 页。
〔2〕 同上书，第 757 页。
〔3〕 同上书，第 758 页。

得当。[1]陈国祥称:"不贴印花者罚一百倍不为重,如再减轻恐此印花不能通行。"[2]彭允彝称:"如恐穷人吃亏,以为无理由也,如所列之发货、提货单等,试问穷人有否须知办理此项印花税?""要注重机关之完备,不必争执罚数之多少。"[3]后多数赞成原案。

此外,原案中还有对于田地房屋买卖及典押契据以上一种暂照前度支部税契章程办理,不另贴印花税的规定。秦瑞阶认为:在印花税中不应有暂照前度支部税契章程办理之文,"况田地房屋买卖及典押契据为登记税与登录税之性质,非关于印花税"。建议删去此条文。杨策称:"以民国此时对于田地房屋买卖及典押契税法尚未制定,如不于此中规定之,恐人民有双方纳税之弊。"建议等到以后契税法制定后再删去。李国珍表示:"若一方面照前度支部章程办理,一方面又令其贴用印花,则人民将不堪其苦。"彭允彝也建议删去,"盖买卖田地确非印花税之性质可以断定"。"若将来各省有误解之处,对于此项契税既照前度支部章收税,又令其贴用印花,则人民将受两层税之苦。"[4]后多数赞成删去此条。

第二读会后,多数赞成省略三读会,在仅作一处文字修正后,多数表决通过。

三、第一届国会时期的财经法规

众议院在1913年10月5日议决通过《契税法》,参议院在10月20日开始审查,但是因被袁世凯政府非法解散,未能召开第二读会。

---

[1]《参议院第八十七次会议速记录》(1912年10月7日),《政府公报》,1912年11月22日,第205号,第759页。

[2]《参议院第九十次会议速记录》(1912年10月14日),《政府公报》,1912年12月10日,第223号,第753页。

[3]同上。

[4]《参议院第八十七次会议速记录》(1912年10月7日),《政府公报》,1912年11月22日,第205号,第758页。

第一届国会两次复会后,也一直没有完成三读会程序。众议院通过的《契税法》内容主要有四点。

1. 总则。本法所谓契者指不动产之卖契、典契而言。前项契约用纸由财政部颁发。

2. 纳税方式。缴纳契税以贴用特别印花方法行之。前期特别印花由财政部颁发。订立不动产卖契或典契时,必须由卖主或出典人赴该管征税官署请领契纸,除缴纳契纸费2角外,无论以何种名目不得征收他费。前项契纸费由卖主与买主或出典人与承典人分担。原领契纸因遗失及其他事由,必须补领或更换时,仍依规定缴纳契纸费。

3. 税率。不动产之买主或承典人须于契约成立后6个月以内,依左列税率贴用特别印花,赴该管征税官署呈验注册。卖契税,买价之百分之三。典契税,典价之百分之一。先典后卖的卖契或增价续典的典契,得以原纳典契税划抵买契税或续典税,但以承典人与买主或前后承典属于1人者为限。

4. 罚则。不动产之买主或承典人超过期限,不依本法缴纳契税者,除纳定率的税额外,并处以应纳税额之十倍罚金。缴纳契税时匿报契价者,除另换契纸改正契约,补缴短纳税额外,并处以短纳税额五倍之罚金。[1]

在宏观层面,就国会经济立法业绩而言,财经法规数量不多,种类也不够齐全,特别是缺少有关会计、审计、预算、统计、营业税和专业银行等方面的法规。其中一些法案临时政府都曾提交给参议院议决,可惜没有得到议院的充分重视,未能及时审查。第一、二届国会同样不重视财经法制建设。财经法规的不完备,给参议院在行使财政监督权带来消极的后果。如政府会计年度起始时间的不确定,阻碍了议会在预决算法案上发挥作用。与此状况相反的是,多数财经法规,包括当时提出的未审查与未议决的法案,是在袁世凯解散国会后威权统治时期制定与颁行的,

---

[1]《契税法》,《众议院议决案汇编》,法律案,第75—76页。

在微观层面，国会在税法改革上有一定的创新。最具代表性的是印花税的创制，"我国向无印花税"。[1]经过民国临时参议院的立法，"印花税从此成为我国一个税种"。[2]而且北京临时参议院制定的《印花税法》比南京临时参议院时期的《暂行印花税法》更加完善，如重新分类和规定税率等级，在印花票种类上，增加蓝色1元，将原蓝色5角改为紫色5角，同时在罚则上，加重并明确处罚方式。

不过从具体内容来说，仍然存在缺陷与不足。如未能采取先重后轻的立法策略，当时印花税并不是大税种，而盐税、海关税均是大的税种，以民国二年为例，盐税为7740.1265万元、海关税为5724.1171万元、常关税为972.8832万元，分别占当年财政收入55703.1236万元的13.9%、10.3%、1.7%。契税为1222.3184万元，占2.2%。验契税为544.6475万元，占1%。印花税为71万元，占0.13%。[3]制定民国新盐法、海关税法实为当务之急。当时有识之士，如张謇就在1912年提出《盐政改革计划书》，"中国盐政，承数千百年以前之旧法，因仍不改，复杂纷乱，不易明了"。[4]因为晚清盐税制度的"苛税丛杂"，"实足以凋敝民生，使之迫乎饥寒而为盗贼。……所祸于国者大"。[5]而在税制改革方面也是如此，未能及时通过《厘定国家税地方税法》，不利于当时国家财政状况的改善。

---

[1] 贾士毅：《民国财政史上》，第二编，商务印书馆，1934年，第223页。
[2] 张永：《民国初年的进步党与议会政治》，北京大学出版社，2008年，第51页。
[3] 贾士毅：《民国财政史下》，附录，民国二年度岁入岁出总预算表，第22—28页。
[4] 张謇：《盐政改革计划书》，"内外时报"，《东方杂志》，第9卷第8号，第1页。
[5] 沈凤生：《民国新盐法刍议》，"内外时报"，《东方杂志》，第8卷第12号，第13页。

第七章 国会与地方自治法规的制定

北京政府时期经由国会审议并通过的主要是省、县两级地方自治法规，其中包括《省议会暂行法》、《省议会议员选举法》、《县自治法》等，以及涉及少数民族区域的《蒙古待遇条例》。此外，内务部根据国会制定的地方自治法规内容，还制定了《省议会议员选举法施行细则》、《县自治法施行细则》、《县议会议员选举规则》。县以下市乡自治制度，如《市自治制》、《乡自治制》均由内务部制定。

一、省自治法规的制定

（一）《省议会暂行法》（1913年4月2日公布）

1. 组织结构及选任。省议会设于省行政长官所驻之地。各省省议会议员名额依民国元年（1912年）9月25日各省第一届省议会议员名额表所规定。议员任期以3年为限，任满改选再被选者得连任。任期以议员当选之日起算。议员当选后选举区有变更而任期未满者照旧任职。议员任职后非经省议会的许可不得解职。议员因故出缺时以本选举区候补当选人名次表之列前者递补之。补缺议员其任期以补足前任未满之期为限。省议会议员不得同时为国会议员。省议会议长1

人，副议长2人，由议员互选之。选举议长、副议长分次用无记名单记法，各以得票过半数者为当选。议长维持秩序，整理议事，对外为省议会的代表。议长有事故时，由副议长代理议长，副议长俱有事故时，由议员中选举临时议长代理。议员改选时议长副议长一并改进。省议会置秘书，由议长任免之。秘书承接议长之命，经理文牍会计及一切庶务，其员额及办事细则由省议会定之。

2. 职权。省议会之职权如下。一、议决本省单行条例，但以不抵触法律命令为限。二、议决本省预算及决算。三、议决省税及使用费、规费的征收，但法律命令有规定者不在此限。四、议决省债募集及省库有负担的契约。五、议决本省财产及营造物的处分并买入。六、议决本省财产及营造物的管理方法，但法律命令有规定者不在此限。七、答复省行政长官咨询事件。八、受理本省人民关于本省行政请愿事件。九、得以关于本省行政及其他事件的意见建议于省行政长官。十、其他依法律命令应由省议会议决事件。省议会对于本省行政长官认为有违法行为时，得以出席议员三分二以上的可决提出弹劾案，经由内务总长提交国务会议惩办之。省议会对于本省行政，认为本省行政官吏有违法纳贿情事，得咨请省行政长官查办。省议会议员对于本省行政事项有疑义时，得以10人以上的连署提出质问书于省行政长官，限期答复。省议会议员对于省行政长官之答复认为不得要领时，得要求省行政长官自行到会或派员到会答辩。

3. 会议。省议会分常年会及临时会两种。常年会每年一次由省行政长官召集之，临时会因特别紧急事件发生，由省行政长官或议员半数以上请求时召集之。常年会会期以60日为率，其有必须连续开议者，得延长会期20日以内，临时会期至多不得逾30日。省议会非有议员半数以上出席不得开议。议员有五人以上的赞同得提出议案。议案的表决以出席议员过半数为准，可否同数取决于议长。议员于议案涉及本身或其亲属者，非经省议会的许可不得与议。议员除现行犯罪及关于内乱外患的犯罪外，于会期内非经省议会许可不得逮捕。会议时议员言论及表决，于议会外不负责任。会议时省行政长官得自行到会或派员到会发言，但不得列于表决之数或中止议员的言论。省议会会议公开之，但依省行政长官要求或议员提议，经多数可决者得禁止旁听。议员违背议事细则者停止到会，其情节严重者除名。议员无故不到会延至10日以上者除名。议员以省议会名义干预外事者停止到会，其情节重者除名。停止到会至多以10日为限，依出席议员多数之决议行之，除名依出席议员三分之二以上这决议行之。议事细则及旁听规则由省议会定之。

4. 议决。省议会之议决，省行政长官应于10日内公布。省议会的议决，省行政长官如不以为然时，应于5日内声明理由，咨交复议。省议会的议决，省行政长官如认为违法时，得咨省议会撤销之，如省议会不服其撤销时，得提起诉讼于平政院。前条诉讼于平政院未成立之时，最高法院受理之。

5. 经费。省议会经费及议员公费旅费由省议会定之。[1]

（二）《省议会议员选举法》（1912年9月4日公布）

1. 选举时间与资格。省议会议员依省制第5条规定名额选举之。选举年限以3年为一届。每届选举年限以7月1日为初选日期，8月1日为复选日期。临时选举日期由本省行政长官定之。凡有中华民国国籍男子，年满21岁以上，于编制选举人名册以前在选举区内住居满2年以上，具左列资格之一者有选举省省议会议员之权。一、年纳直接税2元以上者。二、有值五百元以上之不动产者。三、在小学校以上毕业者。四、有与小学校以上毕业相当资格者。凡有中华民国国籍的男子，年满25岁以上者，得被选举为省议会议员。凡有左列情事之一者，不得有选举权及被选举权。一、褫夺公权尚未复权者。二、受破产的宣告确定后尚未撤销者。三、有精神病者。四、吸食鸦片烟者。五、不识文字者。左列各人停止其选举权及被选举权。一、现役陆海

---

[1]《省议会暂行法》，《政府公报》，1912年4月3日。

军人及在征调期间的续备军人。二、现任司法官吏。三、现任本省行政官吏及巡警。四、僧道及其他宗教师。左列各人停止其被选举权。一、小学校教员。二、各学校肄业生。办理选举人员于其选举区内停止其被选举权，但监察员不在此限。承揽本省工程之人及承担本省工程之公司办事人停止其被选举权。[1]

2. 初选举选区划分。初选举以县为选举区，各以所辖地方为境界。地方行政区划及其名称未改正以前，左列各区划均以县论。一、府、直隶厅州的直辖地方。二、厅及州。初选举监督按照地方情形分划本管区域为若干投票区。[2]

3. 初选举选民登记。投票区应于选举年限的前年10月1日以前，由初选监督筹定呈报总监督。初选监督应就本管区域内分派调查委员，自选举年限的前年10月1日起按照选举资格调查合格者，造具选举人名册。调查员办事细则由初选监督之。选举人名册应载选举人姓名、年岁、籍贯、住址、住居年限及左列第一款或第二款事项。一、年纳直接税数字或不动产价格数字。二、某种学校毕业或与某种学校毕业相当资格。选举人名册应于前年11月31日一律告成，由初选监督呈报总监督。初选监督应按各投票区，分造选举人名册，于前年12月1日颁发各投票区宣示公众。宣示选举人名册以20日为期，如本人以为错误遗漏，得于宣示期内取具凭证，呈请初选监督更正。前项呈请更正，初选监督应自收呈之日起20日以内判定之，不服者得呈请于总监督，其判定期间同。凡经初选监督或总监督判定更正者，应由初选监督更正选举人名册并补报总监督。选举名册确定后，应分存各投票所及开票所，并由总监督呈报选举人总数于内务部。[3]

4. 初选举当选人名额分配。初选当选人名额定为议员名额的20倍，每届由总监督按照该复选区应出议员名额用20乘之，为该复选区内初选当选人名额，分配于各初选区。初选当选人名额之分配，由

---

[1]《省议会议员选举法》第1—9条，《政府公报》，1912年9月5日。

[2]《省议会议员选举法》第10、21条。

[3]《省议会议员选举法》第22—29条。

总监督以该复选区应出初选当选人名额,除全区选举人总数,视得票数多寡定。每选举人若干名得选出当选人一名,再以此数分除各初选区选举人数,视得数多寡定各该初选区应出初选当选人若干名。初选区有选举人数不敷选出当选人一名或敷选若干名之外,仍有零数致当选不足定额者,比较各初选区零数多寡,将余额依次归零数较多之区选出之。若两区以上零数相等,其余应归何区以抽签定之。初选监督应于6月20日颁布选举通告,应载事项如下。一、投票所及开票所地址。二、投票方法。三、本区初选当选人名额。〔1〕

5. 初选举投票所及开票所。投票所每投票区各设一处开票所,设于初选监督的在地,其地址各由初选监督定之。投票所及开票所周围得临时增派巡警保持秩序。投票所及开票所,除本所职员、选举人及巡警外,他人不得闯入。开票所因参观之选举人过多不能容纳时,管理员得限制人数。投票所及开票所自投票及开票完毕之日起15日以内裁撤之。投票所启闭以午前8时至午后6时为率,逾限不得入内。投票所及开票所办事细则由初选监督定之。〔2〕

6. 初选举投票纸、投票簿及投票匦。投票纸由总监督按照定式制成,于5月1日以前,分交初选监督,初选监督于6月20日以前分交各投票所。初选监督应按照各投票区所属选举人,分别造具投票簿,并按照定式制成投票匦,于6月20日以前分交各投票所。投票簿应载明选举人姓名、年岁、籍贯及住址。投票匦除投票时外,应严加封锁。〔3〕

7. 初选举投票、开票及检票。投票人以列名本投票所之投票簿者为限。第投票人届选举期,应亲赴投票所自行投票。投票人于领投票纸时,应先在投票簿所载本人姓名下签字。投票人每名只领投票纸一张。投票用无记名单记法,每票纸书被选举人一名,不得自书本人姓名。投票人于投票所内,除关于投票方法得与职员问答外,不得与

---

〔1〕《省议会议员选举法》第30—32条。
〔2〕《省议会议员选举法》第33—38条。
〔3〕《省议会议员选举法》第39—42条。

他人接谈。投票完毕后投票人应即退出。投票人倘有冒替及其他违背法令情事，管理员及监察员得令退出。管理员及监察员应将投票始末情形会同造具报告连同投票匦，于投票完毕的翌日移交开票所并呈报初选监督。第初选监督自各投票匦送齐的翌日，应约定时刻先行宣示，届时亲临开票所，督同开票即日宣示。检票时应将所投票数与投票簿对照。凡选举票无效者如下：一、写不依式者；二、夹写他事者但记载被选举人职业或住址者不在此限；三、字迹模糊不能认识者；四、不用投票所所发票纸者；五、选出之人为选举人无者。开票所管理员及监察员应将开票始末情形会同造具报告，于开票完毕的翌日呈送初选监督。所有选举票应分别有效无效，一并呈送于本届选举年限内由初选监督保存之。[1]

8. 初选举当选。初选以本区应出当选人名额除投票人总数将得数三分之一为当选票额，非得票满额者不得为初选当选人。凡因不满当选票额致无人当选或当选人不足定额是，由初选监督就得票较多者按照所缺当选人名额加倍开列姓名，即行榜示于开票后第三日在原投票所就榜示姓名内行决选投票。决选投票以得票较多数者为当选。当选人名次以得票多寡为序，票数同者抽签定之。被决选人之名次亦同。凡得票满当选票额因初选人足额不能当选者为初选候补当选人，其名次依前条之规定。当选通知及证书。当选人确定后应即榜示，并由初选监督具名分别通知各当选人。当选人自接到通知之日起应于10日以内答复愿否应选，其逾期不复者以不愿应选论。凡应选者由初选监督给与当选证书。当选证书由总监督按照定式制成先期分交初选监督。当选证书给与后应将当选人姓名榜示并呈报复选监督及总监督。初选当选人受领证书后由初选监督按照距复选投票所路程远近酌给旅费。[2]

9. 复选举选区、选举人名册与名额分配。复选举合若干初选区为选举区，其区划别以表定之。行政区划之境界有变更时，选举区一

---

〔1〕《省议会议员选举法》第43—55条。
〔2〕《省议会议员选举法》第56—65条。

并变更，但原选举议员不失其职。复选举由初选当选人齐集复选监督驻在地行之。选举人名册以初选当选人为限，依各初选区之顺序编列之，其册内应载事项，除依规定外，应载明初选当选票数。复选当选人不以初选当选人为限。复选当选人名额依议员名额定之。议员名额之分配每届由总监督以该省议员名额除全省选举人总数，视得数多寡定每选举人若干名，得选出议员一名，再以此数分除各复选区域选举人数视得数多寡定各应复选举区应出议员若干名。复选区有选举人数不敷选出议员一名或敷选若干名之外，仍有零数致议员不足定额者，比较各复选举区零数多寡将余额依次归零数较多之区选出之。若两区以上零数相等，其余额应归何区以抽签定之。议员名额分配定后由总监督于6月20日以前通知各复选监督。复选监督应于7月1日颁发选举通告，其应载事项如下：一、投票所及开票所地址；二、投票方法；三、复选当选人名额。复选投票所开票所地址及其办事细则由复选监督定之。关于投票所开票所事项准用初选举的相关规定。[1]

10. 复选举投票、开票及检票。第复选投票纸投票簿及投票匦定式与初选同。复选投票开票及检票准用初选举的相关规定。[2]

11. 复选举当选。复选以本区应出议员名额除投票数，将得票之半为当选票额，非得票满额者不得为复选当选人。凡因不满当选票额致无人当选或当选人不足定额时，由复选监督就得票较多者按照所缺当选人名额加倍开列姓名，即行榜示，于开票后第三日在原投票所就榜示姓名内再行投票致足额为止。复选当选人足额后并依该区应出议员名额选定同数之候补当选人，其当选票额依第75条的规定。凡得票满当选票额因复选当选人足额不能当选者即作为候补当选人。复选当选人及候补当选人的名次，以选出的先后为序，同次选出者以得票多寡为序，票数同者抽签定之。复选当选人自接到当选通知之日起应于20日以内答复愿否应选，其逾期不复者以不愿意应选论。凡应选

---

〔1〕《省议会议员选举法》第11—12、66—72条。
〔2〕《省议会议员选举法》第73—74条。

者为省议会议员由复选监督给与议员证书。议员证书给与后复选监督应将复选举始末情形造具报告连同投票簿并有效无效的选举票及议员名册，呈送总监督于本届选举年限保存之，并由总监督汇造该省议员名册呈报内务部。议员名册应载明议员姓名年岁籍贯及所得票数。[1]

12. 选举监督。各省设选举总监督，以本省行政长官充之，监督全省选举事宜。初选区设初选监督，以各本区的行政长官充任，监督初选举一切事宜。复选区设复选监督，应于选举年限6月1日以前，由选举总监督委任之，监督复选举一切事宜。复选监督驻在地由选举总监督定之。初选复选均设投票管理员、监察员、开票管理员、监察员各若干名，由初选监督、复选监督分别委任之，但监察员应以本区选举人为限。[2]

13. 复选举选务管理。投票管理员职务如下：一、掌投票所启闭。二、决定投票之应否收受。三、掌投票匦、投票簿、投票纸及选举人名册。四、保持投票所秩序。五、其他本法所规定属于投票管理员职务之事项。开票管理员职务如下：一、掌开票所启闭；二、清算投票数目；三、检查投票纸真伪；四、决定投票之是否合法；五、保存选举票；六、保持开票所秩序；七、其他本法所定属于开票管理员职务之事项。投票监察员、开票监察员各监视管理员办理投票开票事宜。监察员与管理员意见不同时，呈明选举监督决定之。凡办理选举人员均为名誉职，但得酌给公费。[3]

14. 选举变更。凡有左列各款情事为选举无效。一、选举人名册因舞弊牵涉全数人员经审判确定者。二、办理选举违背法令经审判确定者。前条之规定于初选举及复选举均适用之。初选举无效时复选举虽经确定一并无效。凡有左列各款情事为当选元首。一、不愿应选。二、死亡。三、被选举资格不符经审判确定者。四、当选票数不实经审判确定者。当选无效时证书已给发者，应令缴遗弃并将姓名及其缘由宣

---

[1] 《省议会议员选举法》，第75—81条。
[2] 《省议会议员选举法》第13—16条。
[3] 《省议会议员选举法》第17—20条。

示。当选无效时应以各该区修补当选人递补之。改选于每届选举年限行之。选举无效时应于该选举区域无候补当选人时行之。补选于议员缺额该选举区无候补当选人时行之。关于改选及初选事项均依本法的规定行之。[1]

（三）《省议会暂行法》与《省议会议员选举法》的制定过程

1. 审议概况。最初《省议会暂行法》是包括在《省制案》中，《省制案》、《省官制案》与《省议会议员选举法》是临时政府一起提交到临时参议院，并于1912年7月10日同时召开第一读会。

政府特派员在《省制案》与《省官制案》提案说明中指出："我中华民国成立以来已经多时，然而中央与地方之权限尚未划清，所以有许多之争点，不能收统一之效果。"最要紧的问题是何种权限归中央，何种权限归地方。大凡行政可以分为五种，第一内务，第二外务，第三财政，第四军务，第五司法。五者之中，外务、军务、司法必须归于中央，不能归于地方。至于内务与财政，关于国家者归于中央，关于地方者归于地方。第一，在行政机关设置方面，省设内务、教育、实业、财政司。此外为维持省县两级制度，又暂设巡察使，辅佐省总监。第二，在立法机关立法权规定方面，"全国之法律当然由参议院议决，关于一省之单行法亦当然让省议会自由议定"。第三，增设省参事会，其性质为辅佐省议会，在省议会闭会期间，代行省议会议决权限。第四，关于立法与行政关系的处理。"现在定两种救济方法，一种为总监撤销其议决事件，一种为解散其省议会。"但是解散目前断不可能行，只有撤销一个办法。在谈到省制与联邦制不同时，"省议会虽可以制定本省单行法，然亦不得有背中央颁布之法律，若有抵触则议决亦归于无效者是也"。此外权力极大的省总监也是中央任免，而不是地方

---

[1]《省议会议员选举法》第82—89条。

选举产生。[1]

曾有翼对于省长定为总监名号，以及总监为简任制有疑义。此外对于省官制草案第八条，"总监于非常急变之际，需用兵力或为防护起见需用兵备时，得咨行驻扎该省之军队及军舰长官，请其派兵"。曾认为保护地方治安，指挥巡警即可，何必借用军队。[2]周珏指出："省制第五条第一项省议会议员定额，凡一省人口不满千万者五十名，又云至以百名为限。第三项云其议员定额不足每县一名之数时，得加额以足每县一名之数，若不足百县之省固无问题。若一省百余州县，按每县一名则百有余，与第一项至多百名为限违背。"[3]金鼎勋对于巡察使官职设置有疑义，如果说巡察使专为巡察各县事务，以及辅助县知事，"其权限与省总监亦相仿，何必特设此一种巡察使。若谓地方太远，何妨多设一县知事"。[4]

政府委员答复说，总监一词，"总者，总一省行政之事务。监者，监理各州县之事务。所以改为总监之名称"。至于总监为简任，是根据约法第34条规定，"大总统得任免文武职员"。[5]

政府委员对《省议会议员选举法》提案作了说明。一是关于被选举人的资格，不取普通选举制度，也不能限制太严，如前清限制选举的种种规定。二是议员的额数以人口为比例，不以租税为比例。三是投票方法，以比较多数当选似乎太宽，"若照前清咨议局选举以得选举人之半为当选，仿佛似单记双数投票法，殊觉太难。中国人民尚不大知尊重选举权，因而放弃者甚多，得数过半颇为费事。现仍以比较多数为原则，然办限制于五分之一，有五分之一之票数即为当选，似较容易"。四是选举诉讼归于司法审判，不归于行政机关。"因司法

---

[1] 《参议院第三十五次会议速记录》（1912年7月10日），《政府公报》，1912年7月28日，第89号，第656—658页。
[2] 同上书，第658页。
[3] 同上书，第659页。
[4] 同上。
[5] 同上。

官已停止其被选举权之人,可得审判之公平。"[1]

阮庆澜询问第6条所列一、二、三、四等各种人员为什么停止被选举权,原因是什么?政府委员答复说,关于第六条所列司法官、警察官、小学教员等停止被选举权,"盖因警察官系执行选举之官吏,最易于使人选举。而小学教员在一乡一村中均有效,而学生之父兄又甚相切近,亦易于使人选举。故均不能不予以停止。至于司法官吏,乃独立关系,如使之有被选举权,则选举诉讼必不能得公平之审判,故亦不能不停止"。"到若现任本省官吏亦最易使人选举,并可以要人选举,亦非停止不可。而非本省之官吏则不必停止,因其远在别省,不能如本省官吏之可以要人选举。"[2]后多数同意交付法制委员会审查。

在1912年7月31日参议院第五十次会议上,政府咨文将三案撤回修正。阮庆澜称,省制案经审查不日即可完结,如何撤回?议长称根据院法第40条规定,政府提出的议案未经本院议决以前无论何时均可以撤回。[3]在8月9日参议院第五十七次会议上,陈景南再次指出,政府将《省制案》、《省官制案》、《省议会议员选举法案》通通撤回,"但省议会议员选举法与国会成立早迟有关,若省议会不速行成立甚为不妥,盖国会选举法既经议决,则各省选举机构亦应早日成立。"[4]

同年8月16日政府再次提交《省制案》、《省官制案》、《省议会议员选举法案》,同日召开第一读会并交付审查。8月23、26日,召开《省议会议员选举法案》第二读会。汪荣宝指出,审查会报告与政府修正案最大不同之处在于选举制度与选举区。政府以县以下为初选举区,以县为复选举区。审查会报告建议以县为初选举区,以从前的府与直隶厅州为复选举区。此外在办理选举人员方面,初选举监督以

---

[1] 《参议院第三十五次会议速记录》(1912年7月10日),《政府公报》,1912年7月28日,第89号,第661页。
[2] 同上。
[3] 《参议院第五十次会议速记录》,《政府公报》第121号,第539页。
[4] 《参议院第五十七次会议速记录》,《政府公报》第128号,第655页。

县行政长官担任,复选举监督由选举总监督临时委任。[1]多数同意即开《省议会议员选举法案》第二读会。8月30日,《省议会议员选举法案》第三读会议决通过。

9月12日,《省制案》、《省官制案》召开第二读会交付讨论。9月19日,议员们讨论是否应该召开全院委员会审查。刘崇佑认为讨论大体非常困难,应该召开全院委员会,"盖此事甚为重大,断不可遽然表决"。[2]议长指出照议事细则第48条规定开全院议员非有议员10人以上的提议不可。籍忠寅同意召开全院委员会,以便更详细讨论。"此案关系各省且历史习惯,更非详细讨论不可,且根本问题在于简任选任,非将根本解决不能开议。"[3]王家襄表示按照《参议院法》规定在初读之后二读之前可开全院委员会审议,这与审查委员会并无冲突。后多数同意召开全院委员会审查。[4]

9月23日,政府咨文再次撤回草案。议长在会议时称《省制案》、《省官制案》政府又撤回修正,国务院来信并称一星期后修正后送院,以后仅议决通过省制中的省议会内容。

2. 选举资格中居住地。政府委员指出,选举法第4条规定是依照众议院议员选举的规定,省议会是省会,似乎不能不取地方主义规定。居住资格或两年或仅一年,以免选出与地方利害关系无关系的人。讨论时关于是否应该加入居住地资格,汪荣宝认为可以不加入,现在省界观念非常难以突破,如果法律再明确这一点,就更加难以打破。"所被选者必系选举人认为可以当代表之人,未必非有居住资格者,即令是外省人既能被选亦未始不可。"[5]

政府委员表示只是中国各省是统一于中央,不是联邦制度地方与国家的关系,"如为本省本地方之代表,而与本地方之利害无甚关系,

---

[1]《参议院第六十七次会议速记录》(1912年8月23日),《政府公报》第138号,第760页。
[2]《参议院第八十次会议速记录》(1912年9月19日),《政府公报》第151号,第739页。
[3] 同上。
[4] 同上书,第740页。
[5]《参议院第六十七次会议速记录》(1912年8月23日),《政府公报》138号,第761页。

恐对于本地方无甚利益"。[1] 王家襄强调，被选举人是由选举人选举，"选举人是于地方利害有关系者，渠必斟酌其能负本地方代表之任始选举之也"，可以不加入居住地的规定。刘显治指出选举人已经有居住资格的规定，对于本省的利害关系必很明了，"不致选出一与地方利害毫无关系者"。[2] 陈景南认为："国会当以国家为前提，而省会则当以地方公同利害关系为前提。"担心法律上如果不规定被选举人资格，恐生出种种弊病。[3] 陈景南提出居住一年的修正案。后多数赞成原文加入居住地资格的规定。

3. 初、复选区划分。张华润认为："现在之省议会议员并非在选出人才，是在代表各县，既定为代表各县，故初选举区应分一县为若干区，合若干初选举区为一县，成一复选举区。如此始能代表各县之意。"[4] 谷钟秀指出：张华润反对审查报告的理由不充足，"其根本之错误即以为省议会议员系代表州县，并非办一省之事"。[5] 杨策认为："省议会议员并非代表一州县，一州县之事自有县议事会议决，与省议会无关。"[6] 后多数赞成原案。

4. 候补当选人名额。人们对此产生争议，多数同意交法制委员会重新整理。法制委员会提交审查报告后，王家襄认为法制委员会将候补当选人定为同数，似乎未免太多，建议改为半数。如果规定为同数，选举手续太为繁杂。[7] 杨永泰称以后选举缺额补缺之事在所不免，"倘若候补当选人定数太少，届时再行补选，手续更为繁杂"，不过多数同意改为半数。[8] 同日多数同意即开三读会。

---

[1]《参议院第六十七次会议速记录》(1912年8月23日)，《政府公报》138号，第761页。
[2] 同上书，第762页。
[3] 同上。
[4]《参议院第六十八次会议速记录》(1912年8月26日)，《政府公报》第140号，第767—768页。
[5] 同上书，第767页。
[6] 同上。
[7]《参议院第七十一次会议速记录》(1913年8月30日)，《政府公报》第142号，第795页。
[8] 同上。

5. 省议会议员名额分配。刘显治认为各省举办选举日期已经迫近，参议院议员由省议会选出，如果省议会不早日成立，则参议院议员选举无从谈起。"现省议会议员选举法虽已公布，而省议会议员之名额则规定于省制上。而其名额之标准，是否以众议院议员名额为标准，抑系另行厘订讨论，亦颇费时间。况此省制省官制又非一日可以议决者，可否将和省议会议员之名额另订一案早日议决。"等到省制省官制全案议决公布时，再将此名额之规定加入。[1] 后多数赞成名称定为各省第一届省议会议员名额表。

关于省议会议员名额标准主要有两种看法，一种是认为以每县至少选出议员一名，另一种是以众议院议员名额为标准。谷钟秀认为标准可参照众议院议员名额加4倍，如黑龙江省众议院议员10名，则省议会40名。曾有翼反对原案一县一名，"如定为一县一名，而一县中有人口甚少，而不识字者甚多，将何从而选举之？"[2] 段宇清称，虽然人口尚未调查，然而省议会议员确系地方代表，应该每县均有议员，这样议员"对于该县之情形，始不致于隔膜"。[3] 秦瑞阶提出："省议会议员代表全省不是代表一县，是代表人民，不是代表土地。"在人口调查清楚之后，原可以人口为标准，但目前人口尚未调查以前，"非依众议院议员之名额四倍之，不能得其平均也"。[4] 秦还提出如果定为3倍，则为前清咨议局议员名额，在法制委员会讨论时众人认为不妥所以定为4倍。田骏丰称："众议院议员名额既取前清咨议局议员名额三分之一立标准，则省议会议员名额自应按照众议院议员名额之标准为标准，或加数倍，不能另立一标准。"[5] 陈国祥指出众议院议员名额本是取前清咨议局议员原额三分之一为标准，"现省议会议员名额照众议院议员名额加三倍适合前咨议局议员额数"。"如以为前清咨

---

[1]《参议院第七十六次会议速记录》(1912年9月13日)，《政府公报》第147号，第718页。
[2] 同上书，第719页。
[3] 同上。
[4] 同上。
[5] 同上书，第720页。

议局议员不可取,何以于规定众议院议员额数时取之,而于定省议会议员额数时不取之。"而且临时省议会议员人数多数是照咨议局原数选举,"若第一届议员如此之多,迨第二届人口之调查必已完毕,议员额数必骤然减少,将来恐有不便"。[1]

后多数赞成以众议院议员名额加倍为标准,但倍数有三、四、五倍三种说法,其中四倍是审查报告意见,多数议决通过。[2]

6. 省长产生方式。法制委员长张耀曾在报告《省制》、《省官制》审查报告时强调,法制委员会与政府立场不同,"在政府一方面是以中央为重,地方为轻,轻视地方而重视中央"。特别提到政府方案中省行政长官是中央简任,"则用人之权全在中央,不问民意如何"。虽然省议会对于省长有弹劾权,但是大总统有复议权,如果仍遭否决,则必须解散省议会,"如是政府对于省长力加保护,对于省议会最后则出于解散,全不加以保护"。考虑到中国地方辽阔的现状,以及辛亥革命以后地方自治已经极为发达,"若强取极端相反之制度,若徒难行,恐生许多风潮"。关于省长选任,建议先由省议会选举,再由大总统简任。同时删去大总统解散省议会权。[3]有议员认为两案关系重大,建议先讨论大体,再交全院委员会讨论,决定是否召开第二读会。

邓镕认为根据《临时约法》的规定,对于大总统同意权的限制,仅限于国务员与外交大使,而不包括省长等其他文武官吏。更重要的是考虑到国家的现实,"如定省长省议会选举,是如蒙古西藏之乌里雅苏台将军及一切办事大臣势必均听其选举,即青海地方亦必援照办理,如是也非示维系之意,乃促分裂之机"。[4]

李国珍指出讨论大体应分两种,一是讨论省官制案能否成立,二是讨论原案与审查报告优劣之处。原案中央所主张的是中央集权主

---

[1]《参议院第七十六次会议速记录》(1912年9月13日),《政府公报》第147号,第720—721页。
[2] 同上书,第721页。
[3]《参议院第七十五次会议速记录》(1913年9月12日),《政府公报》第146号,第710页。
[4]《参议院第七十八次会议速记录》(1912年9月19日),《政府公报》第149号,第734页。

义，审查报告所主张的是地方分权主义，称"讨论主义即是讨论大体"，不同意审查报告的意见。反对地方分权，强调不能以国土大小决定中央集权或地方侵权制度，而是与一国的历史有关。如美国建国之前就是存在十三个独立州的分权国家，而法国一直以来就是统一的国家。[1] 47 刘彦不同意李国珍的看法，认为审查报告并不是主张地方分权，目前军事外交财政均统一于中央。特别是省长选举的方式，"并非省长一经选举就可以谓之地方分权"。各省省长又不是仅选举一人，大总统非任命不可，"各省可以选出二人三人四人，由大总统选择一人，取其被选人之态度，与中央最接近者而任命之"。[2]

李国珍认为关键问题是各省省长究竟是一省行政长官还是自治首领？如果是自治首领，则可以由自治团体选举产生，"如系一省长官，则一定须政府任命，然后中央政府之政策始能行之于各省。"省长由省议会选举，而不能解散省议会，"则省长既非中央统治权下之人，而又无解散省议会之权，是省长之进退将唯省议会之喜怒是听。省长与省议会感情相合，则省长可久于其位。与省议会感情不合，省议会即可起而弹劾之，弹劾之后中央政府又无议会之权，是非使省长与省议会联为一致不可，是一省长官之权力必毫无表现，而唯听省议会之命不可"。[3] 对此，刘彦只是强调省长与省议会互相联络反对政府之事，在事实上必不可能发生，即使发生，将来行政法必有救济的办法。[4]

除以上省地方自治外法规外，还有《省议会议员各省复选区表》、《省议会议员各省复选区表施行法》的审议。10月1日，临时参议院特别委员会审查大总统复议案，即《省议会各省复选区表施行法》。张耀曾称：审查委员会的结果是赞成政府复议案，"因为政府所提出者却有正当之理由，并且是第一届变通的办法"。如在复选区设置方面，

---

〔1〕《参议院第七十八次会议速记录》（1912年9月19日），《政府公报》第149号，第735—736页
〔2〕同上书，第736页
〔3〕同上书，第737页
〔4〕同上。

省议会议员复选区与众议院议员复选区合而为一，可以避免选民在不同选区之间的来回奔波，"因为要投省议会议员复选举票与众议院议员复选举票同在一区之内，不必往东投票即可往西矣"。[1] 多数赞成付二读。但议长指出此案关系紧急，照议事细则第 15 条得缩短时日，或与第一读会同日进行，多数表决同意即日召开二读会。后议长指出按照审查报告意见逐条表决，多数同意省略第三读会，并无文字修正，全案通过。[2]

（四）《第四届省议会议员选举法》（1924 年 9 月 17 日公布）

1. 省议会议员选举法由国会就省议会议员选举法抵触宪法条文加以修正适用之。2. 前项适用时效以各该省自治法完成之日为止。3. 省议会议员职务至次届省议会依法选出开会之前一日解除之。4. 前项之规定如第三届省议会议员未选出或选举无效时，第二届议员得适用之，如第二届未选出或选举无效时第一届得适用之。[3]

（五）《蒙古待遇条例》（1912 年 8 月 19 日公布）

1. 总则。嗣后各蒙古均不以藩属待遇，应与内地一律。中央对于蒙古行政机关亦不用理藩、殖民、拓殖等字样。

2. 管辖治理。各蒙古王公原有之管辖治理权一律照旧。内外蒙古汗、王公、台吉世袭各位号，应予照旧承袭，其在本旗所享之特权，亦照旧无异。唐努乌梁海五旗、阿尔泰乌梁海七旗，原系属副都统及总管治理，应就原来副都统及总管承接职任之人改为世爵。蒙古各地胡图克图、喇嘛等原有的封号概仍其旧。

3. 与中央关系。各蒙古之对外交涉及边防事务自应归中央政府办理，但中央政府认为关系地方重要事件者，得随时交该地方行政机关参议，然后施行。

---

[1]《参议院第七十八次会议速记录》（1912 年 9 月 19 日），《政府公报》第 149 号，第 790 页。
[2] 同上书，第 795 页。
[3]《第四届省议会议员选举法》，《政府公报》，法律，1924 年 9 月 18 日。

4. 待遇。蒙古王公世爵俸饷应从优支给。察哈尔之上都牧群牛羊群,地方除已开垦设治之处仍旧设治外,可为蒙古王公筹划生计之用。蒙古人通晓汉文并合法定资格者得任用京外文武各职。[1]

《蒙古待遇条例》在审议过程中,在第二读会上,蒙古议员博迪苏提出按照院法第 36 条规定:"参议员于议案有关系,本身及其亲属者不得参预表决。"王树声却认为:"此条规定系关系个人,现在此案关系蒙古全体,蒙古议员可以不退席。"陈景南也强调本省议员为一省的代表,关于一省的事务,当然可以不退席。"但蒙古议员皆系蒙古王公,似应退席。"后多数认为不应退席。[2]

谷钟秀提出审查报告意见,关于第 1 条"嗣后各蒙古不得以藩属待遇"。认为"不得两字似乎限制中央政府之语气,所以改作均不二字。"关于第 2 条蒙古王公土地统辖治理权的规定,审查结果认为土地一词不妥,认为土地、人民、统治权是国家构成的三要素,"不能以一部分而谓之土地"。建议将"土地"两字删去,至于统辖治理权,则将"统"字改为"管"字,"意思与原案相同,不过辞气之间稍加修正而已"。第 6 条在规定中央政府与蒙古地方关系时,为维护中央政府的最高权力,改为"各蒙古之对外交涉及边防事务,自应归入中央政府办理,但中央政府认为关系地方重要事件者,得随时交该地方行政机关参议,然后施行"。[3]

议长称按照议事细则第 15 条,提议即日召开第二读会。谷钟秀、汪荣宝、李肇甫等建议将标题蒙古要求条件改为蒙古待遇条件。陈时夏提议将条件改为条例。后多数通过。[4] 当讨论第 6 条时,陈时夏提议法条中"自应"中自之字可以删去。谷钟秀认为"如删去自字,好似从前

---

[1] 《蒙古待遇条例》,《政府公报》,法律,第 113 号,1912 年 8 月 21 日。
[2] 《参议院第五十八次会议速记录》(1912 年 8 月 12 日),《政府公报》,9 月份,附录,第 689 页。
[3] 同上书,第 689—690 页。
[4] 《参议院第五十八次会议速记录》(1912 年 8 月 12 日),《政府公报》,9 月份,附录,第 690—691 页。

之对外交涉及边防，非由中央管理，此次才划为应归中央政府办理"。[1]

蒋举清建议原案第10条可删去，查各国法律规定，"凡归化本国之外国人民除外交大使等官暂不任用外，其余概与本国人民一律，况蒙古人民原同为中国人民，得被选举为大总统，均无不可"。陈时夏同时强调，《临时约法》第3条的规定，已经明确内外蒙古与内地22行省地位平等。汪荣宝称民国与前清时代不同，蒙古已经不是藩属，而是与内地行省地位平等。但王家襄指出，审查会在审查时，蒙古议员到会说明，建议增加这一条，以免产生误会。但多数议决赞成原案。[2]

在第三读会上主要争议是第10条，李国珍主张在均得下加"依法律"三字，其理由是汉人做官需要依法，现在五族平等，蒙古人做官除需要通晓汉文外，还要依照法律。秦瑞阶认为通晓汉文与学堂毕业不能并列，应该改为"蒙古人通晓汉文并合于法定之资格者，均得任用内地京外文武各职"。后者意见多数通过。[3]

二、县自治法规的制定

县自治法规主要是指《县自治法》（1919年9月7日公布）。

1. 总则。县自治团体以县的国家行政区域为其区域。县的国家行政区域有变更时，县自治区域随同变更。凡住居县内者均为县住民。县住民依本法及公约所定得享受权利并负担义务。

2. 县议员选举与被选举资格。县住民内有本国国籍的男子，年满20岁并继续住居县内2年以上，合于左列各款的一者，有选举县议会议员之权。一、年纳直接税2元以上者。二、有动产或不动产五百元以上者。三、曾任或现任公职或教员者。四、曾在高等小学以

---

[1]《参议院第五十八次会议速记录》（1912年8月12日），《政府公报》，9月份，附录，第692页。
[2] 同上。
[3] 同上书，第694—695页。

上学校毕业，或与有相当的资格者。县住民内有本国国籍的男子，年满 25 岁，并继续住居县内 2 年以上，合于左列各款资格之一者，有被选举为县议会议员之权。一、年纳直接税 4 元以上者。二、有动产或不动产一千元以上者。三、曾任或现任公职教员 1 年以上者。四、曾在中学校以上学校毕业或与有相当的资格者。住民有左列各款之一者，停止其选举权及被选举权。一、褫夺公权尚未复职者。二、受禁治产、准禁治产或破产的宣告确定后，尚未撤销者。三、不识文字者。四、僧道及其他宗教师。五、现役军人。住民有左列各款之一者停止其被选举权。一、现任本县官吏。二、现任本县小学校教员。凡被选为县议会议员或县参事会参事者，非有左列事由之一，不得谢绝当选或于任期内告退。一、确有疾病不能常任职务者。二、确有他项职业不能常居境内者。三、年满 60 岁以上而精力衰颓者。四、连任至三次以上者。五、其他事由特经县议会允许者。无前条所列事由之一，而谢绝当选或告退者，得以县议会之议决，于 1 年以上 3 年以下停止其县议会选举权及被选举权。

3. 自治事务。县自治团体为法人，承监督官署的监督，于法令范围内处理左列各款自治事务，但以关系县之全体或为市乡所不能担任者为限。一、教育。二、交通水利及其他土木工程。三、动产及公共营业。四、卫生及慈善事业。五、其他依法令属于县自治事务。县自治团体关于其住民的权利义务及自治事务，得制定公约但不得与本法及其他法令抵触。县自治团体因执行县公约，及管理使用县自治团体之财产、营造物与公共设备，得制定县规则。县自治团体的公约与规则，以一定之公告式发布之。

4. 县议会组织。县议会设于县知事所在地，其议员之选举以单选举法行之。县议会议员员额在人口未满 15 万之县定为 10 名，人口满 15 万以上者，每人口 3 万递增议员 1 名，但至多以 30 名为限。前项议员员额由县知事调查县的人口总数，分别拟定呈报该管长官，转咨内务部核准。县议会议员选举规则以教令定之。县议员议员任期 3

年。县议会议员因故出缺时，以候补当选人名次在前者递补之，补缺议员的任期，以补足前任未满之期为限。县议会议员不得兼任官吏与国会、省会议员及县参事会参事或市乡议会议员及董事。父子兄弟不得同时任为县议会议员，若有父子兄弟现为县参事会参事者，不得任为县议会议员。父子兄弟同时当选者应以子避父，以弟避兄。县议会设议长1人，副议长1人。议长维持纪律，整理议事，为县议会的代表，由议员用无记名投票法互选，其互选规则由县议会定之。议长有事故不能执行职务时由副议长代理。县议会议员因故出缺逾定额三分之一及议长因故出缺，应即补选，补选各员任期以补足前任未满之期为限。县议会议员及议长副议长均为名誉职，但开会中得由监督官署核给膳宿费。县议会得置书记2人或3人，由议长雇用。书记承议长之命经理文书、会计、记录及一切庶务，其薪给额数及办事规则由县议会定之。

5. 县议会职权。县议会应行议决事项如下。一、以县自治团体经费筹办的自治事务。二、县自治团体公约。三、县自治团体预算及决算。四、县自治税、规费、使用费征收。五、县自治团体不动产之买入及处分。六、县自治团体财产、营造物公共设备之经营及处分。七、其他依法令属于县议会权限之事项。前项第一款、第五款至第七款之事项，得由县议会议决委托县参事会处理之。前条议决事项由县议会送交县参事会执行，并呈报监督官署备案。县议会对于地方行政与县自治事务有关系事件，得随时具陈意见。县议会对于监督官署或县参事会咨询事件，应随时答复。

6. 县议会会议。县议会分通常会与临时会。通常会每年一次，由县知事召集。临时会经县知事认为有必要情事，或县议会议员总额过半数以上的请求由县知事召集。通常会之召集必须于开会期15日以前发布之。临时会的召集必须于开会期5日以前发布之。通常会于每年4月1日开会，每届会期为40日，但遇必要时经县议会议决得延长会期20日以内，临时会会期以15日为限。县议会非有议员总额过半数出席不得开议。议员有三人以上的赞同得提出议案。议员表决以列席议员过半数为准，可否同数时取决于议长。议案涉及议员本身或其亲属者，不得加入表决之数。县议会的会议公开之，但有左列情事之一者不在此限。一、县参事会会长要求禁止旁听时。二、议长或议员3人以上之提议，经议决禁止旁听者。县议会会议时，县参事会会长得莅临或派员到会陈述意见，但不得加入表决之数。县议会对于县参事会所定规则及执行事务，视为逾越权限，违背法令或妨害公益时得提案议决，开具理由，请求监督官署停止其执行。县议会议事规则及旁听规则由议会定之。

7. 县参事会组织。县设参事会置会长1人，参事4人至6人。会长以县知事任之，参事由县议会选举半数，其余半数由县知事委任，但均必须具有县议会议员的资格为限。县议会选举参事，同时必须选出同数的候补人。参事因事出缺时，依候补人名次递补。选举参事任期2年，补缺参事的任期以补足前任未满之期为限。县参事会设佐理员2人至4人，为有给职，由会长派充。佐理员任用规则另定之。县参事会设出纳员一人，由会长派充，但必须得县议会之同意。县参事会得设书记，由会长雇佣，其员额县议会议决。会长、参事均为名誉职，但参事得经县议会议决给予津贴。佐理员、出纳员及书记之薪给，由县议会定之。

8. 县参事会职权。县参事会职权如下。一、执行县议会议决事项；二、办理县议会议员选举事项；三、提出议案于县议会；四、制定县自治团体之规则；五、管理或监督县自治团体的财产、营造物或公共之设施；六、管理县自治团体的收入与支出；七、依法令及县会的议决，征收自治税及规费。县参事会会长总理会内事务，监督、指挥所属职员。县参事会参事辅助会长，分掌会内事务。县参事会对于县议会的议决，认为有侵越权限，违背法令或妨害公益时，得申述理由提交复议，县议会仍执前议时得，呈请监督官署核准撤销之。县参事会办事规则由会长定之。

9. 县财政。县自治团体的经费以左列各款充之。一、县自治团体之财产的收入。二、县自治团体公共营业的征收。三、县自治税。四、使用费及规费。五、过怠金。县自治团体因救济灾害或经营公共营业得由国家补助经费。县税附属于国税征收者，其税率及征收方法以法律定之。对于使用县自治团体的营造物及其他公共设备者，得征收使用费。对于县自治团体因个人之请求，为执行事务时得征收规费。县参事会因调剂预算内的支出得为短期借款。前项借款须以其会计年度内收入偿还之。县参事会对每一会计年度开始前，应预计全年经费出入，编制预算，提交县议会议决。县自治团体之会计年度依国家会计年度的规定。县参事会提出预算时，应将事务报告书及财产表一并提出。编制预算时，因继续办理事件，经县议会的议决，得预定年限，设继续费。编制预算时，为备预算不敷及预算外支出得设预备费，但不得充任县议会否决事件之用。预算议决后，参事会于县自治会同会期内有追加或更正时，必须再交县议会议决。编制预算时因公共营业，得设特别会计。预算议决后应由县参事会呈报监督官署，并布告之。县参事会于每一会计年度终结后，应将上年度经费出入编制决算，附具一切证据提交县议会议决。县参事会会长所发支付命令，如违背县自治团体的公约或预算时，出纳员应拒绝其支出。县自治经费出入之检查，每年至少两次，由参议会推举会员3名以上，会同会长及参事行之，并报告监督官署查核。

10. 自治事务监督。县自治团体以道尹为直接监督，其上级监督机关，系现行官制定之。道尹因监督之必要，对于自治团体得发布命令或处分。对于前项命令或处分有不服时，得依法提起诉愿。道尹认县议会为违法越权，或妨害公益时，得呈由上级监督官署核准解散之。县议会解散后，限于3个月内重行选举召集。监督官署因监督之必要，得令县自治团体为事务的报告，并调取文书薄据，或实地视察其事务，核阅其出纳。道尹对于县参事会参事的惩戒，准用文官惩戒的规定。县自治惩戒条例以教令定之。[1]

---

[1] 《县自治法》，《政府公报》，法律，第12号，1919年9月8日。

三、中日地方自治法规的比较

地方自治法规中，以《县自治法》受日本1899年颁行的地方自治法规《府县制》影响最大，具体而言，主要体现在九个方面。

1. 县议员选举与被选举资格。《府县制》规定"府县内之市町村公民，有选举市町村会议员之权，且于其府县内，一年以来纳直接国税年额三元以上者，有选举府县会议员之权。府县内之市町村公民，有选举市町村会议员之权，且于其府县内，一年以来纳直接国税年额十元以上者，有被选举为府县会议员之权。……下所揭者，无府县会议员之被选举权。其罢免后未经过一月者，亦同。一、该府县之官吏及有给吏员；二、检事、警察官吏及收税官吏；三、神官、僧侣及其他诸宗教师；四、小学校教员"。[1]

而《县自治法》第5、6条则是将选举资格改为年纳直接税2元以上者、有动产或不动产五百元以上者。而被选举资格则是年纳直接税4元以上者、有动产或不动产一千元以上者。至于停止选举权及被选举权的范围，也包括僧道及其他宗教师、现任本县官吏、现任本县小学校教员。

2. 县议会组织。在《府县制》中，由府县会议员中选举议长、副议长各一名。议长或副议长，每到改选议员的时候进行改选。"议长有故障，则副议长代之。议长、副议长均有故障，则临时由议员中选举假议长。"[2]

《县自治法》第17条也规定县议会设长一人，副议长一人。议长维持纪律，整理议事，为县议会之代表，由议员用无记名投票法互选，

---

[1] 日本《府县制》（1899年3月，法律）第2章第6条，南洋公学译书院初译，商务印书馆编译所补译校订，韩君玲点校《新译日本法规大全：第十二至十三类旌表、位阶、华族、赈恤、地方制度》，商务印书馆，2008年，第65—66页。另注：有给，即带薪、带工资。检事，即检察官。神官，即神主。

[2] 日本《府县制》（1899年3月法律）第二章第47、48条，第74页。另注：故障即事故。假即临时。

其互选规则由县议会定之。议长有事故不能执行职务时由副议长代理。

3. 县议会职权。《府县制》指出府县会应议决之事件如下:"一、定岁出、岁入预算之事。二、报告决算之事。三、除法律命令所定外,关于使用料、手数料、府县税、夫役、现品征收赋课之事。四、不动产之处分买受、让受之事。五、积立金谷等之设置及处分之事。六、附岁出、岁入预算所定外,新为负担义务及抛弃权利之事。七、定财产营造物之管理方法之事。但法律命令中,有别段之规定者,不在此限。八、依其他法律命令属于府县会权限之事项。"[1]

在《县自治法》第21条中,县议会应行议决事项也包括县自治团体的预算及决算、县自治税、规费、使用费的征收、县自治团体不动产的买入及处分、县自治团体财产、营造物公共设备的经营及处分、其他依法令属于县议会权限事项。

4. 县议会会议。《府县制》规定府县知事及受其委托嘱托之官吏、吏员,得列席于会议参与议事,但不得加于议决。府县会分为通常会及临时会。通常会每年开一次,其会期为30日以内。临时会遇有紧急事件之时开之,其会期为7日以内。应交于临时会之事件,必须预告示之。但于开会中有必须急施的事件,府县会得即交其会议。府县会由府县知事召集。召集至少必须在开会之日14日前告示之。但必须急施者,不在此限。府县会,由府县知事开闭之。府县会非议员之半数以上到会者,不得开会议。府县会之议事,以过半数决之。可否之数相同时,则依议长之所决。"议长及议员,于关其自己父母、祖父母、妻、子孙、兄弟姊妹之一身事件,非得府县会之同意,不得参与议事。""府县会之会议,公开之。但遇有下项情事,不在此限:一、府县知事要求禁止旁听。二、依议长、议员三名以上之发议,可决其禁止旁听。前项议长或议员之发议,不须讨论,得决其可否。"[2]

---

[1] 日本《府县制》(1899年3月法律)第二章第41条,第73页。另注:岁出、岁入即一个会计年度内的支出和收入。营造物即公共建筑物。别段,即另外。积立即积累、积存。

[2] 日本《府县制》(1899年3月法律)第2章第49—53条,第74—75页。

《县自治法》第 26—27、29—32 条也分别规定县议会会议时，县参事会会长得莅临或派员到会陈述意见，但不得加入表决之数。县议会分通常会与临时会。通常会每年一次，由县知事召集。临时会经县知事认为有必要情事，或县议会议员总额过半数以上的请求由县知事召集。通常会的召集必须于开会期 15 日以前发布之。临时会的召集必须于开会期 5 日以前发布之。通常会于每年 4 月 1 日开会，每届会期为 40 日，但遇必要时经县议会议决得延长会期 20 日以内，临时会会期以 15 日为限。县议会非有议员总额过半数的出席不得开议。议员的表决以列席议员过半数为准，可否同数时取决于议长。议案涉及议员本身或其亲属者，不得加入表决之数。县议会的会议公开之，但有左列情事之一者不在此限。一、县参事会会长要求禁止旁听时。二、议长或议员 3 人以上之提议，经议决禁止旁听者。

5. 县参事会组织。日本的府县置府县参事会。以府县知事、高等官 2 名及名誉参事会员组织之。府的名誉职参事会员 8 名，县的名誉职参事会员 6 名。府县高等官应为府县参事会员者，内务大臣命之。"名誉职参事会员，应由府县会议员中选举之。府县会选举与名誉职参事会员同数之补充员。名誉职参事会员中有阙员时，府县知事以补充员补其阙。其补充次序，如系选举同时者，则依投票数之多少。如投票数相同，则取年长者。若为同年月，则依抽签定之。如选举异时者，则依选举之先后。若仍有阙员时，则当行临时补阙选举。补阙员于前任者之残任期间在任。名誉参事会同及其补充员，每至府县会议员之定期改选而改选之。但名誉职参事会员之在任，以至后任者亲任之日为止。"第六十七条还规定："府县参事会，以府县知事为议长。府县知事有故障，则以高等官参事会员代理议长之职务。"[1]

《县自治法》第 35、36 条分别规定县设参事会置会长 1 人，参事 4 人至 6 人。会长以县知事任之，参事由县议会选举半数，其余半数由县知事委任，但均须具有县议会议员之资格为限。县议会选举参事，

---
〔1〕 日本《府县制》（1899 年 3 月法律）第三章第 65—67 条，第 76—77 页。

同时须选出同数之候补人。参事因事出缺时,依候补人名次递补。选举参事任期2年,补缺参事的任期以补足前任未满之期为限。

6. 县参事会职权。日本府县参事会职务权限包括:"一、属于府县会权限之事件,受其委任而议决之。二、属于府县会权限之事件,有须临时急施,而府县知事无暇召集者,则代府县会而议决之。三、由府县知事提出于府县会之议案,则对于府县知事述其意见。四、于府县会议决之范围内,议决其管理财产营造物之重要事项。五、应以府县费所支办之工事,关其执行之规定,议决之。但法律命令中别有规定者,不在此限(工事,即工程)。六、议决关于府县之诉愿、诉讼及和解之事项。七、依于其他法律命令之属于府县参事会权限之事项。"[1]

《县自治法》第42条规定县参事会职权中与日本府县参事会职权相同者有执行县议会议决事项、提出议案于县议会、管理或监督县自治团体的财产、营造物或公共设施、依法令及县会的议决,征收自治税及规费。

7. 县立法与行政权力关系。《府县制》规定"府县会及府县参事会之议决或选举,有越其权限者或违背法律命令者,则府县知事依自己之意见,或依内务大臣之指挥,示其理由,即取消其议决或选举,或将议决之事,使之再议。若仍不改其议决者,可即取消之。有不服前项取消处分者,府县会、府县参事会得出诉于行政裁判所。府县会、府县参事会之议决有害公益者,则府县知事依自己之意见,或依内务大臣之指挥,示其理由,使之再议。若仍不改其议决者,则具状于内务大臣,请其指挥"。[2]

《县自治法》第45条规定,县参事会对于县议会的议决,认为有侵越权限,违背法令或妨害公益时,得申述理由提交复议,县议会仍执前议时,得呈请监督官署核准撤销之。

―――――――――――
[1] 日本《府县制》(1899年3月法律)第二章第68条,第77—78页。
[2] 日本《府县制》(1899年3月法律)第四章第82条,第80—81页。

8. 县财政。府县得设积立金谷等。府县对于营造物或供公用财产的使用，得征收使用料。又特因一人所作之事务，得征收手数料。"除此法律中别有规定之外，使用料（即使用费）、手数料（即手续费）之细则，经府县会之议决，得内务大臣之许可，而府县知事定之。于其细则，得设二元以下过料之罚款（过料即罚款）。过料之处分及征收，府县知事掌之。有不服其处分者，得出诉于行政裁判所。"府县于公益上必要之事，得为寄附或补助（寄附即捐赠、捐献）。"府县于其必需之费用及依法律命令或从来惯例，负支办属于府县负担费用之义务。"府县税及其赋课的征收方法，除法律别有规定外，依敕令的规定。府县得依敕令所定，分赋其费用于市町村。[1]

《县自治法》第47—51条规定，县自治团体的经费以左列各款充之。一、县自治团体之财产的收入。二、县自治团体公共营业的征收。三、县自治税。四、使用费及规费。五、过怠金。县自治团体因救济灾害或经营公共营业得由国家补助经费。县税附属于国税征收者，其税率及征收方法以法律定之。对于使用县自治团体之营造物及其他公共设备者，得征收使用费。对于县自治团体因个人之请求，为执行事务时得征收规费。

关于每年的预决算，日本府县知事于每会计年度，调制岁入、岁出预算。年度开始前，应经府县会之议决。府县之会计年度，同于政府之会计年度。提出预算于府县会之时，府县知事应并提出财产表。府县知事经府县会之议决，得追加既定之预算，或更正之。"以府县费支办之事件，其施行须以数年为期者，或其费用支出须以数年为期者，得经府县会之议决，定其年期间各年度之支出额，以为继续费。"为充预算外的支出，或超过预算的支出，可设预备费，但不得用以充府县会否决之费途。预算经议决之后，即应报告内务大臣，并告示其要领。府县知事经府县会之议决，得设特别会计。[2]

---

[1] 日本《府县制》（1899年3月法律）第五章第98—103条，第83页。
[2] 日本《府县制》（1899年3月法律）第5章第118—1123条，第86—87页。

关于预算决算，《县自治法》第53—59条规定，县参事会对每一会计年度开始前，应预计全年经费出入，编制预算，提交县议会议决。县自治团体的会计年度依国家会计年度之规定。县参事会提出预算时，应将事务报告书及财产表一并提出。编制预算时，因继续办理事件，经县议会之议决，得预定年限，设继续费。编制预算时，为备预算不敷及预算外支出得设预备费，但不得充任县议会否决事件之用。预算议决后，参事会于县自治会同会期内有追加或更正时，须再交县议会议决。编制预算时因公共营业，得设特别会计。预算议决后应由县参事会呈报监督官署，并布告之。

9. 自治事务监督。日本府县行政，内务大臣监督之。此法律所定异议及诉愿，自定处分或受决定书、裁决书之翌日起算，于14日内提起之。但此法律中有别定期限者，不在此限。内务大臣，应监视府县行政有背戾法律命令否，或有害公益否。内务大臣因此而有使其报告行政事务，征其书类、账簿，并就实地视察事务，检阅出纳之权。内务大臣，于府县行政之监督上，有发必要命令及为处分之权。内务大臣认府县预算有不适当者，得削减之。内务大臣得经敕裁，命解散府县会。解散府县会时，应于3个月以内选举议员。解散后初次招集府县会时，府县知事得以内务大臣之许可，别定会期。"[1]

《县自治法》第63—66条规定，县自治团体以道尹为直接监督，其上级监督机关，系现行官制定之。道尹因监督之必要，对于自治团体得发布命令或处分。对于前项命令或处分有不服时，得依法提起诉愿。道尹认县议会为违法越权，或妨害公益时，得呈由上级监督官署核准解散之。县议会解散后，限于3个月内重行选举召集。监督官署因监督之必要，得令县自治团体为事务之报告，并调取文书薄据，或实地视察其事务，核阅其出纳。

综上所述，《县自治法》对日本《府县制》借鉴有几个方面。一是在条文术语上，一些条文术语，如直接税、营造物、通常会、临时会、

---

[1] 日本《府县制》（1899年3月法律）第5章第127—131条，第87—88页。

参事会等均是直接来自日本。二是在条文内容上，有关县议会组织与会议制度、县财政之预决算、县自治事务监督的解散权的行使规定等几乎完全相同。而县议员选举与被选举资格、县议会职权、县参事会组织与职权规定则是主要内容取自日本，并作了部分修正。三是有所创新，如县财政监督的规定更加完善。《县自治法》第 61—62 条规定，县参事会于每一会计年度终结后，应将上年度经费出入编制决算，附具一切证据提交县议会议决。县参事会会长所发支付命令，如违背县自治团体的公约或预算时，出纳员应拒绝其支出。县自治经费出入之检查，每年至少两次，由参议会推举会员 3 名以上，会同会长及参事行之，并报告监督官署查核。

结　论

一、国会与民国早期的法制建设

在历届民国议会立法机构中，根据对民国临时参议院、第一届国会、皖系临时参议院、第二届国会的法案数量统计，民国临时参议院的成就最大，制定的法规比两届国会通过的法规总和还要多出近一倍。临时参议院制定了具有民主共和国宪法性质的《中华民国临时约法》，以及一系列有利于发展民主政治的法令，揭开了共和国民主法制建设的序幕，初步确立了民国初期的宪法、行政法、国会组织与选举法、地方自治法体制。

特别是国会选举法规能够与时俱进，不断修正，这种革新精神无疑是值得肯定的。虽然与国外发达民主国家相比较，尚有差距与不足之处，不过选举法规所彰显的民主政治原则是明确与坚定的。更重要的是，在选举施行方面制定的大量选举法令，在当时的政治法律环境中，非常具有可操作性，对三次国会选举的有效展开与顺利完成实在是功不可没。

在纵向层面，以三届国会选举法规为例。在选举制度设计方面，与第一届国会相比较，第二届国会减少了两院议员名额。参议员从

274人减少为168人，众议员从596人减少为406人，两院议员共574人。[1]"议会规模大小一般都同国家的人口数目相关，在人口数大致相等的情况下，规模较大的议会其代表的普遍性、广泛性无疑大于那些规模相对小一些的议会。但是议会规模过于庞大，不仅加重国家财政负担，而且减少议员深入参与立法的机会，难以在议会中充分参加辩论和讨论,给议会的运作带来实际困难。"[2]所以与第一届国会法定议员人数870人相比，第二届国会的规模较为适中。在选举资格规定方面，除保留第一届国会有关性别、财产、教育文化的限制性规定以外，还提高了财产、教育文化等选举资格的标准。显然，这种提高选举资格的做法对于普选原则而言是一个退步。

在选举施行方面，有关细则规定呈现出逐渐完善的趋势。如第二届国会众议员选举法施行细则增加了复选举规定，初步完善了复选举程序。复选选举人应在复选期前亲赴复选区办理选举事务所报到，检验初选当选证书；投票时复选选举人须将初选当选证书持赴投票所由管理员监察员查验相符，方得交付投票纸；在初选举程序方面，特别增加投票管理员在投票以前应将投票匦当众开验；选举票由投票人自行投入票匦等条文。[3]在第三届国会众议员选举前夕，政府通过修正选举法施行细则，进一步改进了选举程序设计。在初选举程序方面，规定调查员造具选举资格调查表，由该调查员签名盖章，对表内所列选举人资格负完全责任；初选监督督察调查员调查，明确核实造册与各调查员负共同责任；开票管理员在开票完毕后，必须会同监察员决定有效票若干，无效票若干，分别记载在开票录并宣示公众；在复选举程序方面，规定复选举选票除依法书写被选举人姓名外，还必须在姓名字样下面记载被选举人的籍贯；复选监督制成开票入场券，在投票入匦后发给复选选举人；投票完毕后，复选选举人有10人以上之同意，可以公推5人并准备各人签名盖章的封条，请求管理员、监察

---

[1] 由于受到支持孙文护法的西南五省的抵制，实际选出国会议员467人。
[2] 田穗生等：《中外代议制度比较》，商务印书馆，2001年，第114—115页。
[3] 《修正众议院议员选举法施行细则》第31、32、59、60条，《政府公报》，1918年3月4日。

员加封于投票匦；开票所必须经过复选选举人三分之一以上入所监视验明封识后才能开匦；开票所驻守的巡警只负责维持秩序，不能干涉复选选举人监视开票。[1]

选务资料准备等细节工作也值得一提。与1912年众议员选举施行细则附录部分只有5种选务工作表格相比较，1918年修改后的细则共附有选务工作表格21种，使选务资料更加齐备。其中第一表初选举选举人名册式、第二表初选举投票簿式、第三表众议院投票纸及封筒定式、第四表众议院议员选举投票匦式、第五表投票录式、第六表开票录式、第七表选举录式、第八表初选当选证书式、第九表复选人名册式、第十表复选投票簿式、第十一表众议院议员证书式、第十二表众议院议员递补证书式、第十三表蒙古西藏青海选举人名册式、第十四表蒙古西藏青海选举投票簿式、第十五表蒙古西藏青海选举投票纸投票封筒式、第十六表蒙古西藏青海选举投票匦式、第十七表蒙古西藏青海选举投票录式、第十八表蒙古西藏青海选举开票录式、第十九表蒙古西藏青海选举录式、第二十表蒙古西藏青海众议院议员证书式、第二十一表蒙古西藏青海众议院议员递补证书式。[2]

民国临时参议院在立法工作中存在的问题也不少，主要表现在两个方面。

一是法规数量虽多，种类却不甚齐全。主要是以行政法规、国会组织与选举法规居多，经济、地方自治法规数量极少。如在经济法规内容方面，缺少有关会计、审计、预算、统计、营业税和专业银行等方面的法规。其中一些法案临时政府都曾提交给临时参议院议决，可惜没有得到临时参议院的充分重视，未能及时审议。经济法规的不完备，给临时参议院在行使财政监督权带来消极的后果。如政府会计年度起始时间的不确定，阻碍了议会在预决算法案上发挥作用。这种种类不甚齐全的状况一直持续到第一、二届国会时期。正如《中华民

---

[1]《修正众议院议员选举法施行细则》第16、17、44、64、65、66、67、68条，《政府公报》，1920年12月20日。

[2]《修正众议院议员选举法施行细则》附录，《政府公报》，1918年3月4日。

国立法史》作者所指出："（参议院和国会）始终未将国家重要法律分别制定，议员之为后世所诟病，亦重要原因之一。"[1]

二是议事轻重缓急不一。民国初创，百废待兴，有大量的立法工作要做。除为了组织新政府的需要，制定大量的行政法规外，其他关系到立国安邦之本的刑法、民法、诉讼法类，关系到社会经济发展的财政、金融、工商、建设类法律，都是迫切需要的。但是临时参议院却对后两类立法工作重视不够，只是在《新法律未颁行以前暂适用旧有法律案》中规定"所有前清规定之法院编制法、商律、违警律及宣统三年颁布之新刑律、刑事民事诉讼律草案并先后颁布之禁烟条例等除与民主国体抵触之处，应行废止外，其余均准暂时适用。唯民律草案前清时并未宣布，无从援用，后凡关民事案件，应仍照前清现行律中规定各条办理"。[2]临时参议院以及后来的两届国会，再也没有主动催交法制局交议上述法律，或是及时进行审议。作为民国最高立法机关，这是它的失职之处。

此外，如会计年度法律，它是政府制定预算、决算，参议院行使财政监督权的前提条件。曾经由参议员和政府分别于1912年5月21日、9月11日两次提出，可是参议院却以会计法尚未定出为由不愿议决。又如议决政府在8月份提交的9月至12月的概算案，临时参议院在10月之后尚在审查中，时论批评这种行为是"放弃天职已甚！"[3]

把重要的、基本的法律案搁置不决，临时参议院反而花费了相当多的时间，反复讨论诸如服制、礼制案等一般性的议题。如服制案，第一读会在1912年7月9日召开，第二读会从1912年8月1日开始，经过8月2日、8日、12日三天讨论。第三读会从8月12日开始，经过22日、28日讨论方才完成。

---

[1] 谢振民：《中华民国立法史》，正中书局，1937年，第59页。
[2] 同上书，第58页。
[3] 《参议院议员之躲懒政策》，《申报》，1912年10月21日。

二、比较法视野中的立法制度与技术

从纵向的视角来观察，民国国会的立法制度与技术是不断完善的。如第一届国会制定的《参议院议事细则》要比临时参议院时期的议事细则要完善的多。条文从 70 条增加到 102 条。提案、讨论、表决、审议、会议制度均作了大幅度的修改。特别是三读会的审议制度，第一届国会制定的《参议院议事细则》第 4 章第 1 节"读会"条款进一步明确，第二读会应将议案逐条朗读，议员在第二读会时对于议案提出修正动议，或在读会前准备修正案向议长提出。委员会审查报告不必有人赞成自动成为议题。议长有权变更条文顺序，或合并数条或分析一条交付讨论。而表决制度也从原来举手、起立、投票三种，另外增加反证法，并进一步细化投票法程序。由于议事细则修正得较为完善，以至于第二届国会在修正第一届国会参议院议事细则时，仅有一处修改，即删去原议事细则第 80 条"议员出席须有出席证"的规定。

在横向比较方面，当时各主要欧美国家议会均实现三读会制度，但是在具体做法上各国不完全相同。民国国会的立法程序与美、法两国更为相似，"而在美法，则左右立法者为议会的常任委员会"，即议会主导立法程序，"因为一般的法律案件须先经委员会的审查，才能由议院讨论"。[1] 委员会制度也是如此，有研究者在评价国会的常任委员会制度时指出："第一为常任委员各有定额，第二参加的议员以联记或限制联记法选举之。以上二者皆为世界政党政治国家议会的通制，政党通过此一制度来加强其对于议会党员的支配力，同时亦可保障多数党在各个委员会的多数席次。"因为在联记名制度下，议员参加哪一个委员会，只能由政党来安排，个人无能为力。[2]

虽然国会立法程序与技术总的来说制定得较为完备，具有可操

---

[1] 王世杰、钱端升：《比较宪法》，商务印书馆，1999 年，第 248 页。
[2] 赵树勋编：《中华民国行宪以来之立法院》，台湾成文出版社有限公司，1986 年，第 26—27 页。

作性，但是仍然存在一定的缺陷与不足，特别是缺少关于议员发言时间的限制性规定。如在第二届国会参议院第一期常会第十三次会议上，列入当日议事日程的共有4项议案，由于参议员汪有龄等人对第一个议案发言时间过长，以至有议员担心，"现在所议者系第一案，此外尚有三案，恐时间仓卒，不能议卒"。参议员刘星楠甚至提议讨论提前结束。[1]在行使质询权时也是如此。1919年4月18日众议院会议上，国务总理钱能训在接受议员质询时，由于双方围绕政府发行民国八年公债的问题发生争执，又有议员在质询时发表长篇演讲，最后"众不耐久听，各自夺门而出，遂无结果而散"。[2]

和同时代美国国会的委员会制度相比较，民国国会的制度化水平是不高的。第一，委员会数目少。临时参议院仅设有7个常任委员会，而正式国会时期也不过13个，而同时期的美国国会共有46个委员会。[3]委员会数目少，使参议院无法承担繁重的立法工作，从而影响了工作效率，降低了参议院的立法功能。第二，缺乏对委员会职权的详细规定。《参议院议事细则》中对委员会立法提案权、议案审查权略有规定，立法监督权根本没有提及。《参议院法》除对请愿委员会职权有所规定外，其他委员会的职权则是只字未提。《参议院委员会规则》也缺乏关于职权的详细规定。第三，委员会没有建立听证会制度。一般来说，委员会出于审议议案的需要，出于调查问题的需要，都可召开听证会。召开听证会的意图是搜集有关材料，了解有关背景和事实，并征询各方面人士对议案的态度和意向，了解国会外赞成与反对该议案的力量的对比。[4]听证会的意义重大，它不仅为公众提供影响政府决策的正式渠道和场合，而且能够增强委员会的权力和地位。听证会完全由委员会主持，听证权由委员会掌握，无形中增强委员会对于议案的态度，以及在全院辩论和表决中的分量，增强委员会在全

---

[1]《第十三次会议速记录》(1918年11月8日)，《参议院公报》第1期第4册，第48页。
[2]《新众院十八日之一幕》，《申报》，1919年4月21日。
[3] 蒋劲松：《美国国会史》，海南出版社，1992年，第118—119页。
[4] 同上书，第122页。

院多级议事结构中的意义和影响。[1] 第四,没有规定各委员长的权力。按美国惯例,委员长拥有安排委员会会议议程、召集和主持会议的权力。委员长权力的设置,能够削弱议长的集中领导,造成全院的权力分散,形成立法机构内部新的权力制约和平衡。

三、国会立法与近代中国法制现代化

从立法学的视角审视国会的立法运作,总的来说立法审议的过程较为严格。如北京临时参议院在审议《铨叙局官制》、《印铸局官制》、《临时稽勋局官制》的第二读会上,关于铨叙局的人员编制,张耀曾就强调:"但事既简单,用人自不宜太多。"所以将第5条佥事14人减为4人。同样地关于印铸局的人员编制,张耀曾称:"该局所设职员太多,以事之繁简而论,无须用若干人。"于是将第5条中佥事8人减去4人。[2]

还有一些行政法规遭到否决。如1912年7月政府提出的《海军部参谋厅条例案》。虽然政府委员在提案中说明根据各国海军军政军令分离的原则,特别是日、德海军管理模式,"所以于海军部之外,特设一部专理用兵事宜"。但是考虑到中国海军不发达的现状,"若设一特别独立机关,未免糜费过甚"。所以建议在海军部内特设一参谋厅。但是在参议院审议时,张伯烈却指出一是军令总应该统一,不能陆军设一个参谋部,海军又设一个参谋厅。二是中国海军现在无事可办,"则参谋厅又何须特设?"三是现在参谋总长,"对于海陆军皆有把握,海军部更可以不必特设一参谋厅"。特别指出前清的弊端就在于海陆军不能统一指挥。汪荣宝更是进一步批评:"现在军舰甚少,兵额亦

---

[1] 蒋劲松:《美国国会史》,海南出版社,1992年,第124页。
[2] 《参议院第二十八次会议速记录》(1912年7月1日),《政府公报》,7月份,附录,第565—566页。

不多，徒设一参谋厅，不过糜费而已。"[1]最后该法案没有通过。据统计，临时参议院时期通过的否决案共有10件。包括《中华民国临时组织法》、《海军参谋厅条例》、《各省第一届省议员名额分配》、《众议院议员选举法施行案》、《编拟宪法起草委员会大纲》等。[2]

在法律移植方面，国会制定的选举法规受日本的影响较大。如在选举方法设计上，与英美国家不同的是，众议院议员初选举虽然采用的是"复数选区单记非让渡投票法"，但是从严格意义上来说，并不属于相对多数选举制。因为虽然没有要求当选者票数过半，但是仍然规定了最低当选票数门槛。这种初选举制的出现并不是偶然的，日本早在1900年就采用了"单记非让渡投票法"。当时日本众议院议员选举法规定"投票限一人一票"，并采用无记名投票方法，"选举人应在投票所将被选举人一人之姓名，亲自记载于投票用纸投函，投票用纸不得记载选举人姓名。"在投票纸上记载两人以上被选举人姓名是无效的；关于当选者票数同样没有要求过半，"以得有效投票之最多数者为当选人。但须以该选举区内之议员定数除载于选举人名簿者之总数，所得之数有五分之一以上之得票"。[3]事实也是如此，民国初年立法者对日本选举制度尤为关注，选举法起草人对日本的选举制度不仅熟悉，而且推崇备至。选举法大纲起草人张耀曾是日本帝国大学法律专业留学生出身的法学家，非常熟悉日本选举制度，他在立法会议上谈到选举区制时，就引述日本的选制，"如日本之选举成绩，普通言之，选出一人或二、三人者为小选举区，举五六人以上者为大选举区。在日本初定选举法时，小选举区亦非只定选出一人，是选出至少一人，至多三人之数者，为小选举区。选出五六人以上者即为大选

---

[1]《参议院第四十七次会议速记录》（1912年7月26日），《政府公报》，8月份，附录，第509页。

[2] 薛恒：《民国议会制度》，第207页。

[3]《众议院议员选举法》第29、36、70条。商务印书馆编：《日本议会法规》，商务印书馆，1908年。

举区。如此办法庶可与中国情形相合"。[1]所以日本选举制度对民国国会选举法的影响是不言而喻的。

地方自治法规也是受到大陆法系国家的影响。民国时期有学者认为地方自治分为两大派，一派是英美各国的地方自治，一派是大陆各国的地方自治。"前者，系以个人为地方自治的本位，自治的部门，不仅限于行政与立法，而且及于司法。后者，系以团体为地方自治的本位，自治的部门，只限于行政与立法，而不及司法。因此对于英美各国的地方自治，叫做公民自治。对于大陆各国的地方自治，叫做团体自治。"[2]中国现行的地方自治，无疑是大陆派的地方自治，县自治的定义"以县为地方自治团体，具有法律上的人格，受上级政府的监督，在国家授权范围内，办理其固有事务，即自治事务"。[3]县自治内容包括县自治区域、公民、机关、财政、事务、县自治监督等。

此外，民国国会制定的一些法律也表现出对清末律法的继续，而清末律法许多方面均来自对德日大陆法系的移植。如在讨论众议院议员选举法草案时，选举法大纲起草人张耀曾就提到，虽然在投票方法上并未采取前清咨议局议员的决选制，而是改为"额数未满时于投票处另行选举之，不必限于初选举之人"。选举次数不受限制。[4]即使如此，"至于众议院之选举法，因各省额定多少名，采前清咨议局议员员额分配之法，故今日所定亦采取前清咨议局议员之选举法"。[5]

在法制现代化视角下，长期以来人们对于北洋时期的法制建设评价一直不高，在此背景下，民国国会的立法成效自然也未受到太多关注。事实并非如此，仅在地方自治法制建设上，通过民国国会的努力，就初步构建了省县两级自治架构，其中省、县议会制度又为自治体制

---

[1]《参议院第三十次会议速记录》（1912年7月3日），《政府公报》，1912年7月13日。
[2] 胡次威：《县自治提要》，大东书局，1948年，第1页。
[3] 同上书，第4页。
[4]《参议院第三十八次会议速记录》，1912年7月15日，《政府公报》，7月份，附录，第761页
[5] 同上书，第760页。

核心。从比较视野中视察民初地方自治法规的内容，其实呈现出逐步完善的趋势。如第一届国会第三期常会时期议员赵经纬等提出的《省议会议员选举法案》，共6章67条，与过去相比较，一是简化选举资格。年龄减少一岁、居住年限减少一年、取消财产、学历方面的选举权限制。第3条规定凡有中华民国国籍的公民，年满20岁以上于调查选举人资格以前，在省内继续住居满1年以上。二是改革选举方法。选举方法从间接选举改为直接选举，具体投票方式与过去相同。第1条规定省议会议员之名额以人口为比例，每人口20万选出议员1名，但不满20万的县亦得选出议员1名。户口调查未完竣以前前项之规定暂缓施行。省议员的名额暂以田赋为标准，凡田赋未满1万元者选出1名，1万元以上五万元未满者选出2名，5万元以上10万元未满者选出3名，10万元以上15万元未满者选出4名，15万元以上者选出5名。第2条明确省议会议员依宪法第127条第1款之规定，由全省公民直接选举之。三是增加选举诉讼与罚则的内容。第60条指出，选举人确认办理选举人员有舞弊及其他违背法令行为，得自选举日起于15日内向法庭起诉，未设法庭之处得向相当受理诉讼的机关起诉。第61条规定落选人确认所得票数应当选而未当选，或候补当选人确认名次有错误者，得依前条的规定起诉。第62条规定选举诉讼事件应先于各种诉讼事件审判之。第63条强调关于选举犯罪依刑律处断。提案人还表示"新法之制就遥遥无期，各省省议会会期又多届满，欲于最短时期内由各省制定省议会议员选举法，殆无可望"。"现在之省议会系采复选制，与宪法直选制相抵触。"[1]

在制度设计方面，也较为合理与切实可行。当时学界在评价县自治法时，认为其不足之处仅有一点，就是未规定拥有发行地方公债之权，"自治团体应办之事极其复杂，所费必甚浩大"。"征诸各国地方自治之先例，我国地方团体将来亦必不能不出于兴举地方公债之一途。"[2] 而县自治关

---

[1]《省议会议员选举法案》，《参议院公报》第3期，第17册，法律案。
[2] 孙祖基：《地方自治》，上海青年协会书局，1926年，第102页。

于权力关系的规划,更符合当时中国的国情,其主要特点有两个。

一是县内部政治权力关系的构建,主要涉及到行使立法权的县议会与行使行政权的县参事会之间的关系设定。1. 县议会对县参事会的制约权。主要包括:(1)参事会成员半数由议会选举产生;(2)县议会决定参事会的经费、预算及决算;(3)参事会的行政事务是对议会议决事件的执行;(4)县议会对于县参事会所定规则及执行事务,视为逾越权限,违背法令或妨害公益时得提案议决,开具理由,请求监督官署停止其执行。2. 参事会对议事会的制约权也具有反制约性。反制约性主要是:(1)县参事会对于县议会之议决,认为有侵越权限,违背法令或妨害公益时,得申述理由提交复议,县议会仍执前议时得,呈请监督官署核准撤销之;(2)县议会会议时,县参事会会长得莅临或派员到会陈述意见,但不得加入表决之数。[1]

这种权力关系构建很好地体现出宪政民主体制分权与制衡的特点,充分说明当时人们已经认识到民主政治是地方自治的基石。正如有学者指出:"地方自治就其实质而言,是由一定地域的民众采取合法形式,通过多数选举的方式选出特定地域的民治机关,民治机关按照法定程序进行基本的行政工作,包括市政、教育、卫生、福利、警察等。民治机关根据法定程序设立,主要长官由多数方式选举产生,它与传统政治的显著区别是,地方长官不再由中央或者更高一级的行政机构任命,而是根据信誉、声望、能力等一系列指标由地方民众选举产生,其退休或被罢黜不是由高一级的长官决定。"[2]

二是外部权力关系的处理,主要是指自治机构与上级地方政府之间的权力关系。《县自治法》规定县自治团体以道尹为直接监督,其上级监督机关,系现行官制定之。道尹因监督的必要,对于自治团体得发布命令或处分。对于前项命令或处分有不服时,得依法提起诉愿。道尹认县议会为违法越权,或妨害公益时,得呈由上级监督官署核准

---

[1]《县自治法》,第35—41、45、32条。
[2] 周松青:《上海地方自治研究(1905—1927)》,上海人民出版社,2005年,第13页。

解散之。县议会解散后，限于3个月内重行选举召集。监督官署因监督的必要，得令县自治团体为事务的报告，并调取文书薄据，或实地视察其事务，核阅其出纳。道尹对于县参事会参事的惩戒，准用文官惩戒之规定。县自治惩戒条例以教令定之。[1]

这种权力关系的处理，一方面表明地方自治与国家统一原则其实是一致的，关键在于构建一种行政调节机制。正如有学者研究当代德国行政调节制度时指出："它不仅为缓和联邦与地方之间的矛盾发挥着巨大的作用，更重要的是为国家政局的稳定和经济的持续发展作出了宝贵的贡献。"[2]另一方面也说明地方自治同样要受到一定的法律限制。今天即使在发达国家也不例外。如1982年3月法国国民议会通过了《关于市镇、省和大区的权力和自主权的法令》，法令明确规定市镇的权力和自主权，"要尊重商业和工业的自由、一切公民在法律面前平等的原则，以及计划法令中规定的领土整治条例"。该法令的还有专门条款规定："如果任何自然人或法人的权利受到市镇某项行政法令的损害，他有权直接提出上诉。"[3]当代德国的地方自治制度也是如此，"地方自治并非是指地方政府的活动完全脱离上级政府控制。为了保证政府的法治，各州对地方活动实行不同程度的监督。对于各州委代任务，州政府全权监督地方政府之履行；但对地方自治事务，各州则只能实行有限控制"。[4]

总之，在民国国会的立法历程中，首先是临时参议院的立法工作，一方面继承了清末法制改革的优秀成果，另一方面也开创了辛亥革命以后民主法制的新局面。而随后的第一、二届国会的立法活动，则是有力地推动了近代中国法制现代化的进程，它们在近代中国法制从传统型向现代型急速转变进程中的积极作用，均是值得充分肯定的。

---

[1]《县自治法》，第63—67条。
[2] 胡康大：《欧盟主要国家中央与地方的关系》，中国社会科学出版社，2000年，第231页。
[3] 同上，第244页。
[4] 张千帆：《西方宪政体系》（下册，欧洲宪法），中国政法大学出版社，2001年，第210页。

参 考 文 献

一、中文参考文献

（一）档案史料

中国第二历史档案馆编：《政府公报》（影印本），上海书店，1988年版。

印铸局官书科编：《法令辑览》，［出版者不详］，1917年，上海图书馆馆藏。

众议院编：《众议院速记录》，［出版者不详］，1913年，上海图书馆馆藏。

众议院编：《众议院议决案汇编》，［出版者不详］，1914年，国家图书馆馆藏。

众议院公报科编：《众议院公报（第二期常会）》，［出版者不详］，1916年，国家图书馆馆藏。

众议院公报科编：《众议院公报（第一期）》，［出版者不详］，1918年，国家图书馆馆藏。

众议院公报科编：《众议院公报（第二期临时会）》，［出版者不详］，

1919年，国家图书馆馆藏。

众议院公报科编：《众议院公报（第三期常会）》，[出版者不详]，1920年，国家图书馆馆藏。

李强选编：《北洋时期国会会议记录汇编》第2册，国家图书馆出版社，2011年。

《两院会合会、宪法会议、总统选举会汇编》，[出版者不详]，1913年，国家图书馆馆藏。

参议院编：《参议院议决案汇编》，[出版者不详]，1913年，上海图书馆馆藏。

参议院编：《参议院议决案汇编》乙部（第3—5册），[出版者不详]，1913年，国家图书馆馆藏。

参议院编：《参议院公报》，[出版者不详]，1913年，国家图书馆馆藏。

参议院编：《参议院第二期常会议决案汇编》，[出版者不详]，1913年，上海图书馆馆藏。

参议院公报科编：《参议院公报》（第1—2、4—6、14—17册），[出版者不详]，1916—1924年，国家图书馆馆藏。

参议院编：《参议院公报第一期》（影印本），沈云龙主编《近代中国史料丛刊续编：（第54辑）》，台北文海出版社有限公司，1966年—1987年。

参议院编：《参议院公报第二期》，[出版者不详]，1919年，国家图书馆馆藏。

参议院秘书厅编：《参议院要览》，《民国史料丛刊（61）》，大象出版社，2009年。

《国会法典汇编》：[出版者不详]，1913年，上海图书馆馆藏。

《国会应用法规辑要》：[出版者不详]，1917年，上海图书馆馆藏。

孙曜编：《中华民国史料》，上海文明书局，1929年版。

南洋公学译书院初译，商务印书馆编译所补译校订，韩君玲点校：

《新译日本法规大全：第十二至十三类旌表、位阶、华族、赈恤、地方制度》，商务印书馆，2008年版。

《临时政府公报》（影印本），罗家伦主编：《中华民国史料丛编》，台北中国国民党中央委员会党史史料编纂委员会，1983年版。

商务印书馆编：《日本议会法规》，商务印书馆，1908年版。

第二历史档案馆编：《中华民国史档案资料汇编》（第三辑政治［二］），南京：江苏古籍出版社，1991年版。

清宪政编查馆编，北京图书馆出版社影印室辑《清末民初宪政史料辑刊》（第1册），北京图书馆出版社，2006年版。

（二）专著

王立民主编：《中国法制史》，上海：上海人民出版社，2003年版。

白鹏飞编：《行政法总论上》，上海：商务印书馆，1927年版。

孙祖基：《地方自治》，上海：青年协会书局，1926年版。

何勤华、李秀清主编：《民国法学论文精萃》（宪政法律篇），北京：法律出版社，2002年版。

何勤华：《法的移植与法的本土化》，北京：法律出版社，2001年版。

何勤华、李秀清：《外国法与中国法——20世纪中国移植外国法反思》，北京：中国政法大学出版社，2003年版。

何勤华：《法律文化史谭》，北京：商务印书馆，2004年版。

何勤华主编：《外国法与比较法研究》（第一卷），北京：商务印书馆，2006年版。

朱英主编：《辛亥革命与近代中国社会变迁》，武汉：华中师大出版社，2001年版。

朱勇：《中国法律的艰辛历程》，哈尔滨：黑龙江人民出版社，2002年版。

朱力宇、张曙光编：《立法学》，北京：中国人民大学出版社，2006年版。

李林:《立法机关的比较研究》,北京:人民日报出版社,1991年版。

李林:《立法理论与制度》,北京:中国法制出版社,2005年版。

李学智著:《民国初年的法治思潮与法制建设——以国会立法活动为中心的研究》,北京:中国社会科学出版社,2004年版。

张永:《民国初年的进步党与议会政治》,北京:北京大学出版社,2008年版。

张生:《民国初期民法的近代化——以固有法与继受法的整合为中心》,北京:中国政法大学出版社,2002年版。

张国福:《民国宪法史》,北京:华文出版社,1991年版。

张德美:《探索与抉择——晚清法律移植研究》,北京:清华大学出版社,2003年版。

张晋藩总主编、朱勇主编:《中国法制通史》第9卷《清末·中华民国》,北京:法律出版社,1999年版。

张千帆:《西方宪政体系》(下册,欧洲宪法),北京:中国政法大学出版社,2001年版。

张亦工:《民国初年政治结构与文化初探》,华中师范大学中国近代史研究所编:《辛亥革命与20世纪中国:1990—1999年辛亥革命论文选》,武汉:湖北人民出版社,2001年版。

吴宗慈:《中华民国宪法史(前后编)》,北京:东方印刷局,1923年版。

吴经熊、黄公觉:《中国制宪史》,上海:商务印书馆,1937年版。

吴大英等:《比较立法制度》,北京:群众出版社,1992年版。

吴大英:《吴大英集》,北京:中国社会科学出版社,2002年版。

吴永明:《民初(1912—1928)司法现代化变革研究述评》,韩延龙主编:《法律史论集(第5集)》,北京:法律出版社,2004年版。

陈茹玄:《中国宪法史》,上海:世界书局,1933年版。

严泉:《失败的遗产:中华首届国会制宪(1913—1923)》,南宁:广西师范大学出版社,2007年版。

沈宗灵：《比较法总论》，北京：北京大学出版社，1987年版。

杨鸿烈：《中国法律发达史》，上海：商务印书馆，1930年版。

杨幼炯：《近代中国立法史》（影印本），上海：商务印书馆，1936年，《民国丛书第一编》，上海：上海书店，1989年版。

邱昌渭：《议会制度》（影印本），上海：世界书局，1933年，《民国丛书（第三编）》，上海：上海书店，1991年版。

邱远猷、张希坡：《中华民国开国法律史》，北京：首都师范大学出版社，1997年版。

胡次威：《县自治提要》，上海：大东书局，1948年版。

胡康大：《欧盟主要国家中央与地方的关系》，北京：中国社会科学出版社，2000年版。

胡春惠编：《民国宪政运动》，台北：正中书局，1978年版。

钱端升等：《民国政制史》（影印本），上海：商务印书馆，1946年，《民国丛书第一编》，上海：上海书店，1989年版。

钱实甫：《北洋政府时期的政治制度》，北京：中华书局，1984年版。

聂露：《论英国选举制度》，北京：中国政法大学出版社，2006年版。

潘大逵：《中国宪法史纲要》，上海：法学编译社，1933年版。

周旺生：《立法学教程》，北京：北京大学出版社，2006年版。

罗志渊、周异斌：《中国宪政发展史》，上海：大东书局，1947年版。

罗志渊：《近代中国法制演变研究》，台北：正中书局，1986年版。

徐矛：《中华民国政治制度史》，上海：上海人民出版社，1992年版。

周松青：《上海地方自治研究（1905—1927）》，上海：上海人民出版社，2005年版。

倪正茂：《比较法学探析》，北京：中国法制出版社，2006年版。

曾宪义：《中国法制史》，北京：高等教育出版社，2001年版。

耿云志等：《西方民主在近代中国》，北京：中国青年出版社，2003年版。

贾士毅：《民国财政史上（第二编）》，上海：商务印书馆，1934年版。

赵树勋编：《中华民国行宪以来之立法院》，台北：台湾成文出版社有限公司，1986年版。

陶保霖等编：《中华民国国会组织、选举法浅释》，上海：商务印书馆，1913年版。

夏新华等整理：《近代中国宪政历程：史料荟萃》，北京：中国政法大学出版社，2004年版。

展恒举：《中国近代法制史》，台北：商务印书馆，1973年版。

曹全来：《国际化与本土化——中国近代法律体系的形成》，北京：北京大学出版社，2005年版。

曹海晶：《中外立法制度比较》，北京：商务印书馆，2004年版。

谢振民：《中华民国立法史》，南京：正中书局，1937年版。

蒋晓伟：《中国经济法制史》，上海：知识出版社，1994年版。

蒋劲松：《美国国会史》，海口：海南出版社，1992年版。

谢复生：《政党比例代表制》，台北：理论与政策杂志社，1992年版。

候强：《社会转型与近代中国法制现代化：1840—1928》，北京：中国社会科学出版社，2005年版。

侯淑雯：《立法制度与技术原理》，北京：中国工商出版社，2003年版。

韩秀桃：《司法独立与近代中国》，北京：清华大学出版社，2003年版。

顾敦鍒：《中国议会史》（影印本），苏州木渎心正堂，1931年，《民国丛书第三编》，上海：上海书店，1991年版。

殷啸虎：《近代中国宪政史》，上海：上海人民出版社，1997年版。

龚祥瑞：《比较宪法与行政法》，北京：法律出版社，1985年版。

阎照祥：《英国政治制度史》，北京：人民出版社，1999年版。

薛恒：《民国议会制度研究（1911—1924）》，北京：中国社会科学出版社，2008年版。

茨威格特、克茨：《比较法总论》，北京：法律出版社，2003年版。

让-马里·科特雷、克洛德·埃梅里:《选举制度》,北京:商务印书馆,1996年版。

莱昂·狄骥:《宪法学教程》,沈阳:辽海出版社、春风文艺出版社,1999年版。

森口繁治:《选举制度论》,北京:中国政法大学出版社,2005年版。

(三)论文(论文集)

公丕祥:《共和革命与法律进步》,《江苏社会科学》2004年第4期。

叶利军:《民初〈大总统选举法〉立法之争》,《江汉论坛》2007年第4期,武汉:湖北省社会科学院,2007。

叶利军:《民初〈省议会议员选举法〉探略》,《求索》2006年第5期,长沙:湖南省社会科学院,2006。

石柏林:《论南京临时政府时期关于内阁制与总统制的探索及其意义》,《政治学研究》1997年第3期,北京:中国社会科学院政治学研究所,1997。

李兆祥:《中华民国早期(1912—1928)的外交立法述论》,《民国档案》2007年第2期,南京:中国第二历史档案案,2007。

李秀清:《20世纪前期民法新潮流与〈中华民国民法〉》,《政法论坛》2002年第2期,北京:中国政法大学,2002。

张生:《民国〈民律草案〉评析》,《江西社会科学》2005年第8期,南昌:江西省社会科学院,2005。

张玉法:《民国初年的国会》,1984年,第13期,台北:中研院近代史研究所,1984。

张希坡:《南京临时政府司法行政法规考察研究》,《法学家》,2000年第5期,北京:中国人民大学出版社,2000年版。

汤毅平:《民国前期的劳动立法初探》,《求索》2004年第5期,长沙:湖南省社会科学院,2004。

武乾:《论北洋政府的〈行政执行法〉》,《法学杂志》1999年第4期,武汉：武汉大学，1999。

邱远猷：《试论〈中华民国参议院法〉》，《历史教学》1997 年第 2 期，天津：天津古籍出版社，1997。

吴永明：《民国前期律师制度建构述论》，《江西社会科学》2004 年第 12 期，南昌：江西省社会科学院，2004。

杨天宏：《论〈临时约法〉对民国政体的设计规划》，《近代史研究》1998 年第 1 期，北京：中国社会科学院近代史研究所，1998。

饶东辉：《民国北京政府劳动立法初探》，《近代史研究》1998 年第 1 期，北京：中国社会科学院近代史研究所，1998。

徐家力：《论民国初期律师制度的建立及特点》，《中外法学》1997 年第 2 期，北京：北京大学法学院，1997。

熊秋良：《论民国初年的公司法规》，《四川师范大学学报（社会科学版）》1998 年第 1 期，成都：四川大学，1998。

熊秋良：《论民国初年的选举法》，《社会科学辑刊》2005 年第 1 期，沈阳：辽宁社会科学院，2005。

郭兴莲：《论民国初年的选举诉讼》，《法学评论》1997 年第 6 期，武汉：武汉大学，1997。

郭志祥：《清末和民国时期的司法独立研究（下）》，《环球法律评论》2002 年（夏季号），北京：中国社会科学院法学所，2002。

薛恒：《民国议会史研究述评》，《近代史研究》2004 年第 3 期，北京：中国社会科学院近代史研究所，2004。

二、英文参考文献

Arthur Waldron, *From War to Nationalism:China's turning point,1924-1925*. New York : Cambridge University Press,1995.

Jack Davies, *Legislative Law and Process*, 2nd . West Group,1986.

致 谢

本书是在作者博士后研究报告的基础上扩充与修改而成。最后完成不仅是个人五年多努力的结果,还凝聚了许多人的心血。华东政法大学校长、博士后合作导师何勤华教授不仅在方法指导、研究资助等方面,给予了我鼎力相助,使我能够有条件完成研究报告,而且还不时关心我的研究工作进展与日常生活,导师的言传身教与敬业精神永远是我学习的楷模。华东政法大学法律学院王立民教授、李秀清教授均给予了有力的指导与帮助,在此深表谢意。

此外,中山大学袁伟时教授、南京晓庄师范学院邵建教授,范泓先生,广州社会科学院李杨研究员,复旦大学王志强教授,华东师范大学许纪霖教授,上海大学刘学尧教授、忻平教授、陶飞亚教授、张童心教授、刘长林教授、沈瑞英教授、徐有威教授、山鸣峰研究员、杨卫华博士,中共上海市委党校程竹汝教授、何海兵副教授,中共天津市委党校李放研究员,中共上海市委强鹏程先生,以及好友徐非博士等,他们均对本人的研究工作提出了宝贵意见,对我进一步做好书稿修改工作帮助极大。

在本书写作过程中,我获得了上海市教育委员会重点学科(第五期)"近现代中国社会文化史"(J50106)、上海市教委2013年度科研创新重点项目"民国国会与近代中国法制建设"(13ZS074)项目的资助。上海大学人事处、文学院院办、历史学系系办、华东政法大学人事处的老师也给我提供了许多帮助，在此一并谨致谢意。

在资料搜集工作中，我还得到了华东政法大学图书馆、上海大学图书馆、上海图书馆、北京国家图书馆、复旦大学图书馆、华东师大图书馆、上海市委党校图书馆、上海台湾研究所资料室、香港大学图书馆、香港中文大学中国文化研究所、台湾地区立法机构法制局、美国怀俄明大学图书馆等有关工作人员的热情帮助，因人员较多，在此无法一一恭录他们的大名。

这里还要感谢我的父母、妻女与亲友，没有他们的理解与支持，我亦很难专心从事研究工作。

最后必须感谢的是在我之前作了出色研究的前辈学人，没有他们的辛勤耕耘，后人是很难推陈出新、有所作为的。

作为作者，本书的一切错误，均由我承担。

图书在版编目（CIP）数据

民国国会与近代中国法制建设：1912～1924 / 严泉著.
—北京：商务印书馆，2014
ISBN 978-7-100-10516-3

Ⅰ.①民… Ⅱ.①严… Ⅲ.①议会—历史—研究—中国—1912～1924 ②法制史—研究—中国—1912～1924 Ⅳ.① D693.22 ② D929.6

中国版本图书馆 CIP 数据核字（2013）第 304445 号

所有权利保留。
未经许可，不得以任何方式使用。

民国国会与近代中国法制建设：1912—1924
严泉 著

商务印书馆出版
（北京王府井大街36号 邮政编码100710）
商务印书馆发行
山东临沂新华印刷物流集团
有限责任公司印刷
ISBN 978-7-100-10516-3

2014年6月第1版　开本640×960　1/16
2014年6月第1次印刷　印张 18

定价：45.00元